Herwig Turk

Herwig Turk
Landschaft = Labor
Landscape = Laboratory

Herwig Turk im Dialog mit | in dialogue with:
Herbert Boeckl (A), Thomas Feuerstein (A), Cornelius Kolig (A), Gerhard Lang (D),
Sonia Leimer (I), Kira O'Reilly (GB) & Jennifer Willet (CAN), Hannes Rickli (CH),
Meina Schellander (A), Nicole Six & Paul Petritsch (A), The Center for Land Use
Interpretation (US), Gerhard Treml & Leo Calice (A)

Klagenfurt 2016

Herausgegeben von | edited by
Christine Wetzlinger-Grundnig

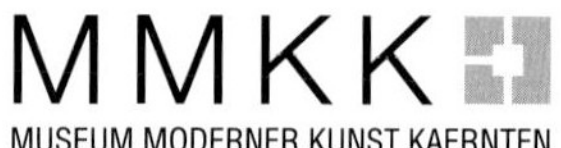

VERLAG FÜR MODERNE KUNST

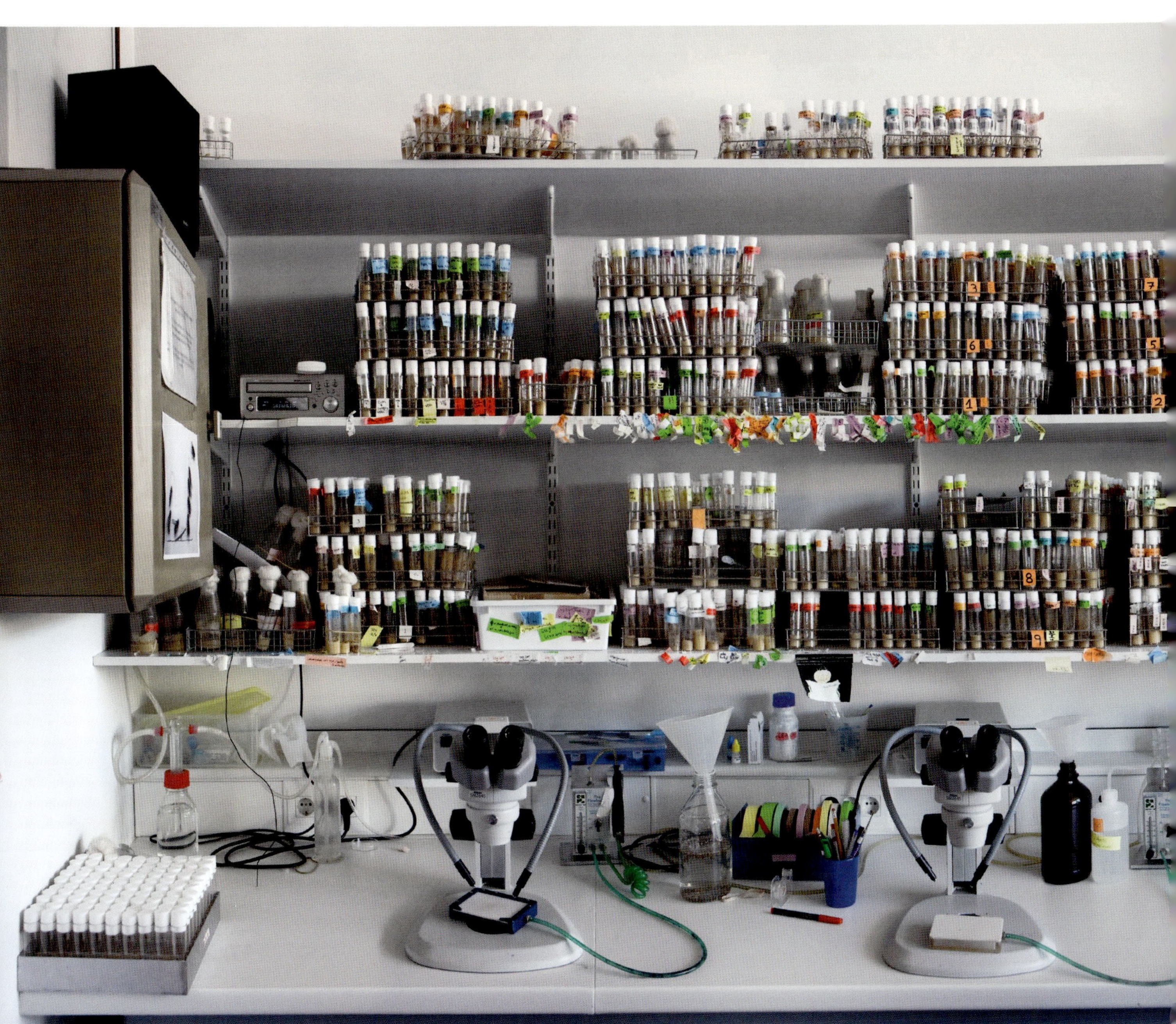

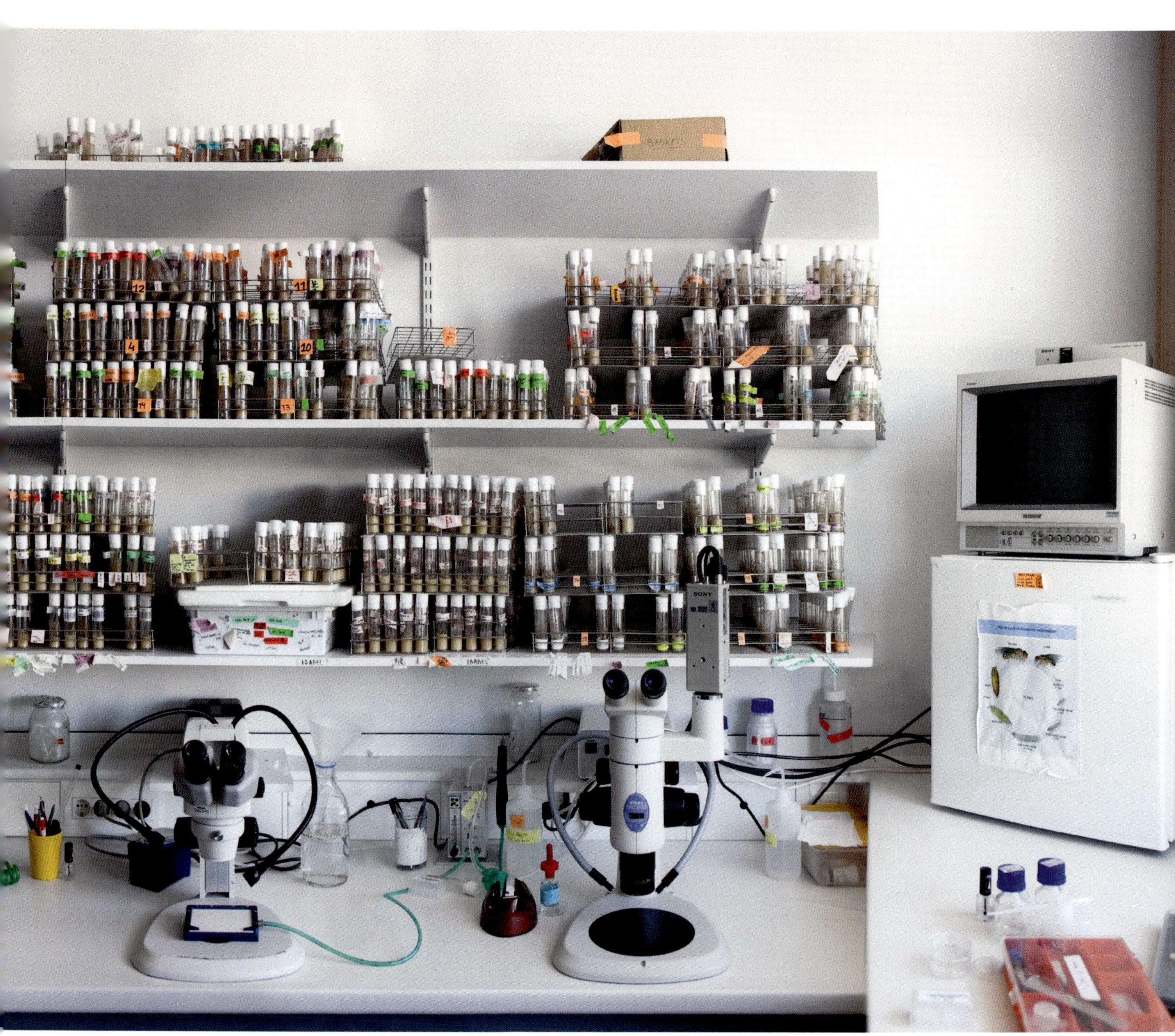

labscape 05, 2011, Documentprint auf Leinwand | document print on canvas, 150 x 375 cm

Inhalt | Content

Vorwort

Herwig Turk, 1964 in St. Veit an der Glan in Kärnten geboren, ist Medienkünstler. Seine Arbeiten, die mit Hilfe von Fotografie, Film und Computer installativ realisiert werden, bewegen sich an der Schnittstelle von Kunst und Wissenschaft, speziell der Biowissenschaften, und entstehen häufig im interdisziplinären Diskurs und in direkter Kollaboration mit Forschern.

Die Ausstellung von Herwig Turk im Museum Moderner Kunst Kärnten ist die erste Museumsausstellung, die im Rahmen einer Personale umfassend die Werke des Künstlers aus den vergangenen Jahren versammelt und in einem logischen Zusammenhang vorstellt. Darüber hinaus sind einzelne, ausgewählte Arbeiten verschiedener internationaler zeitgenössischer Künstlerinnen und Künstler sowie aus der Kunstsammlung des Museums – etwa von Herbert Boeckl und Cornelius Kolig –, die sich in einem ähnlichen inhaltlichen Diskurs bewegen und sich verwandter künstlerischer Strategien bedienen, als Referenzpunkte in die Schau von Herwig Turk integriert. Zusätzlich sind weitere Werke von Herwig Turk und einzelner beteiligter Künstlerinnen und Künstler in die parallel laufende Sammlungsausstellung des Museums einbezogen, um die Arbeit des Künstlers in einem möglichst großen, dialogischen Bezugsrahmen reflektieren zu können.

Auf diese Art und Weise wird nicht nur die Arbeit von Herwig Turk auf einer sehr breiten Basis diskutiert, sondern auch die Werke der Sammlung erfahren eine inhaltliche Erweiterung ihres Relationsradius. Sie werden im geänderten Kontext aus neuen Blickwinkeln betrachtet, mit zeitgenössischen Fragestellungen konfrontiert und inhaltlich neu aufgeladen. Die beiden Ausstellungen verschränken sich miteinander und verleihen sich gegenseitig neue Wertigkeit, verweisen auf allgemeine und überdauernde Gültigkeiten ebenso wie sie die jeweiligen spezifischen Relevanzen noch stärker in den Mittelpunkt der Aufmerksamkeit rücken.

Ich danke all jenen, die am Zustandekommen der Ausstellung sowie der vorliegenden Publikation beteiligt waren, insbesondere Ingeborg Reichle und Christian Höller für ihre hervorragenden Textbeiträge, die nicht nur das Werk von Herwig Turk auf hochinteressante Weise interpretieren und vermitteln, sondern die es darüber hinaus in einem übergeordneten kunstwissenschaftlichen Kontext diskutieren und verankern. Andreas Krištof danke ich für seinen fundierten Katalogbeitrag sowie für sein großes und verständiges kuratorisches Engagement. Ohne seine fachliche Beteiligung wäre die Ausstellung nicht in dieser inhaltlichen Form zustande gekommen. Mein größter Dank gebührt Herwig Turk, der uns in zahlreichen Atelierbesuchen mit seiner Arbeit vertraut gemacht hat, seine Erkenntnisse mit uns geteilt hat und ein bemerkenswert-professioneller Projektpartner war. Meinen besonderen Dank spreche ich Emil Turk, dem achtjährigen Sohn des Künstlers, aus, der uns so manches Mal in unserer Arbeit inspiriert hat und der sich zudem bereitwillig als mit der Materie Vertrauter im Rahmen der Ausstellungsvermittlung für einen außergewöhnlichen workshop zur Verfügung gestellt hat.

Christine Wetzlinger-Grundnig
Direktorin

Preface

Herwig Turk (b 1964 in St. Veit an der Glan/Carinthia) is a media artist. His works, realised as installations with the help of photography, film and computer, are situated at the intersection of art and science, particularly bioscience, and often created through interdisciplinary discourse and in direct collaboration with researchers.

Herwig Turk's exhibition at the Carinthian Museum of Modern Art is the first museum exhibition showing a retrospective of the artist's work in a logical context. As reference points, the show includes selected works by international contemporary artists, as well as works from the Museum's own collection (e.g. by Herbert Boeckl and Cornelius Kolig), which thematise a discourse similar in content, and employ related artistic strategies. In addition, the parallel collection show includes further works by Herwig Turk, and by individual participating artists, in order to reflect the artist's work in the widest possible dialogical frame of reference.

This allows not only for Herwig Turk's work to be discussed on a very broad basis, but also for the works in the collection to extend the radius of their content into a wider field. They are viewed in an altered context, from new perspectives, confronted with contemporary questions, and their content recharged. The two exhibitions are dovetailed, affording each other new significance, referring to general and outlasting efficacy as well as placing a stronger focus on the respective specific relevant aspects.

My thanks to all who contributed to the exhibition and this publication, particularly to Ingeborg Reichle and Christian Höller for their outstanding texts which not only communicate a fascinating interpretation of Herwig Turk's work, but also discuss and establish it in a superordinate art-historical context. My gratitude to Andreas Krištof for his well-founded catalogue contribution, as well as his great and insightful curatorial commitment. Without his expertise, the exhibition would not have been possible in such a substantial form. My greatest thanks to Herwig Turk who, in numerous visits to his studio, allowed us to become acquainted with his work, shared his findings with us and was generally a remarkably professional project partner. Special thanks to Emil Turk, the artist's eight-year-old son, a great inspiration to us, who was ready to promote the exhibition as an insider at an unusual workshop.

Christine Wetzlinger-Grundnig
Director

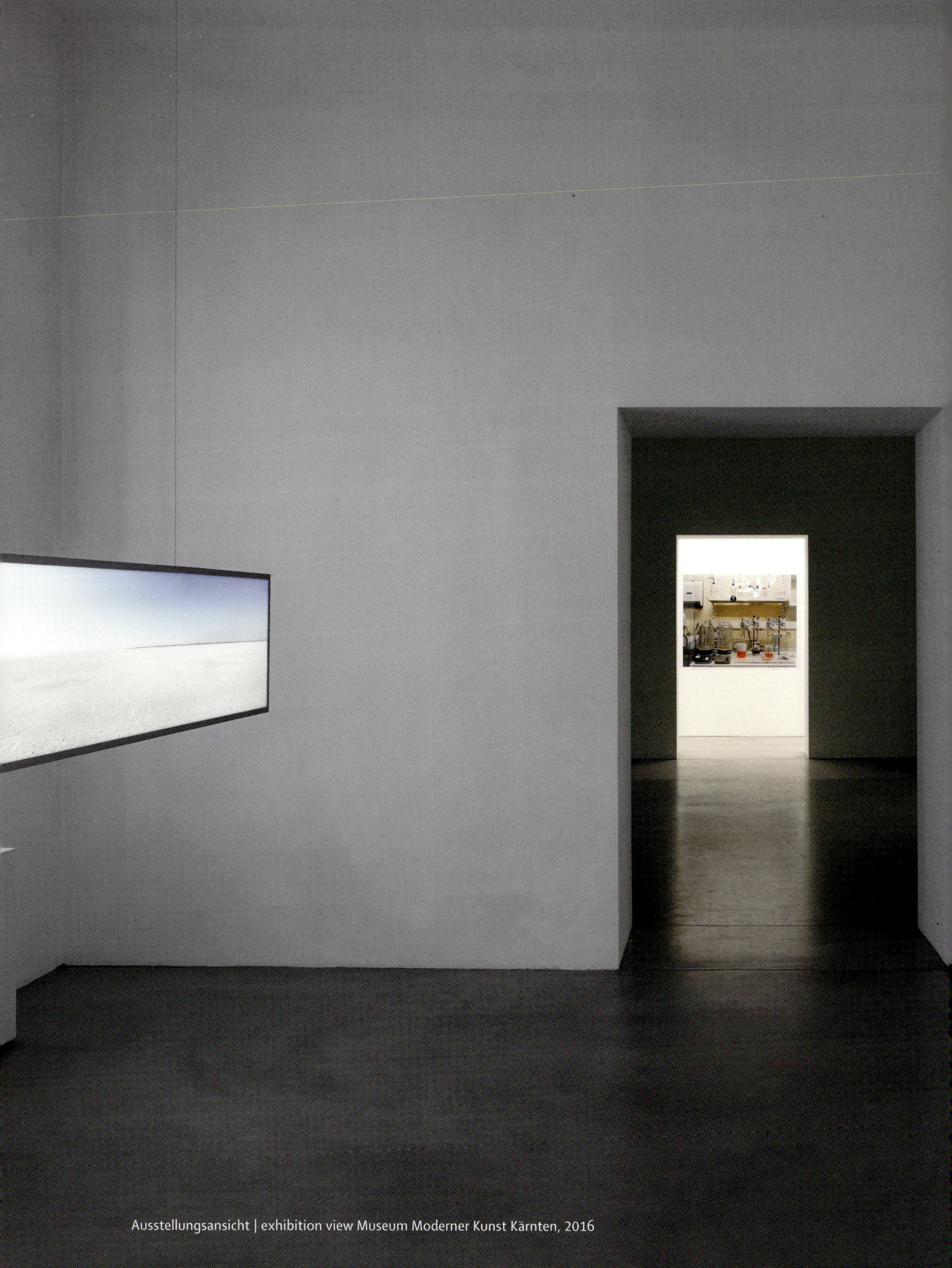

Ausstellungsansicht | exhibition view Museum Moderner Kunst Kärnten, 2016

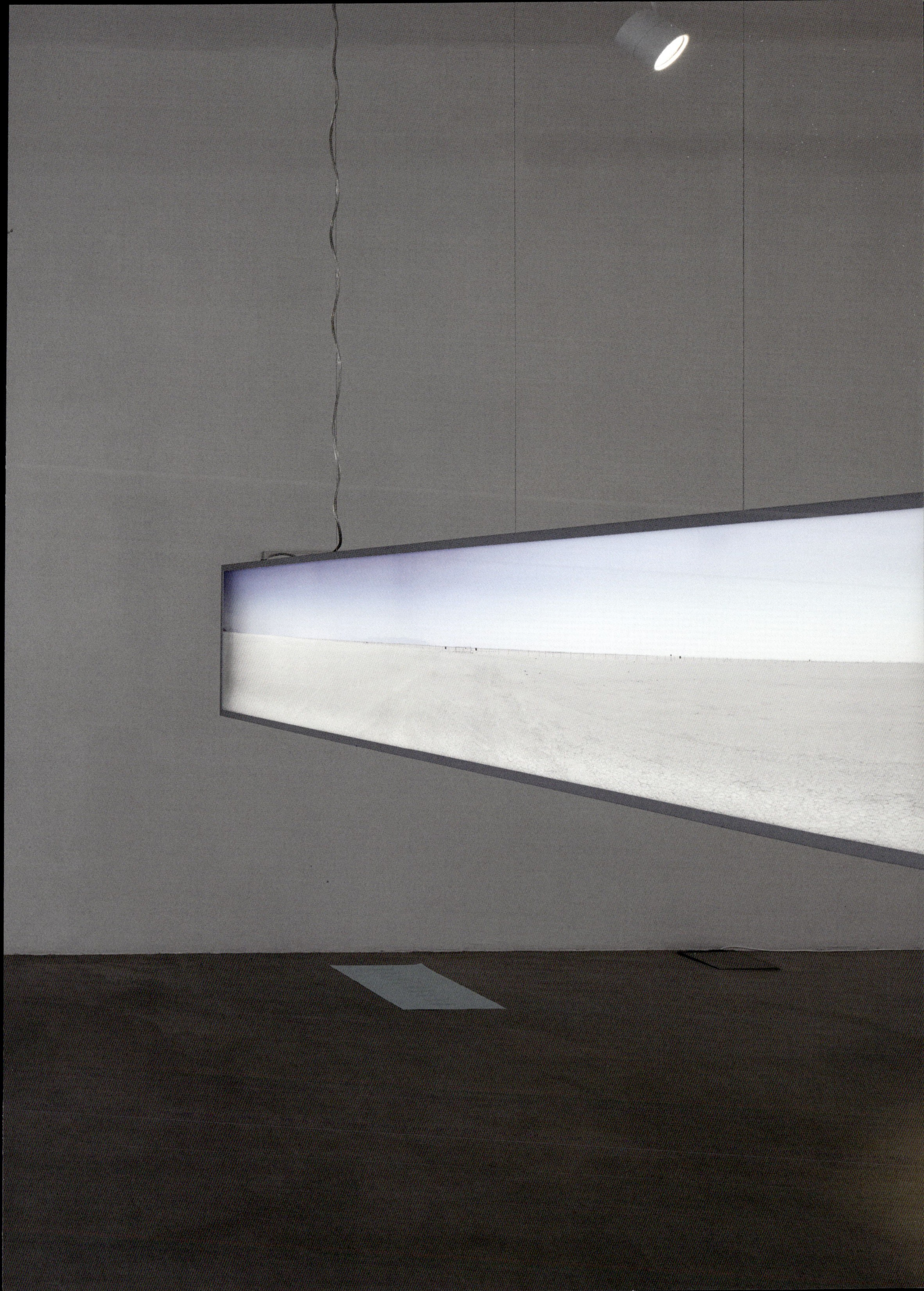

Andreas Krištof

Landschaft = Labor
Ein Wechselspiel der künstlerischen Arbeiten

„Verschmutzung der auf Erden, im Herzen der Biosphäre, angesammelten Erkenntnisse, und – post mortem – Triumph des wissenschaftlichen Zweifels, den sich noch Karl Popper vorbehielt, als er den fortschrittstrunkenen Wissenschaftlern sein berühmtes ‚Prinzip der Falsifizierbarkeit' vorlegte, dieses andere Verantwortungsprinzip, von dem heute niemand mehr spricht."[1]

Die Ausstellung „Landschaft = Labor" ist eine umfassende Werkschau des österreichischen Künstlers Herwig Turk, die in einem erweiterten Kontext mit ausgewählten künstlerischen Positionen gezeigt wird. Herwig Turks Arbeit ist bestimmt von der Auseinandersetzung mit der Thematik des Wissenschaftskomplexes. Die materielle Kultur des High Tech-Labors wird als vielschichtige Umgebung betrachtet, in der auch die Bedeutung des Begriffs Landschaft reflektiert wird, welche zwischen politischer Determinierung und industrieller Instrumentalisierung zum Versuchslabor wird. Dementsprechend gehen die Begriffe „Labor" und „Landschaft" in der Ausstellung nahtlos ineinander über. Während im ersteren unterschiedliche Erzählungen aus dem Laborleben (laboratory life) seziert werden, hinterfragt Herwig Turk den Begriff der Landschaft auf seine zivilisatorischen Zusammenhänge und kolonialen Nutzungsmodalitäten. Die von Herwig Turk generierten Bild- und Objektwelten referieren dabei auf tradierte Darstellungs- und Repräsentationsmuster, die Stereotype des Landschaftsabbildes genauso reflektieren wie Formen der Portraitdarstellung durch die bildende Kunst.

In der Ausstellung und in der vorliegenden Publikation erfährt die Arbeit Herwig Turks eine kontextuelle Erweiterung, einerseits durch einen Dialog mit Arbeiten aus der Sammlung des Museums selbst und andererseits durch eine Auswahl künstlerischer Arbeiten, die verwandte Strategien anwenden und sich im künstlerisch-wissenschaftlichen Diskurs bewegen. Daraus entsteht eine Diagrammstruktur, die unterschiedliche Blick- und Perspektivenachsen, mit den Vektoren Distanz und Nähe versehen, auf die Gleichung von Landschaft und Labor anwendet und bildhafte sowie abstrakte Elemente gleichzeitig und gleichwertig zur Darstellung bringt.

Landschaft = Labor
Wenn Herwig Turk den unterschiedlichen Aspekten von Landschaft anhand seines umfassenden künstlerischen Research-Projektes, welches die Arbeiten *clymanbay*, 2013, *linescape*, 2016, und *twin hills*, 2015, beinhaltet, in der Salzwüste Utahs (USA) nachgeht, dann geschieht das vor dem Tableau eines Landschaftsbegriffs, der sich in den USA im 19. Jahrhundert entwickelte und bis heute dominiert. Es geht dabei ganz konkret um das „In-Besitz-Nehmen" von Landschaft als eine Form des „nation building", als ein zivilisatorisches Projekt, das mit der Kolonialisierung des amerikanischen Kontinents einhergeht. In dieser Tradition versteht sich letztlich auch die Land Art, die geprägt ist vom Drang nach dem Verlassen konventioneller Vorstellungen von Kunst und der Hegemonie des Ausstellungsraumes, dabei aber in der Entdeckung eines neuen, für sie unbesetzten Raumes zu gleichen Mitteln des „In-Besitz-Nehmens" greift. Allerdings wird in der Rezeption der Land Art mitunter vergessen, dass sie dabei von einem Gestus

bestimmt ist, der von der Formbarkeit und der selbstverständlichen Verfügbarkeit der Landschaft ausgeht. Ähnlich verhält es sich mit den verwendeten Medien, die zur Darstellung der Landschaftsinterventionen zum Einsatz kommen – Fotografie und Film. Auch sie finden eine wenig reflektierte Verwendung, werden als dienendes Mittel zum Zweck eingesetzt, ohne die Spezifika oder gar die mediale Bedeutung dieser zu ermessen. Den Künstler_innen der Land Art ging es primär darum, den Eindruck einer Landschaft zu erwecken, der sie als diejenigen darstellt, die als Erste in diese eingreifen durften. Diese Haltung steht in einem eklatanten Widerspruch zur tatsächlichen Situation. Als Robert Smithson seine *Spiral Jetty* in die Salzwüste Utahs setzte, war die Landschaft bereits besetzt, militärisch und industriell ge- und benützt.

Herwig Turk erzählt in seiner umfassenden Recherchearbeit exemplarisch somit über die Geschichte einer Landschaft, die durch Unterdrückung von Sichtbarkeit charakterisierbar ist, in der sich historische und politische Ebenen überlagern und sich gegenseitig nivellieren. Seine Arbeit ist ein Versuch, diese Überlagerungsformationen herauszuarbeiten und ihnen eine visuelle Präsenz zu geben. Dabei bricht er mit der tradierten fotografischen Darstellungsform der *Spiral Jetty*, bei der der Blick (auf diese und damit fokussiert) auf das Werk selbst gerichtet ist, und inszeniert den Gegenblick von dieser weg in die umliegende Landschaft.

Die Arbeiten *clymanbay* und *twin hills* fungieren als eine Art von Vorstudien und Kontextualisierungen zu *linescape*, die als Panoramafotografien die Landschaft der Salzwüste in eine umfassende Darstellung bringen. *Clymanbay* ist mit handschriftlichen Informationen des Künstlers versehen, die über die Besetztheit der Landschaft erzählen. Durch die kartografische Geste wird die Arbeit les- und decodierbar und gewährt einen anderen Blick auf diese Landschaft, aus der plötzlich eine aufsteigende Rauchsäule einer Fabrik oder eine Zugtrasse, die sich gleich einer teilenden Linie durch die Wüste schlängelt, auftaucht. Die Konstruiertheit der Landschaft tritt als Motiv deutlich zutage und damit auch die Einbettung der an sich als isoliert und einzigartig dargestellten Land Art-Eingriffe, die dadurch eine politische und gesellschaftliche Kontextualisierung erfahren. Die Konstruiertheit der Landschaft findet ihr formales Pendant aber vor allem in der Konstruiertheit der Fotoarbeit *twin hills* selbst, denn diese besteht aus einer Vielzahl segmentierter digitaler Images, die diese so selbstverständlich wirkende Panoramaansicht erst ermöglichen. Herwig Turk spielt in der Arbeit mit dem Motiv der Rasterung und somit dem Instrument der Vermessung, welches sich in Folge auch in seinen Labor-Arbeiten findet und eine Form der ästhetischen Konstante etabliert, wenn er bestimmte topografische Formationen betont und sie mit den von Menschenhand gemachten strukturellen Eingriffen in Verbindung bringt. Darüber ändert sich die Wahrnehmung von Landschaft massiv. Das vorher oft so heroisierte Bild erfährt eine Entmystifizierung, und der Begriff wird als ein soziales, gesellschaftliches und politisches Konzept verstanden, als ein vom Menschen gemachtes und geformtes Konstrukt, das vielmehr Auskunft über Lebensweise und damit verbundene Traditionen gibt.[2]

Die Ausstellung selbst ist in ihrer Konzeption auch eine Erzählung über den Wandel des Blicks an sich und auf die menschliche Umgebung, der mit der Mondlandung 1969 eine grundlegende Veränderung erfährt, seinen Ausdruck in der Erd-Endlichkeit (durch die Möglichkeit des Blickes auf diese) und in der technischen Machbarkeit, die eine territoriale Expansion erlaubt, findet.

In der Arbeit *Das Meer der Stille*, 2014, von Nicole Six & Paul Petritsch findet dieses Ereignis seinen unmittelbaren künstlerischen Niederschlag. Die Wegstrecke und der Bewegungsradius der amerikanischen Astronauten der Apollo-11-Mission auf dem Mond im Jahr 1969 wird in einer Wiesenlandschaft 1:1 re-inszeniert und aus der Vogelperspektive in einem Überblicksfoto festgehalten. Einerseits wird dadurch die Kleinheit und Limitiertheit dieses vermeintlich so fundamentalen Ereignisses für die Menschheit bewusst gemacht, verstärkt noch durch die Form der Re-Inszenierung auf einer Wiese, andererseits mutiert die Arbeit selbst wiederum zu einem Landschaftsereignis. Sie erzählt über die Sehnsucht nach territorialer Expansion und dem damit verbundenen heroischen Habitus. Das modernistische Paradigma von der Eroberung und Vermessung der Welt und die Übersetzung dieser in ein räumliches und visuelles Koordinatenfeld, das sehr stark mit dem Instrument der Abstraktion arbeitet, erzeugt in der besprochenen Arbeit ein Spannungsverhältnis zwischen Abbild und Ereignis und trägt zur Rationalisierung und Entmystifizierung dieses Entdeckertums – ein Thema, das sich als roter Faden durch viele Arbeiten von Nicole Six & Paul Petritsch zieht – bei.[3] Verstärkt wird diese Geste durch eine Handlungsanleitung, die Teil der Arbeit ist und die die Besucher_innen animiert, indem sie ihnen ermöglicht, diesen Weg, spezifisch auf die räumlichen Gegebenheiten des Museums umgelegt, selbst zu ergehen.

Eine Wahrnehmungsdimension weiter entfernt sich Sonia Leimer mit ihrer installativen Videoarbeit *IWANOWO*, 2015, in der ein Dialog zweier Raumfahrer in der Raumstation ISS (International Space Station) zu hören ist, die sich unter anderem über den gerade überflogenen Bereich der Salzwüste Utahs unterhalten. Die politische Dimension und die Banalität der Konversation rücken in den Mittelpunkt der Arbeit. Die politische Bipolarität ist nur mehr ein historisches Phänomen, mittlerweile sitzen amerikanische und russische Raumfahrer_innen gemeinsam in einer Raumstation, blicken auf und unterhalten sich über die Welt.

Der Blick von oben auf die Welt bildet das gemeinsame Motiv der Arbeiten von Nicole Six & Paul Petritsch und Sonia Leimer. Dieser verändert die Repräsentation von Landschaft maßgeblich, bleibt als Bildproduktion dabei aber immer einer politisch bestimmenden Minderheit vorbehalten. Es ist ein Blick, der geprägt ist von politischen Interessen, der getrieben und weiterentwickelt ist vom militärischen Forschungsdrang – Salt Lake und Utah sind intensiv genütztes militärisches Territorium – und dabei wahrnehmungsbestimmende Wirkung zeigt. Die Landschaft mutiert zu einem Forschungslabor, in der unter Ausschluss der Öffentlichkeit experimentiert wird. Die Ästhetik der hinterlassenen Spuren (z. B. militärische Zielscheiben, die in die Landschaft gesetzt sind und für Bombenabwürfe dienen) schreibt sich dabei unmittelbar in die Ästhetik der Land Art-Intervention eines Robert Smithson ein.

Herwig Turk operiert mit den militärischen Luftaufnahmen in seiner Rauminstallation *linescape* und nimmt unmittelbar Bezug auf Robert Smithsons Serie von abstrahierten grafischen Zeichnungen, die auf Luftaufnahmen von Flughäfen und militärischer Infrastruktur basieren. Auf Siebe gedruckt, die selbst Grundlage eines visuellen und bildgebenden Verfahrens sind, mutieren die Motive zu grafischen Oberflächen.[4] Sie erzählen über die Geschichte der "Aerial View" – einer ebenso vom Militär entwickelten und verwendeten Form der Fotografie aus der Vogelperspektive – und über die Exklusivität des Blickes auf die Landschaft.

Great Salt Lake Evaporation Ponds nennt sich die 2013 entstandene Videoarbeit des "Center for Land Use Interpretation" (CLUI), einer Forschungs- und Bildungsorganisation aus Künstler_innen und Wissenschafter_innen, die sich mit der Interpretation von Landschaften beschäftigt und genau mit dieser Form des Blickregimes operiert. In der Arbeit geht es konkret wie bei Herwig Turks Research-Projekt um die Salzwüste in Utah, die in Form eines Überfluges langsam ins Bild kommt. Dabei verschwimmen die Positionen des Fliegenden (der Betrachter_in) und des zu Betrachtenden (der Landschaft). Es ist nicht sofort klar, ob sich die Betrachter_in auf die Landschaft zubewegt oder, umgekehrt, die Landschaft auf diese zukommt. Gleich einer Katalogisierung und Archivierung erzählt das Video über die intensive Nutzung dieser Landschaft. Der gewählte Blickpunkt – aus der Vogelperspektive herab, gleich einer Unbeteiligten – ist bestimmt von einer Forscher_innengeste, die topografische Daten erhebt und sie der Betrachter_in zur Interpretation zur Verfügung stellt. Diese horizontale Form der Bildproduktion, die alles Dargestellte und Abgebildete gleich behandelt, öffnet nicht nur neue Perspektiven und Lesarten, sondern steht auch für die Aneignung einer Strategie der Nutzung eines hegemonialen Blicks, die aber zur Demokratisierung dieses beiträgt.

Alle hier besprochenen Arbeiten weisen noch ein weiteres gemeinsames Merkmal auf: Man kann sie in einem übertragenen Sinn als Abbilder eines Wegesystems zwischen Zentren der Machtproduktion lesen, die sich wie ein Netz letztlich über den gesamten Erdball erstrecken. Diese sich überlagernden Layer in den Arbeiten zueinander geben darüber hinaus Auskunft über die Determiniertheit unseres Blicks auf die Erde und darüber, wie sehr wir uns im Zeitalter des „Anthropozän"[5] bewegen, in dem alles vom Menschen bestimmt ist. Die Vorstellung einer unberührten Natur ist in diesem Sinn als hinfällig zu bezeichnen. Natur ist aus dieser Perspektive kein zu bewahrender Zustand, sondern eine Fläche der Interaktion von Mensch und Natur, die uns viel über den menschlichen Umgang mit der Welt, ihre Ressourcen, ihre klimatischen Bedingungen und möglichen Zukunftsperspektiven erzählt.

Die Landschaft als Raum sozialer Interaktion und Projektionsfläche für subjektive Befindlichkeiten, die utopische Momente genauso erzeugt, wie sie detailliert über die Ökonomien einer aktuellen Gegenkultur Auskunft gibt, kommt in der umfassenden Videoinstallation *Eden's Edge*, 2014, von Gerhard Treml und Leo Calice, die gemeinsam mit einem künstlerischen Forschungsteam entstanden ist, zum Ausdruck. Sie beschäftigen sich darin mit narrativen Landschaftskonstruktionen, die sich als Projektionsraum und -fläche aus persönlichen Geschichten speisen und die autobiografische Erzählung als Strategie nutzen, um neue Möglichkeitsräume zu kreieren. Die Landschaft wird zum Modell und die Video-Projektion zur Landschaft. In Summe sind es neun Erzählungen von Menschen, die sich in das Wonder Valley Californiens zurückgezogen haben, um Abseits der Zivilisation zu leben. Fiktionales und Reales sind nicht zu trennen. In sich betrachtet ergeben die Erzählungen ein schlüssiges Bild eines Gegenentwurfs zur herrschenden Gesellschaftsordnung, in einem größeren Zusammenhang gesehen stellen sie fragmentierte und partikularisierte Geschichten dar, die das Bedürfnis zur eigenen Raumproduktion zum Ausdruck bringen.

Einen Perspektivenwechsel aus einer ebenso persönlich determinierten Lesart von Landschaft heraus nimmt Gerhard Lang in seiner Performance- und Videoarbeit *Through the Looking Glass II* in New York City, 2012/13, vor. Rückwärts gehend unternimmt der Künstler einen Spaziergang durch die Stadtlandschaft Manhattans. Dabei bedient er sich eines Instruments, welches ab dem späten 18. Jahrhundert in der Landschaftsmalerei Verwendung fand und unter dem Namen Claude-Lorrain-Spiegel bekannt wurde, um sich durch die Stadt zu manövrieren. Eine schwarze, leicht gekrümmte Glasscheibe erzeugt ein feines Spiegelbild, welches allerdings der Betrachterin im Video lange Zeit verborgen bleibt. Bis zur 67. Minute sieht sie nur die angeschnittenen Beine des Künstlers und den Weg, den diese zurücklegen. Ähnlich wie den frühen Landschaftsmalern geht es Lang nicht um das unmittelbar Gesehene, sondern vielmehr um das Spiegelbild, somit das Abbild des nicht Sichtbaren und um die Kontrolle dieses Blickes. Die Konstruktion von Landschaft wird als poetische Möglichkeit verstanden, ein anderes Abbild von Welt zu schaffen und den Blick des Künstlers ins Zentrum zu rücken. Spiegelbild und Wirklichkeit, Rückwärts- und Vorwärtsbewegung, Negativ- und Positivbild beginnen sich zu überlagern. Ganz im Sinne des Soziologen Lucius Burckhardt ist die Vorstellung von Landschaft nicht in den Erscheinungen der Umwelt sichtbar, sondern in den Köpfen der Betrachter_innen. Je mehr das Gesehene den Erwartungen entspricht, desto größere Zufriedenheit stellt sich ein.[6] Umgekehrt braucht es dementsprechend andere Instrumente und Blickstrategien, um im Vertrauten und Gewohnten Anderes und Ungewohntes zu entdecken. Gerhard Lang operiert in diesem Sinn und in Korrespondenz zu Nicole Six' & Paul Petritschs künstlerischer Strategie als Wiederentdecker und Vermesser einer vertrauten Landschaft, ohne dabei in einen heroisierenden oder gar kolonialisierenden Gestus zu verfallen.

Labor = Landschaft

Wenn über die Gleichung von Landschaft und Labor nachgedacht wird, dann geht es auch sehr stark um das Verhältnis von Abbild und Wirklichkeit und um die Reflexion des abbildenden Mediums, welches wiederum das vermeintliche Bild von Wirklichkeit maßgebend beeinflusst und letztlich mitkonstruiert. In diesem Sinne wird das Abbild zum Labor und Experimentierfeld. Herwig Turk spielt in seiner Arbeit mit der ambivalenten Bewertung bildgebender Verfahren in Wissenschaft und Kunst. Während im Wissenschaftsdiskurs digitale Technologien als Grundlage für Entscheidungsprozesse herangezogen werden, dem

Medium somit auch ein objektivierender Status beigemessen wird, beklagt die Medientheorie den Verlust des Realen durch die Möglichkeit der digitalen Generierung und Manipulation der Bildwelten.[7]

In der Arbeit *referenceless photography*, 1998–2003, spürt Herwig Turk ganz konkret diesem Verhältnis nach und konstruiert eine mikroskopische Landschaft, die sich über wissenschaftliche Parameter definiert, um ein möglichst authentisches Bild herzustellen, das allerdings eine reine Fiktion des Künstlers darstellt, ein digitales, referenzloses Bild. Danach speist der Künstler die Arbeit in den Wissenschaftsbetrieb ein und bittet mehrere Wissenschafter_innen um eine kurze Bildanalyse. Alle identifizieren die Arbeit als mikroskopische Aufnahme (von unterschiedlichen, aber verwandten Objekten) und zweifeln nicht an der Faktizität des Bildes selbst. Damit desavouiert der Künstler auf einfache, überzeugende Art und Weise die Logiken von Wahrnehmungsmechanismen, die bestimmt sind von den jeweiligen Wissens- und Forschungsdisziplinen und deren institutionellen Rahmenbedingungen.[8] Herwig Turks Arbeit ist grundlegend bestimmt von der visuellen Auseinandersetzung mit dem Ort des Labors und seiner Wirklichkeit selbst. Diese Orte, die der Produktion von wissenschaftlichen Tatsachen verpflichtet sind, dienen dem Künstler als Untersuchungsfeld, um Fragen nach der materiellen Kultur des Labors nachzugehen und das Verhältnis von Instrument, experimenteller Praxis und Theoriebildung auszuloten und visuell darzustellen, wie z. B. in seinen Fotoserien *agents*, 2007, oder *labscape*, 2007, in der Laborapparaturen im Mittelpunkt der Betrachtung stehen.

Diesem komplexen Verhältnis von Apparatur, ästhetischer Wirkung und Funktionalisierung geht auch Thomas Feuerstein in seiner Installation *NYMPHAE (MANNA SCULPTURE)*, 2016, nach, die als Bioreaktor zu verstehen ist, in dem Plankton produziert wird. Thomas Feuersteins künstlerische Arbeit ist generell bestimmt von der Auseinandersetzung mit den Bedingungen und Mechanismen von Wissenschaftsproduktion. Die Übersetzung in Objektdimensionen und die Wissensaneignung über den Bau von Laborapparaturen nützt er für die Kreation eigener. In *NYMPHAE (MANNA SCULPTURE)* lässt der Künstler Algen wachsen, deren Zucht auf wissenschaftlichen Methoden beruht, deren Verwendung allerdings rein künstlerischen Zwecken dient. Aus den getrockneten Algen entsteht Farbpigment, welches zur Herstellung intensiv-grüner monochromer Gemälde dient. Thomas Feuersteins Arbeit ist somit nicht nur Reflexion über einen außerkünstlerischen Bereich, sondern ein Nachdenkprozess über kunstimmanente Produktionsmechanismen selbst. Seine Arbeit erzählt aber vor allem über wissenschaftshistorische, epistemologische, politische und ästhetische Parameter, die als Verweissystem einen größeren gesellschaftlichen Kontext sichtbar machen.[9]

In Hannes Ricklis Videoinstallation *Labscan # 1–3*, 2009, rückt das Labor als gesamter Raum mit seiner audiovisuellen Erscheinung in den Mittelpunkt der Arbeit. Dem Künstler geht es dabei, und hier deckt sich der Ansatz mit dem von Herwig Turk, um die Sichtbarmachung von Bruchstellen, die sich entlang der Verwendung instrumenteller Labortechniken, der Interaktion mit den Wissenschafter_innen und ihren beforschten Themen und Objekten manifestieren. Deutlich merkbar fallen im Video Bild und Ton auseinander und scheinen zwei unterschiedliche Erzählungen zu produzieren, es kommt lediglich zu punktuellen Übereinstimmungen. Das Bild suggeriert einen forschenden und beobachtenden Blick auf eine Laborlandschaft mit all ihren Gerätschaften, während die Tonspur die Wissenschafter_innen zu Wort kommen lässt, die über ihre alltägliche Forschungsarbeit mit ihren Objekten, über ihre Probleme und potentielle Fehlerquellen, berichten. Manchmal tauchen die beforschten Objekte, wie ein Fisch im Aquarium, oder die Köpfe der Wissenschafter_innen im Bild auf und wirken wie theatrale, performative Elemente im ansonst so stillen, fast poetischen Bildablauf. Während Herwig Turk in seinem Bildaufbau, wie bereits anfangs erwähnt und von Christian Höller detailliert herausgearbeitet, das Motiv des Rasters verwendet und dieses nicht nur als Wiedererkennungsmerkmal immer wieder in seinen Arbeiten vorkommt, sondern auch sinnbildlich für eine Vermessung und Normierung von wissenschaftlichen Prozessen steht, wirken Ricklis Bilder dagegen fast schon unwirklich und banal, wenn sie die eigentlich unbedeutende Umgebung des Labors in den Mittelpunkt des Bildes stellen und es gleich einem Landschaftsporträt visualisieren. Rickli reflektiert das Verhältnis von Betrachter_in und Betrachtetem und gibt beiden aktiven Raum, der sie aus ihren passiven Rollen zu Akteur_innen in ihrer jeweiligen Eigengesetzlichkeit macht und sich so der Fisch vom Forschungsgegenstand in ein autarkes Individuum verwandeln kann.

Hannes Rickli beschreibt einen fragilen Zustand, der Auskunft über Wesen und Natur wissenschaftlicher Prozesse und Ergebnisse gibt, die von größeren politischen und gesellschaftlichen Interessen beeinflusst sind und letztlich auch vom Zufall bestimmte Konstrukte darstellen. Einen wesentlichen und bestimmenden Faktor in dieser komplexen Relation, der vor allem Herwig Turk immer wieder in seiner Arbeit nachspürt, nimmt dabei das Verhältnis von Wissenschafter_innen und Betrachter_innen ein. Die Wissenschaferin fungiert als Produzentin wissenschaftlicher Erkenntnisse, und zugleich ist sie selbst Betrachterin wissenschaftlicher Bilder, die in der Lage ist, aufgrund erlernter und gegenseitig versicherter Codices diese auch zu lesen und zu interpretieren, daraus Erkenntnis zu gewinnen.[10]

In *Refolding (Laboratory Architectures)*, 2010, gehen die Künstlerinnen Kira O'Reilly & Jennifer Willet diesem Verhältnis nach und erweitern es um eine grundlegende Komponente, nämlich die des Körpers in Interaktion mit seiner Umgebung. Ihre performativen Interventionen, die im Medium der Fotografie festgehalten sind, denken und rekonzeptualisieren den menschlichen Körper im Zusammenhang mit dem Begriff der „life sciences" und dem Ort des Labors. Ihre meist verhüllten Körper sind im Moment der Aktion und Bewegung festgehalten und vermitteln den Eindruck, als ob sie das Laborsetting als Bühnenraum verwenden und verstehen würden. Ähnlich der Arbeitsmethodik von Hannes Rickli wird auch hier aus einem Experimentierobjekt ein selbstbestimmtes und aktives Subjekt. Es bleibt offen, ob die Figuren aus dem Setting stammen oder ob sie sich hinein gestohlen oder gar hinein behauptet hätten, auf alle Fälle gelingt es ihnen, den Raum für sich zu beanspruchen.

In Cornelius Koligs skulpturalen Objekten aus der Sammlung des MMKK, in den 60er Jahren des 20. Jahrhunderts entstanden, in der Ausstellung durch die Arbeiten *Entwurf einer Plastik*, 1969, und *Variation des Plexiglasbaukastens*, 1968, vertreten, wird sehr früh das Verhältnis von Körper und Technik zum Gegenstand einer künstlerischen Auseinandersetzung, die mit einem herkömmlichen und romantisierenden Kunstbegriff bricht. Koligs Objekte negieren jegliche Form des künstlerischen Gestus, gelten vielmehr als anonym, technoid und definieren die künstlerische Handschrift neu. Der Künstler greift auf radikal neue Materialien wie Acrylglas, Polyester, Hartschaum und verchromtes Metall zurück. Er formt und kombiniert halbrunde, transparente Schalen mit Schläuchen, die mit Stahlkonstruktionen verbunden sind. Sie erinnern und lehnen sich ganz bewusst an Laborapparaturen an, genauso wie sie durch ihre organische Formung selbst Produkt einer wissenschaftlichen Versuchsanordnung sein könnten. Technoide Zukunftsgläubigkeit und industrielle Machbarkeit, wie sie, bereits beschrieben, als Ausdruck und Phänomen einer Zeitepoche gelten können – man denke an die Land Art und die territoriale Expansion, die durch die Mondlandung symbolisiert wird –, verbinden sich mit einem abstrahiert-körperlichen Denken. Ungewöhnlich an diesen Arbeiten ist, dass sich der Künstler hier ganz eindeutig eines nicht kunstimmanenten Formenvokabulars bedient, sondern sich an einer Ästhetik orientiert, deren Erscheinung primär funktionalen Kriterien geschuldet ist.

Herbert Boeckls Arbeit *Treibach, Althofen* aus dem Jahr 1933 und ebenso aus der Sammlung des MMKK stammend, steht hier exemplarisch für das Verhältnis von Abbildfunktion und Bildaneignung. Die Zeichnung stammt aus einer Phase Herbert Boeckls, in der die Neue Sachlichkeit starken Einfluss auf seine Arbeit nimmt. Das Blatt ist bemerkenswert, da es motivisch ein industrielles Verfahren und eine damit einhergehende Apparatur (einen Hochofen) zum zentralen Motiv erklärt und in der Darstellung selbst sehr nüchtern und zurückgenommen wirkt. Es ist Ausdruck einer sich technisierenden und industrialisierenden Gesellschaft, die auch direkten Einfluss auf die Kunst nimmt und der Kunst selbst neue Motive und Darstellungsoptionen liefert.

Meina Schellanders künstlerische Arbeit, die den Abschluss des essayistischen Exkurses durch die Publikation bildet, vereint gleich mehrere im Text angesprochene Aspekte und angewandte künstlerische Strategien. So geht die Künstlerin vom Körper aus, arbeitet und integriert Motive aus der Natur und verwendet wissenschaftliche Methoden, um mit mathematischer Präzision ihre Bild- und Objektwelten zu generieren. Im Wandobjekt *Dichte Lichte/Lichte Dichte*, 2011, eröffnet die Künstlerin einen Assoziationsraum, der, aus einer Verschränkung divergierender Materialien und Medien (Metall, Glas, Fotografie, Zeichnung) bestehend, bestimmt ist von einer reinen künstlerischen Logik und der Autarkie des Objektes, sich aber trotzdem empirischer und rationaler Erkenntnismechanismen aus der Mathematik und den Naturwissenschaften bedient, ohne deren innere Systematik affirmieren zu müssen. Es sind Referenzpunkte, die die Künstlerin setzt, um ihr Objekt, gleich einer Netzstruktur, wiederum in einem größeren Kommunikationsraum verankern zu können.

Referenzpunkte sind es auch, die Herwig Turk mit seiner künstlerischen Arbeit setzt, die, gleich einem größeren Koordinatensystem über Systemgrenzen hinweg, weltanschauliche Motive genauso wie Verhältnisrelationen in einem größeren diskursiven und gesamtgesellschaftlichen Kontext betrachten.

Dabei fungiert er, und das gilt auch für alle hier besprochenen künstlerischen Positionen, als Mittler und Transformator von wissenschaftlichen Prozessen und theoretischen Erkenntnissen, die als Material bildnerischer und visueller Prozesse dienen, in den Kontext der Kunst. Letztlich entsteht erst so ein Ort, der als Reflexionsraum die zunehmend schwindenden metaphysischen und physischen Grenzen zwischen Kultur und Natur und deren vermeintliche Determiniertheit über gesellschaftliche Konventionen hinweg denk- und verhandelbar macht.

1 Paul Virilio, *Bunkerarchäologie*, Passagen Verlag, Wien, 2011, S. 154.

2 Vgl. dazu: Katia Huemer, „HyperAmerika, Landschaft – Bild – Wirklichkeit", in: *Landschaft, Konstruktion einer Realität*, Verlag der Buchhandlung Walther König, Köln, 2015, S. 32 f.

3 Vgl. dazu: Rainhard Braun über Nicole Six & Paul Petritsch, in: *Landschaft, Konstruktion einer Realität*, Verlag der Buchhandlung Walther König, Köln, 2015, S. 121.

4 Siehe dazu auch: Ingeborg Reichle, „Strategien der Sichtbarkeit und Sichtbarmachung im Werk von Herwig Turk", im vorliegenden Katalog, S. 42 f.

5 Der Begriff „Anthropozän" wurde vom niederländischen Chemienobelpreisträger und Atmosphärenforscher Paul Crutzon und dem Biologen F. Stoermer als Bezeichnung für das jetzige Erdzeitalter vorgeschlagen.

6 Vgl.: Lucius Burckardt, *Warum ist Landschaft schön?, Die Spaziergangswissenschaft*, Martin Schmitz Verlag, Berlin, 2006, S. 55.

7 Vgl.: Ingeborg Reichle, „Taube Bilder und sehende Hände", in: *Maßlose Bilder, Visuelle Ästhetik der Transgression*, Ingeborg Reichle, Steffen Siegel (Hg.), Wilhelm Fink Verlag, München, 2009, S. 166 f.

8 Siehe dazu auch: Christian Höller, „Weiß glänzend mit schwarz-grauer Fuge", im vorliegenden Katalog, S. 61.

9 Die Arbeit „NYMPHAE (MANNA SCULPTURE)", 2016, ist voller Verweise, so gilt die Grünalge, die über Photosynthese entsteht und als „Chlorella vulgaris" bezeichnet wird, als universeller Superstar im Pflanzenbereich und wird auf Grund ihrer Wachstumsfreudigkeit und Nährstoffhaltigkeit gerne und oft im Labor verwendet und ist immer wieder Thema bei der Suche nach Lösungen für globale Ernährungsprobleme.

10 Siehe dazu auch: Christian Höller über die Arbeit *the conversation that never took place* in seinem Essay „Weiß glänzend mit schwarz-grauer Fuge", im vorliegenden Katalog, S. 62.

Andreas Krištof, geboren 1970 in Klagenfurt. Studium der Kunstgeschichte an der Karl-Franzens-Universität Graz. Ab dem Jahr 2000 für das MAK – Österreichisches Museum für angewandte Kunst/Gegenwartskunst, Wien, als Kurator für zeitgenössische Kunst und Kustos für zeitgenössisches Design tätig. Seit 2009 als selbstständiger Kurator für das Kuratorinnen-Kollektiv section.a tätig. Seit 2013 Mitglied des Kulturgremiums des Landes Kärnten, Fachbeirat für bildende Kunst.

Andreas Krištof

Landschaft = Labor [landscape = laboratory]
An interplay of artworks

"Pollution of the findings accumulated on Earth, in the heart of the biosphere, and – post mortem – the triumph of scientific doubt, the right to which Karl Popper reserved when he propounded to progress-obsessed scientists his "principle of falsifiability" – that other principle of responsibility no longer mentioned by anyone."[1]

Landschaft = Labor is an extensive exhibition by Austrian artist Herwig Turk, displaying selected artistic positions in an expanded context. Herwig Turk's work is based on his examination of complex scientific themes. The material culture of the high-tech laboratory is seen as a multilayered environment, in which the significance of the term landscape is considered; a landscape that, between political determination and industrial instrumentalisation, becomes an experimental laboratory. Thus, the concepts *laboratory* and *landscape* blend seamlessly in the exhibition. The artist dissects a variety of tales from laboratory life on the one hand, and on the other, he explores civilizational connections and colonial exploitation methods within the concept of landscape. The pictorial and object worlds generated by Herwig Turk thereby refer to traditional patterns of representation, which call in question both stereotypes of landscape painting and forms of portrait painting. In the exhibition and the accompanying publication, Herwig Turk's work undergoes a contextual expansion, through the dialogue with works from the Museum's collection itself on the one hand, and on the other, through a selection of artworks which hark back to related artistic strategies and have a place in the scientific discourse on art. This results in a diagrammatic structure in which different perspective axes, with the added vectors of distance and proximity, are applied to the equation of landscape and laboratory, representing both pictorial and abstract elements as contemporaneous and equivalent.

Landscape = Laboratory
When Herwig Turk takes to the salt desert of Utah (USA), to explore the different aspects of landscape through his comprehensive artistic research project including the works *clymanbay* (2013), *linescape* (2016) and *twin hills* (2015), he does this against the backdrop of a landscape concept which evolved in the USA during the 19th century, and which still prevails. The subject here is "appropriation" of landscape as a form of "nation building", as a civilising project to accompany the colonisation of the American continent. Land Art, influenced as it is by the urge to break away from conventional ideas of art and the hegemony of exhibition space, ultimately sees itself in this tradition; but, with the discovery of a new and unoccupied space, it resorts to the same resources as those for "appropriation". In the reception of Land Art, however, it is often forgotten, that it is determined by an attitude which assumes the malleability and the self-evident availability of the landscape. It is a similar situation with the media used to render landscape interventions – photography and film; their use, too, receives little reflexion, but are employed as a means to an end, without evaluating the specifics, let alone the medial significance. The primary concern of the Land Art artists was to give the impression of a landscape which would show them as the first to intervene in it. This attitude stands in blatant contradiction to the actual situation. When Robert Smithson built his *Spiral Jetty* in the salt desert of Utah, the landscape had already been utilised by the military and industry.

In his comprehensive research, Herwig Turk gives an exemplary account of the history of a landscape which can be characterised by the suppression of visibility, where historical and political strata overlap, with a mutual levelling effect. His work is an attempt to reveal these overlapping formations and give them visual presence. He moves away from the traditional photographic representation of the *Spiral Jetty*, where the focus is directly on the work itself, and stages a view away from it into the surrounding landscape.

In a way, the works *clymanbay* and *twin hills* function as preliminary studies and contextualisations for linescape which, as a panoramic photograph, gives a comprehensive representation of the salt-desert landscape. *clymanbay* has pieces of information hand-written by the artist, describing the occupation of the landscape. This cartographic gesture allows us to interpret and decipher the work, affording a different view of this landscape, from which there suddenly appears a pillar of smoke from a factory or a train track winding its way through the desert like a dividing line. The constructedness of the landscape emerges clearly as a motif, showing how the unique, isolated Land Art interventions are embedded and thus placed in a political and social context. The constructedness of the landscape, however, finds its formal counterpart primarily in the constructedness of the photographic work *twin hills*, which consists of many segmented digital images which create this natural-looking panoramic view. In this work, Herwig Turk plays with the motif of rasterisation and thus with the surveying instrument which subsequently appears in his laboratory works, establishing a kind of aesthetic constant when he emphasises certain topographical formations, linking these with man-made structural interventions. This changes the perception of landscape enormously. The previously so often heroised image is demystified, and landscape is seen as a social and political concept – as a man-made construct, revealing more about lifestyle and its concomitant traditions.[2]

The exhibition itself is also conceived as a story about the change in the way we see things, and in how we look at our environment; this point of view was radically altered in 1969 with the moon landing, finding expression in the finiteness of Earth (through the possibility of looking at it), and through the technical feasibility that allows territorial expansion. The work *Sea of Tranquillity* (2014) by Nicole Six & Paul Petritsch is an artistic expression of this event. The distance covered on the moon by the American Apollo 11 astronauts and their radius of movement is re-staged 1:1 in a meadow landscape and photographed from the air. On the one hand, this representation on a meadow demonstrates strikingly just how small and limited this supposedly fundamental event is for mankind; on the other, the work itself is transformed into a landscape event. It tells of the longing for territorial expansion, and of the concomitant heroic attitude. In this work, the modernist paradigm of the conquest and surveying of the world, translated into a spatial and visual coordinate field which operates mainly by abstraction, creates a field of tension between image and event, helping to rationalise and demystify this zest for discovery – a theme that runs through many works by Nicole Six & Paul Petritsch.[3] This demonstration is enhanced by an instruction manual which forms part of the work, encouraging viewers themselves to follow this route, transferred to the spatial circumstance of the museum.

Sonia Leimer takes a further perceptive dimension, in her installative video work *IWANOWO* (2015), in which a conversation between two astronauts in the International Space Station includes mention of the area of the Utah salt desert over which they are flying. The political dimension and its sheer banality become the focus of the work. The political bipolarity and the sheer banality of the conversation is now merely a historical phenomenon; nowadays, American and Russian astronauts sit side by side in a space station, glance up and talk about the world. The view of the world from above is the motif common to the works of Nicole Six & Paul Petritsch and Sonia Leimer. It significantly alters the representation of landscape, always remaining, however, as image production, reserved for a politically determining minority. It is a view shaped by political interests, driven and developed by the urge for military research – Salt Lake and Utah are intensively exploited military territory – and its effect is that of altering perception. The landscape is transformed into a research laboratory in which experiments are carried out (public access excluded).

The aesthetic of the traces left by these (e.g. military targets set in the landscape for bombing trials) is immediately evident in the aesthetic of Land Art interventions such as those of Robert Smithson.
In his room installation *linescape*, Herwig Turk operates with the military aerial views, relating them directly to Smithson's series of abstract graphic drawings based on aerial photographs of airports and military infrastructure. Printed on screens which themselves form the basis of a visual and imaging process, the motifs are transformed into graphic surfaces.[4] They tell of the history of the "aerial view" – a form of bird's eye view photography developed and used by the military – and of the exclusivity of the landscape view.

Great Salt Lake Evaporation Ponds is the title of a video work made in 2013 by the Center for Land Use Interpretation (CLUI), a research and education organisation of artists and scientists concerned with the interpretation of landscapes, and operating with precisely this form of observation. The content of this work is similar to that of Herwig Turk's research project on the salt desert in Utah, which enters the picture slowly, in the course of an overflight. The positions of the person flying (the observer) and that of what is observed (the landscape) are blurred; it is not immediately clear whether the observer is moving towards the landscape, or the other way round, with the landscape approaching the observer. Similarly to cataloguing and archiving, the video recounts the intensive exploitation of this landscape. The chosen viewpoint – the detached bird's-eye view – is determined by the attitude of a researcher who gathers topographical data and offers these to the observer for interpretation. This horizontal form of image production, which gives equal treatment to all that is represented and illustrated, not only opens up new perspectives and interpretations, but also stands for the

appropriation of a strategy for applying a hegemonic view which, however, contributes to its democratisation.
All the works discussed here have a further common feature: they can be interpreted figuratively as illustrations of a route system between centres of power creation, which ultimately extend like a net over the entire globe. Moreover, these overlapping layers in the works afford information about the determinacy of our view of the Earth, and about how far we are operating in the age of the Anthropocene[5], in which everything is determined by human activity. In this sense, the notion of pristine nature may be considered obsolete. Nature, from this perspective, is not a state to be preserved, but a field of interaction between man and nature, telling us much about human treatment of the world, its resources, its climatic conditions and its possible future prospects.

Landscape as the scene of social interaction and projection surface for subjective sensitivities, both creating utopian moments and affording information on the economies of a current counter-culture, is expressed in the comprehensive video installation *Eden's Edge* (2014) by Gerhard Treml and Leo Calice, produced in collaboration with an artistic research team. Here they deal with narrative landscape constructions which, as space and surface for projection, are fuelled by personal accounts, and use the autobiographical narrative as a strategy for creating new areas of opportunity. The landscape becomes the model, the video projection becomes the landscape. The work consists of nine narratives by people who have retreated to California's Wonder Valley in order to live apart from civilisation. Fiction cannot be distinguished from reality. Taken in themselves, the narratives offer a coherent picture of an alternative concept to the prevailing social order; seen in a wider context, they represent fragmented and particularised stories expressing the need for a spatial production of their own.

In his performance/video work *Through the Looking Glass II* (2012/13) in New York City, Gerhard Lang effects a change of perspective, through an equally personal interpretation of landscape. He strolls backwards through time, manœuvring his way through the Manhattan townscape with an instrument known as a Claude Lorrain Mirror, used in landscape painting from the late 18th century onwards. The dark, slightly convex mirror produces a finely differentiated image. In the video , however, the mirror is concealed from the viewer most of the time. Up to the 67th minute the viewer sees only the artist's cut-off legs and the path they take. Similarly to the early landscape painters, Lang is concerned not with what is directly observed, but rather with the mirror image, with the image of the non-visible and the control of this view. The construction of landscape is understood as a poetic possibility of creating a different image of the world, focusing on the artist's-eye view. Reflection and reality, motion backwards and forwards, negative and positive image start to overlap. In the spirit of sociologist Lucius Burckhardt, landscape is not to be found in the phenomena of the environment, but in the minds of the observer. The more what is seen corresponds to our expectations, the greater the satisfaction.[6] Conversely, different instruments and viewing strategies are necessary in order to discover what is hidden or unusual in familiar surroundings. Gerhard Lang operates accordingly, and in relation to the artistic strategy of Nicole Six & Paul Petritsch, as rediscoverers and surveyors of a familiar landscape, without lapsing into a heroising, or even colonialising attitude.

Laboratory = Landscape

When we consider the equation of landscape and laboratory, one main concern is the relation between image and reality, and the reflection of the depicting medium, which in turn significantly influences the perceived image of reality and ultimately plays a part in its construction. In this sense, the image becomes the laboratory and field of experimentation. In his work, Herwig Turk plays with the ambivalent evaluation of imaging processes in science and art. While science draws upon digital technologies as a basis for decision processes, giving the medium an objectivising status, media theory laments the loss of reality due to the possibility of digital generating and manipulating of pictorial worlds.[7]

In his work *referenceless photography* (1998–2003), Herwig Turk traces this relationship, constructing a microscopic landscape defined by scientific parameters in order to achieve the most authentic image possible, which nevertheless depicts a pure artistic fiction – a digital, referenceless picture. Subsequently, the artist introduces his work into the scientific setting, and asks several scientists for a brief image analysis. They all identify the work as a microscopic record (of different but related objects), and do not doubt the factuality of the image itself. By this simple, convincing method, the artist disavows the logics of perception mechanisms determined by their respective knowledge and research disciplines and their institutional parameters.[8]

Herwig Turk's work is basically characterised by his visual examination of the laboratory setting and its reality. Laboratories, committed to producing scientific facts, serve as a field of research for the artist to explore questions concerning the material culture of the laboratory as well as to fathom and render visually the relations between instrument, experimental practice and theory construction – e.g. in his photo series *agents* (2007) or *labscape* (2007) in which laboratory equipment is the central focus.

With his installation *NYMPHAE (MANNA SCULPTURE)* (2016), Thomas Feuerstein, too, explores this complex relation between equipment, aesthetic effect and functionalisation. The work is to be understood as a bioreactor in which plankton is produced. Thomas Feuerstein's work is generally characterised by examination of the circumstances and mechanisms of science production. By means of rendering these as object dimensions and acquiring knowledge about the construction of laboratory apparatus, he creates his own. In *NYMPHAE (MANNA SCULPTURE)*, the artist grows algae which are bred according to scientific methods; he uses them for purely artistic purposes. From the dried algae he makes colour pigment which he then uses to create intense green, monochrome paintings. Thus Thomas Feuerstein's work is not merely a reflexion on a non-artistic field, but a thought process on intrinsically artistic production mechanisms themselves. Above all, however, his work describes scientific,

historical, epistemological, political and aesthetic parameters which, as a system of reference, reveal a larger social context.[9]

Hannes Rickli's video installation *Labscan # 1–3*, (2009) focusses on the laboratory as a whole, with its audio-visual appearance. Here, the artist aims to visualise – and this is where his approach coincides with that of Herwig Turk – fracture points that appear in the course of work with instrumental laboratory techniques and interaction between scientists and their research topics and objects.

In the video, image and sound track are noticeably out of sync and seem to be producing two different stories; only occasionally do they coincide. The image suggests an inquiring and observing view of a laboratory landscape with all its equipment, while the sound track lets the scientists have their say, talking about everyday research work with their objects, about their problems and potential sources of error. Sometimes the research subjects appear like fish in an aquarium or the heads of the scientists in the picture, and seem like theatrical performative elements in an otherwise quiet, almost poetic image sequence.

While in his composition (as described in detail earlier by Christian Höller) Herwig Turk uses the motif of the grid, which not only reappears frequently as a leitmotiv in his work, but also symbolises the measuring and standardisation of scientific processes, Rickli's pictures seem in comparison almost unreal and prosaic when they focus on the insignificant environment of the laboratory, visualising it like a landscape painting. Rickli reflects on the relation between the observer and what is observed, allowing to both an active space which takes them out of their passive role and makes them protagonists in their own respective autonomy, so that the fish can be transformed from the object of experiment into an autarkic individual.

Hannes Rickli describes a fragile state which affords information on the nature of scientific processes and results influenced by major political and social interests and ultimately also represent constructs determined by chance. The relationship between scientists and observers is a significant and determining factor in this complex relation, which is a primary focus of Herwig Turk's work. The scientist has the function of producing scientific insights, besides being an observer of scientific images, and as such – by virtue of learnt and mutually confirmed laws – is capable of reading, interpreting and gaining insights from them.[10]

In *Refolding (Laboratory Architectures)* (2010), artists Kira O'Reilly & Jennifer Willet look into this relationship, adding a basic component: that of the body in interaction with its environment. Their performative interventions, captured through the medium of photography, consider and reconceptualise the human body in the context of the life sciences and laboratory setting. Their bodies, usually covered, are photographed in the moment of action, giving the impression that they regard the laboratory as a stage and are using it as such. Similarly to Hannes Rickli's working method, here an experimental object becomes an active, self-determining subject. The question remains open, of whether the figures come from the setting itself, or whether they sneaked in, or even asserted their right to be there – at any rate, they manage to lay claim to the space.

Cornelius Kolig's sculptural objects from the MMKK collection, dating back to the 1960s, are represented in the exhibition by his *Entwurf einer Plastik [Design for a sculpture]* (1969), and *Variation des Plexiglasbaukastens [Variation of the Plexiglas construction kit]* (1968). Here is a very early artistic examination of the relation between body and technology, breaking away from the traditional romanticising concept of art. Kolig's objects negate any form of artistic gesture; rather, they are seen as anonymous and technoid, redefining artistic style. The artist uses radically new materials such as acrylic glass, polyester, rigid foam and chrome-plated metal. He shapes and combines hemispherical, transparent bowls with tubes leading to steel constructions. They are deliberately reminiscent of laboratory apparatus, just as they might themselves, through their organic shaping, be the product of a scientific experimental arrangement. Technoid belief in the future and industrial feasibility, which (as posited above) may be regarded as expression and phenomenon of an age – take Land Art and the territorial expansion symbolised by the moon landing –, are combined here with abstract-material thinking. The unusual feature of these works is that the artist uses a formal vocabulary which clearly does not belong to art, but is geared to an aesthetic in which appearance is primarily subject to functional criteria.

Herbert Boeckl's work *Treibach, Althofen* (1933), also from the MMKK collection, represents here the relation between illustrative function and image appropriation. The drawing belongs in a phase of Boeckl's work in which he was strongly influenced by New Objectivity. The picture is remarkable since the central motif is an industrial process and the concomitant machinery, portrayed with stark restraint. It is the expression of a society which is increasingly geared to technology and industrialisation, and which also has a direct influence on art, providing new motifs and possibilities for representation.

Meina Schellander's work, which concludes this essayistic tour of the publication, combines several aspects and applied artistic strategies dealt with in the text. The artist's starting-point is the body; she works integratively with motifs from nature, using scientific methods to generate her pictorial and object worlds with mathematical precision. In her wall-object *Dichte Lichte/Lichte Dichte* (2011), she opens up an associative space consisting of a network of diverse materials and media (metal, glass, photography, drawing), determined by a purely artistic logic and the autarky of the object, nevertheless drawing on empirical and rational knowledge-mechanisms in mathematics and natural sciences, without having to affirm their inner systematics. These are points of reference laid down by the artist in order to anchor her object, as though in a network structure, within a wider sphere of communication.

In his work Herwig Turk, too, lays down points of reference which, like a wide system of coordinates extending beyond systemic boundaries, observe both ideological motifs and proportional relationships in the wide discursive context of society as a whole.

Here he assumes the function – and this applies to all the artistic positions discussed here – as mediator and transformer of scientific processes and theoretical insights which serve as material for pictorial and visual processes in the context of art. Ultimately, this is the only way to create a place which, as a space of reflection, renders conceivable and negotiable – regardless of social conventions – the rapidly dwindling physical and metaphysical boundaries between culture and nature and their ostensible determinacy.

1 Paul Virilio, *Bunker Archaeology*, Passagen Verlag, Vienna, 2011, p 154.

2 Cf.: Katia Huemer, HyperAmerika, Landschaft – Bild – Wirklichkeit, in: *Landschaft, Konstruktion einer Realität*, Verlag Buchhandlung Walther König, Cologne, 2015, p 32 f.

3 Cf.: Rainhard Braun on Nicole Six & Paul Petritsch, in: *Landschaft, Konstruktion einer Realität*, Verlag der Buchhandlung Walther König, Cologne, 2015, p 121.

4 See: Ingeborg Reichle, *Strategies of visibility and visualisation in works by Herwig Turk*, in this catalogue, p 46.

5 „Anthropocene" was suggested by Dutch chemistry Nobel Prize winner and atmospheric chemist Paul Crutzon and biologist F. Stoermer as a term for the present age.

6 Cf.: Lucius Burckardt, *Warum ist Landschaft schön?, Die Spaziergangswissenschaft*, Martin Schmitz Verlag, Berlin, 2006, p 55.

7 Cf.: Ingeborg Reichle, Taube Bilder und sehende Hände, in: Maßlose Bilder, Visuelle Ästhetik der Transgression, Ingeborg Reichle, Steffen Siegel (ed.), Wilhelm Fink Verlag, Munich, 2009, p 166 f.

8 Also see: Christian Höller, *Shiny white with grey-black grouting*, in this catalogue, p 65.

9 The work *NYMPHAE (MANNA SCULPTURE)* (2016), is full of references; e.g. the green algae, or chlorella vulgaris, which evolves through photosynthesis, is seen as a universal superstar of the plant world ; due to its luxuriant growth and wealth of nutrients, it is often used in the laboratory and is a recurring topic in the search for solutions to global nutrition problems.

10 See also: Christian Höller on the work The conversation that never took place, in his essay *Shiny white with grey-black grouting*, in this catalogue, p 65.

Andreas Krištof was born in 1970 in Klagenfurt. He studied art history at the Karl-Franzen University in Graz. Since 2000 he has worked as a curator for contemporary art and a custodian for contemporary design for the MAK - Austrian Museum of Applied Arts / Contemporary Art in Vienna. Since 2009, he has been a self-employed curator for the curator collective section.a. Since 2013, member of the cultural committee of the Province of Carinthia, advisory committee for fine art.

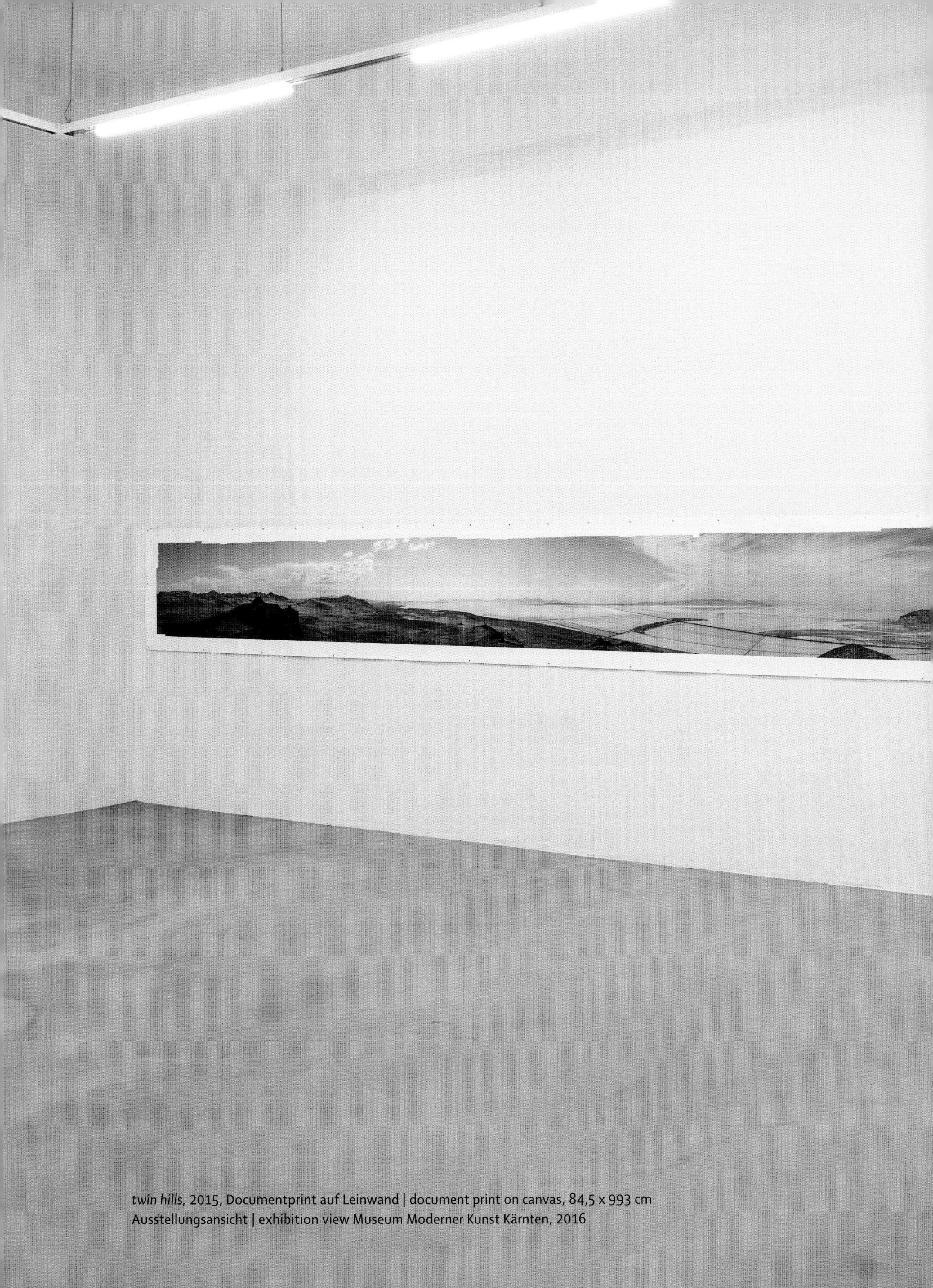

twin hills, 2015, Documentprint auf Leinwand | document print on canvas, 84,5 x 993 cm
Ausstellungsansicht | exhibition view Museum Moderner Kunst Kärnten, 2016

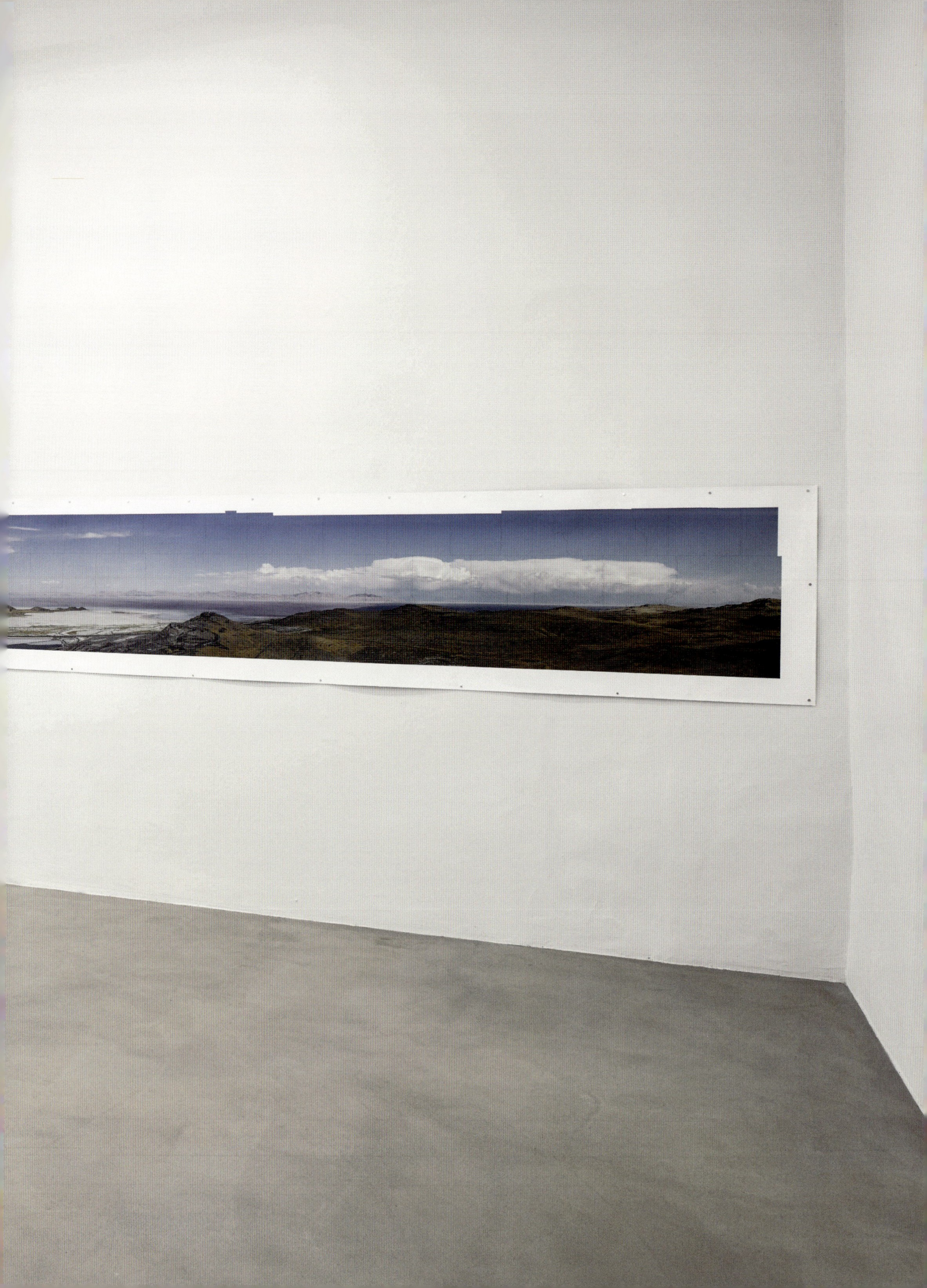

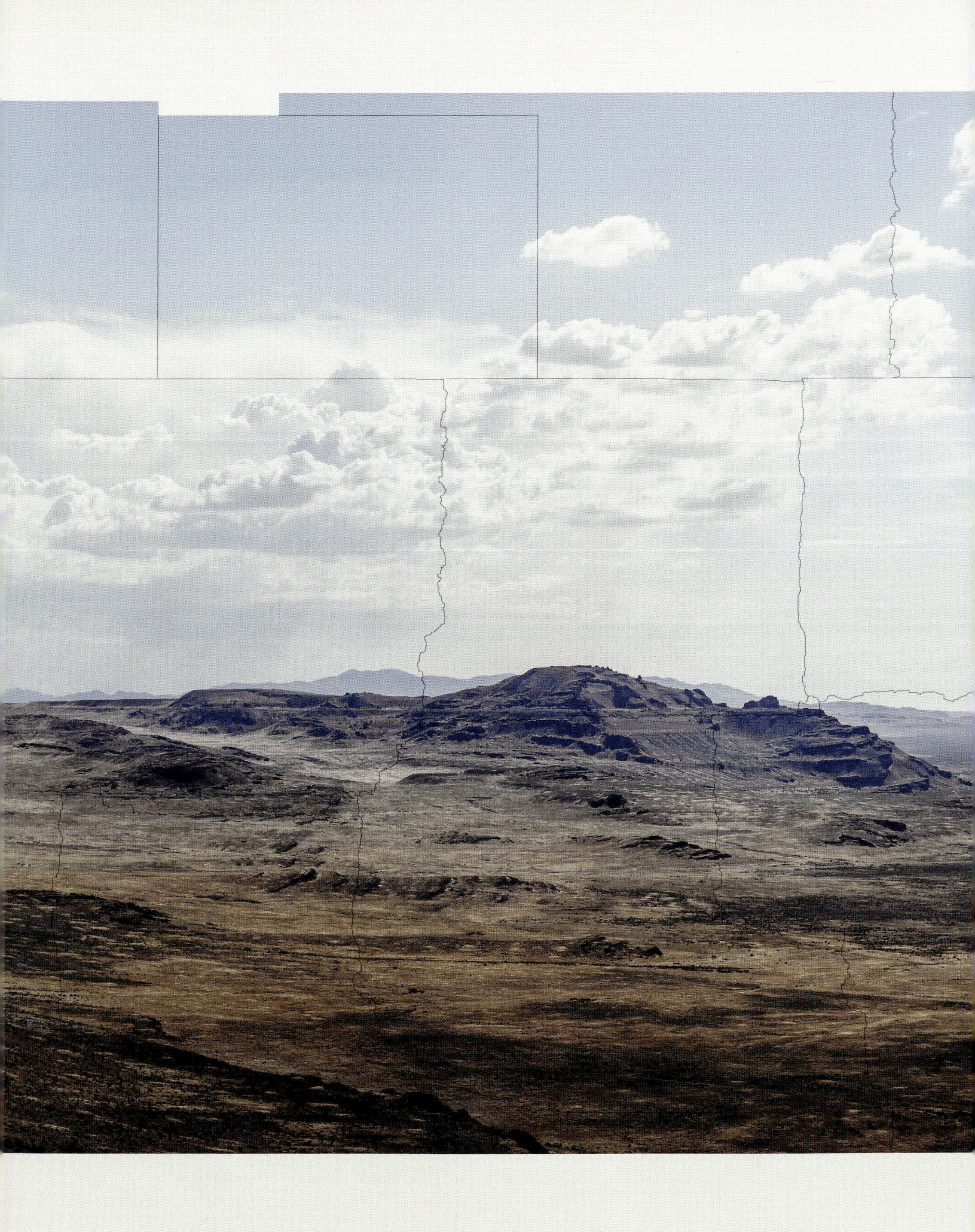

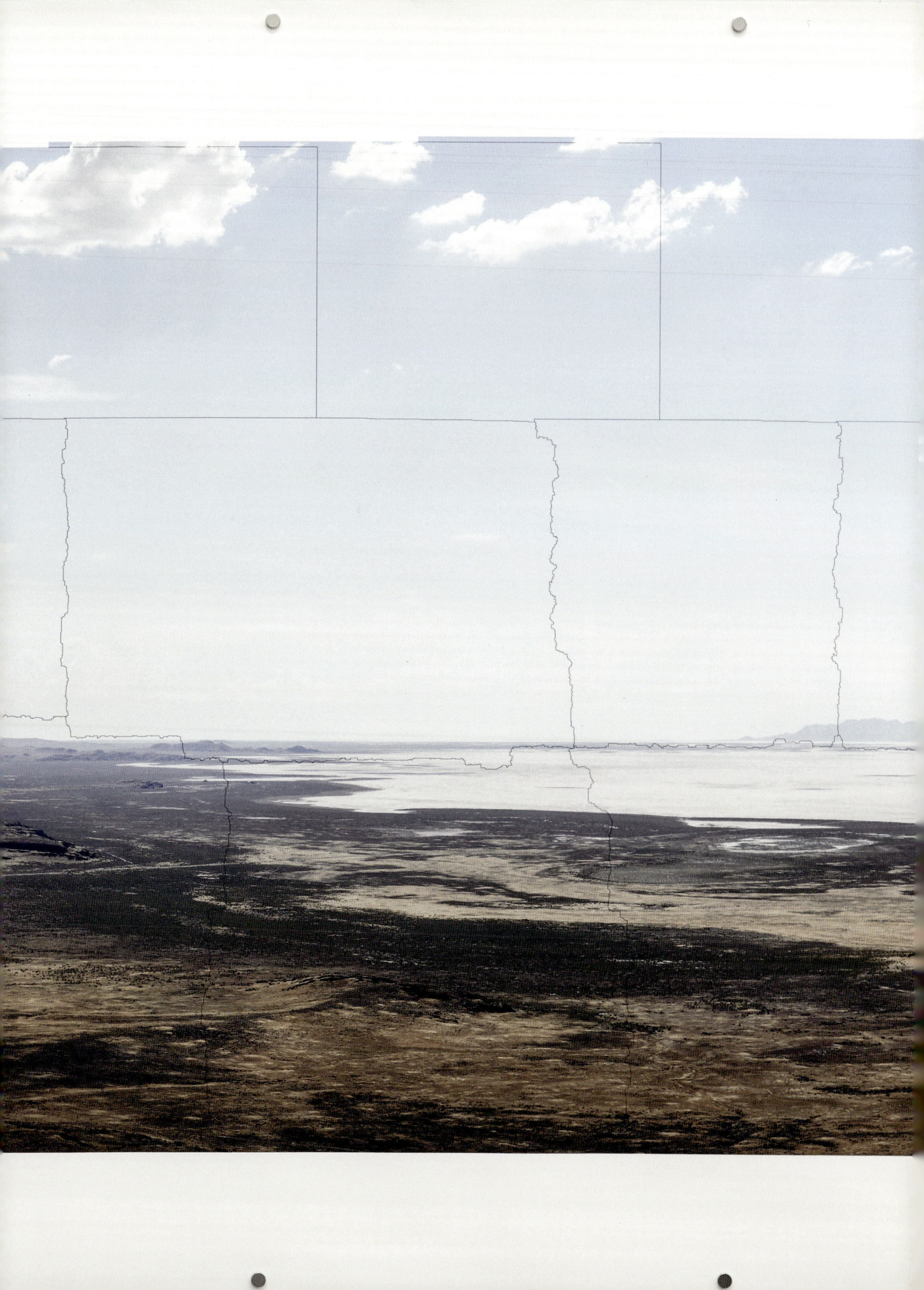

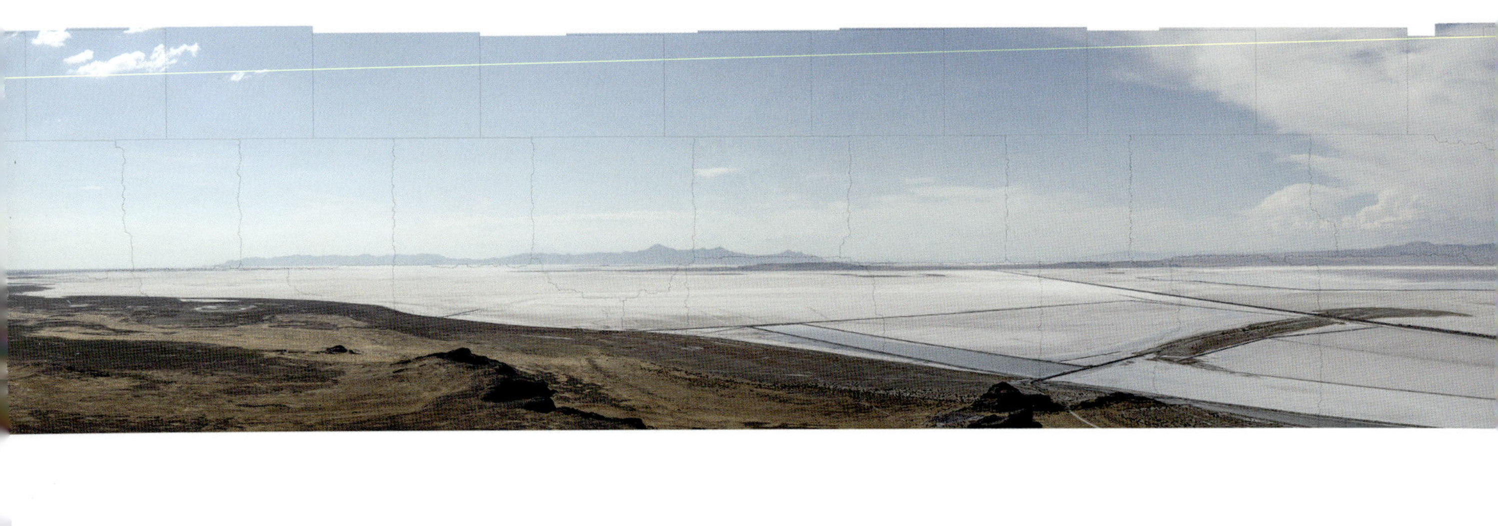

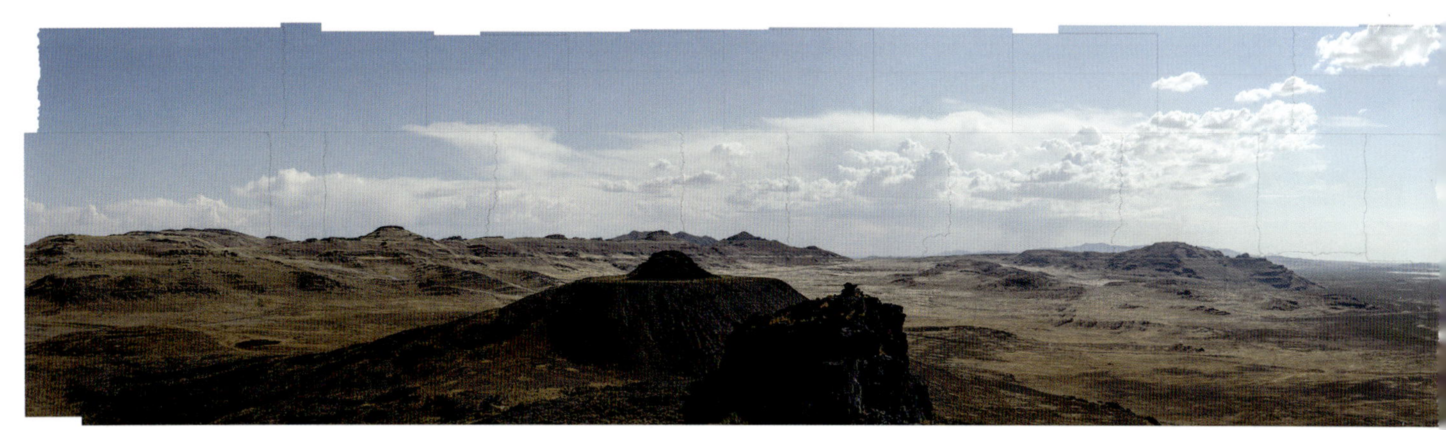

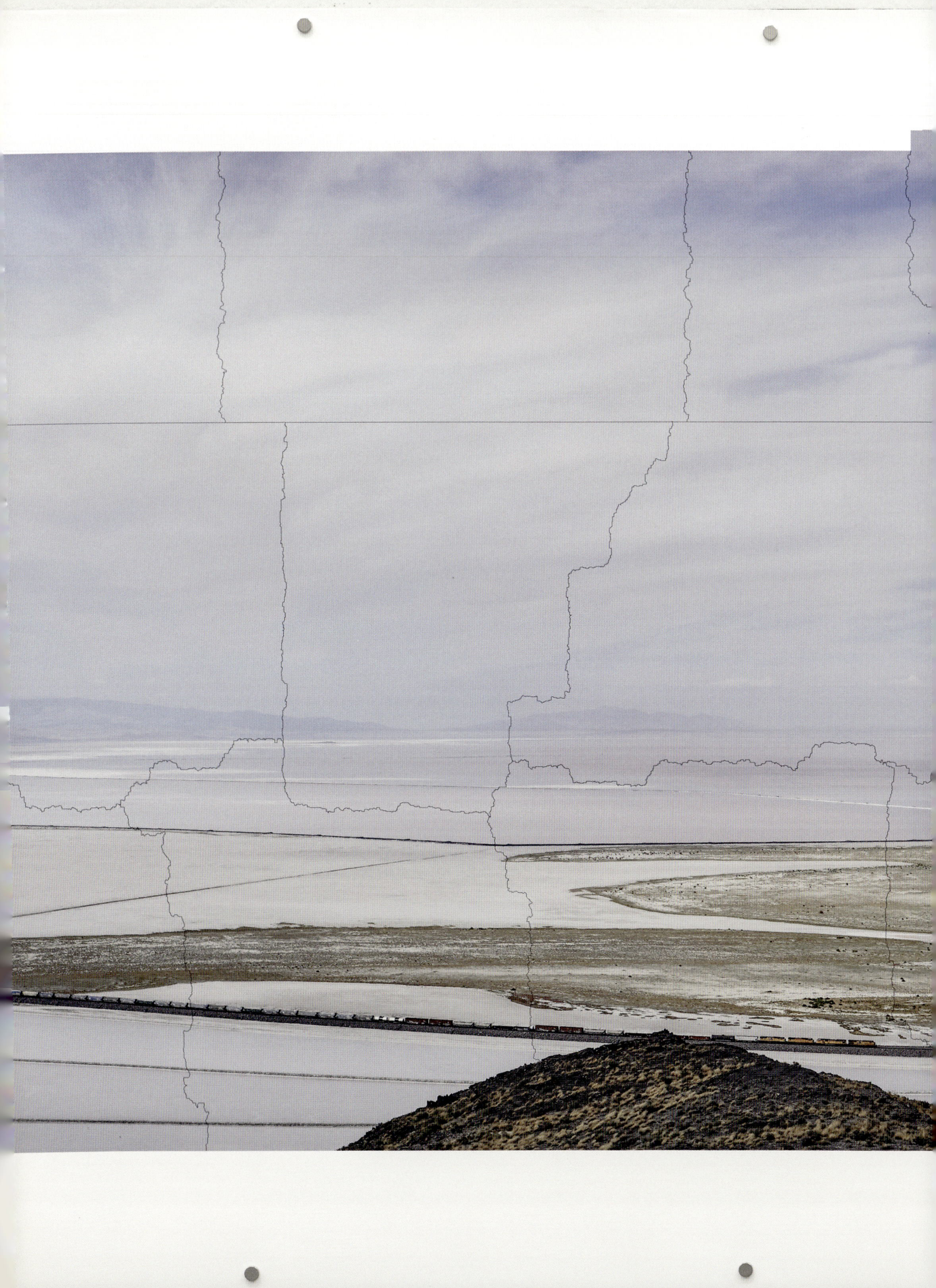

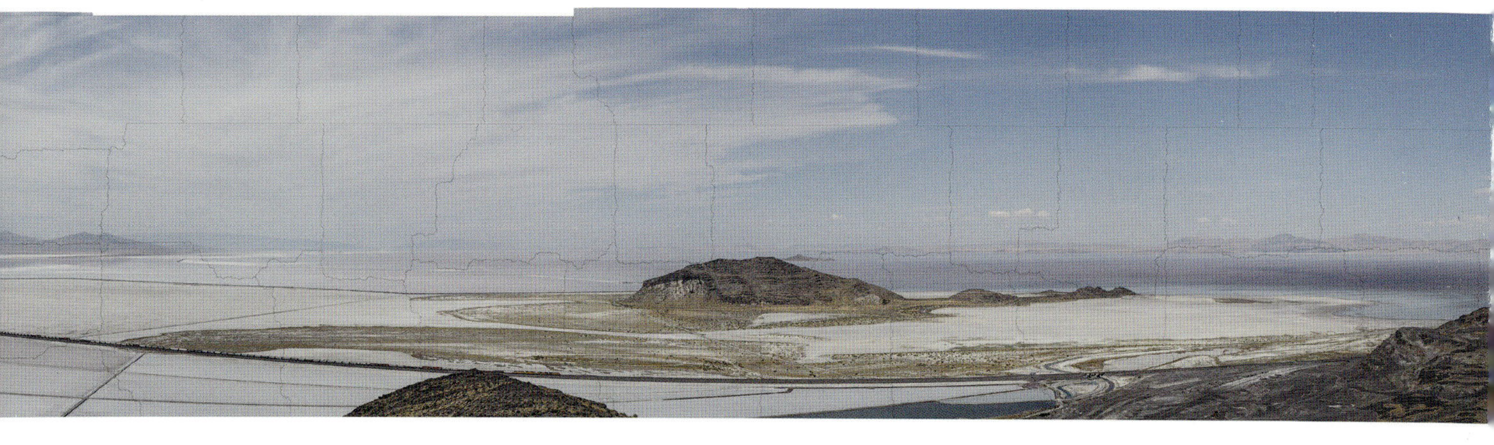

twin hills, 2015, Documentprint auf Leinwand | document print on canvas, 84,5 x 993 cm
Seite | page: 24, 25: Detail

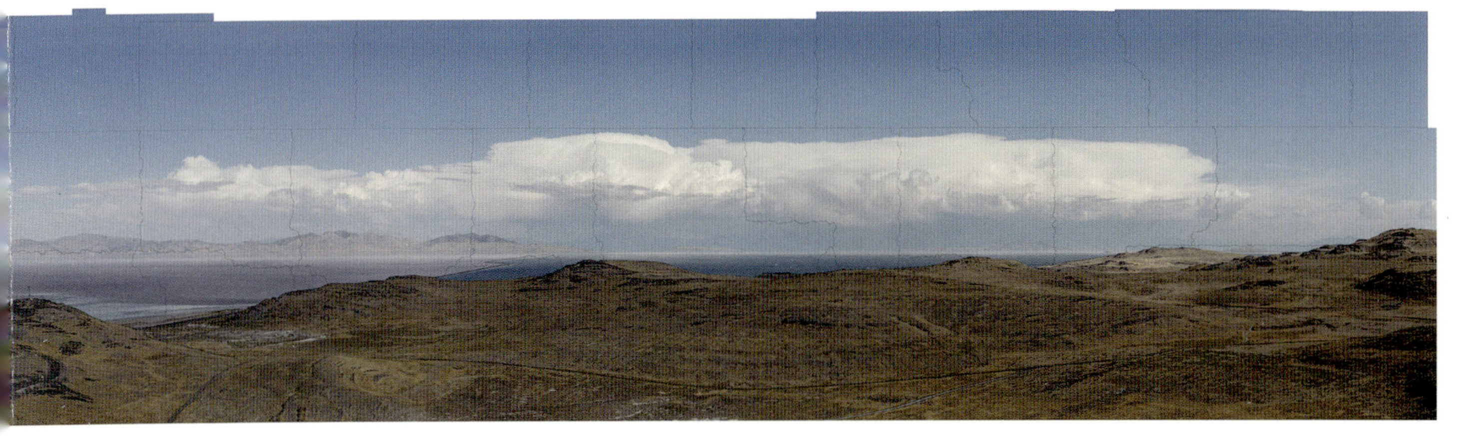

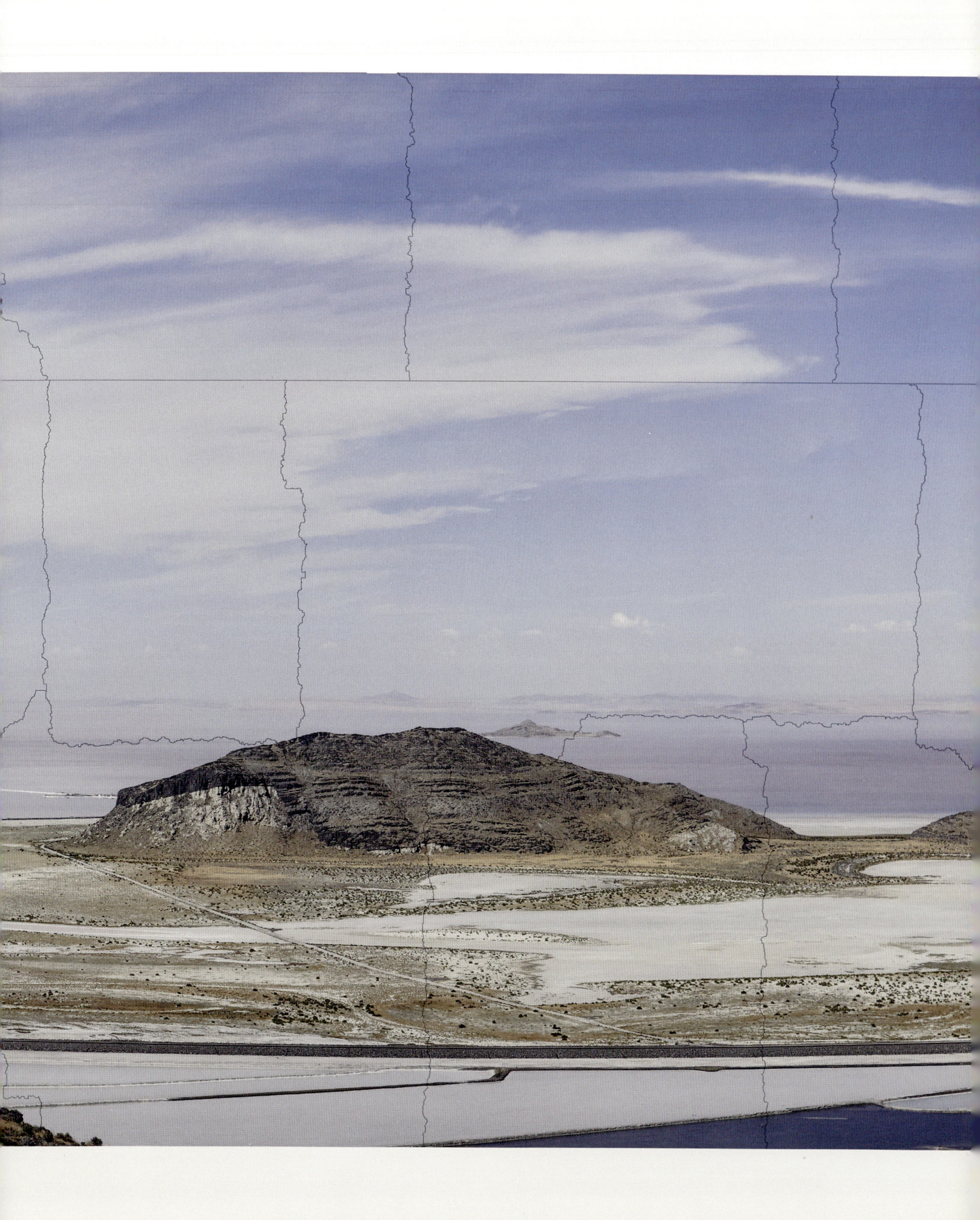

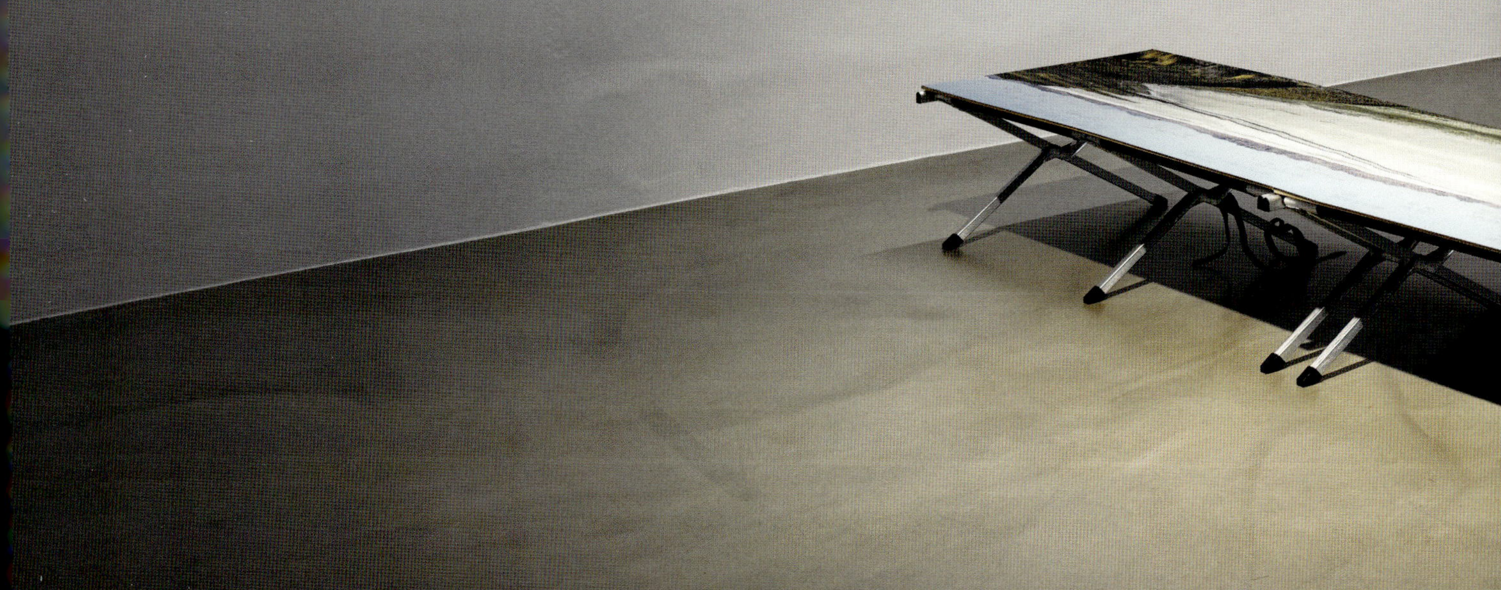

Seite | page 26–31:
clymanbay, 2013
Documentprint auf Leinwand, 3 Feldbetten, 3 Holzplatten, Acrylglas bedruckt, 45 x 570 x 73 cm
document print on canvas, 3 camp beds, 3 wood panels, print on acrylic glass, Wandtext | text on the wall
hogup pumping station, 2014, Video mit Ton | video with sound, 10' 27"

Ausstellungsansicht | exhibition view Museum Moderner Kunst Kärnten, 2016

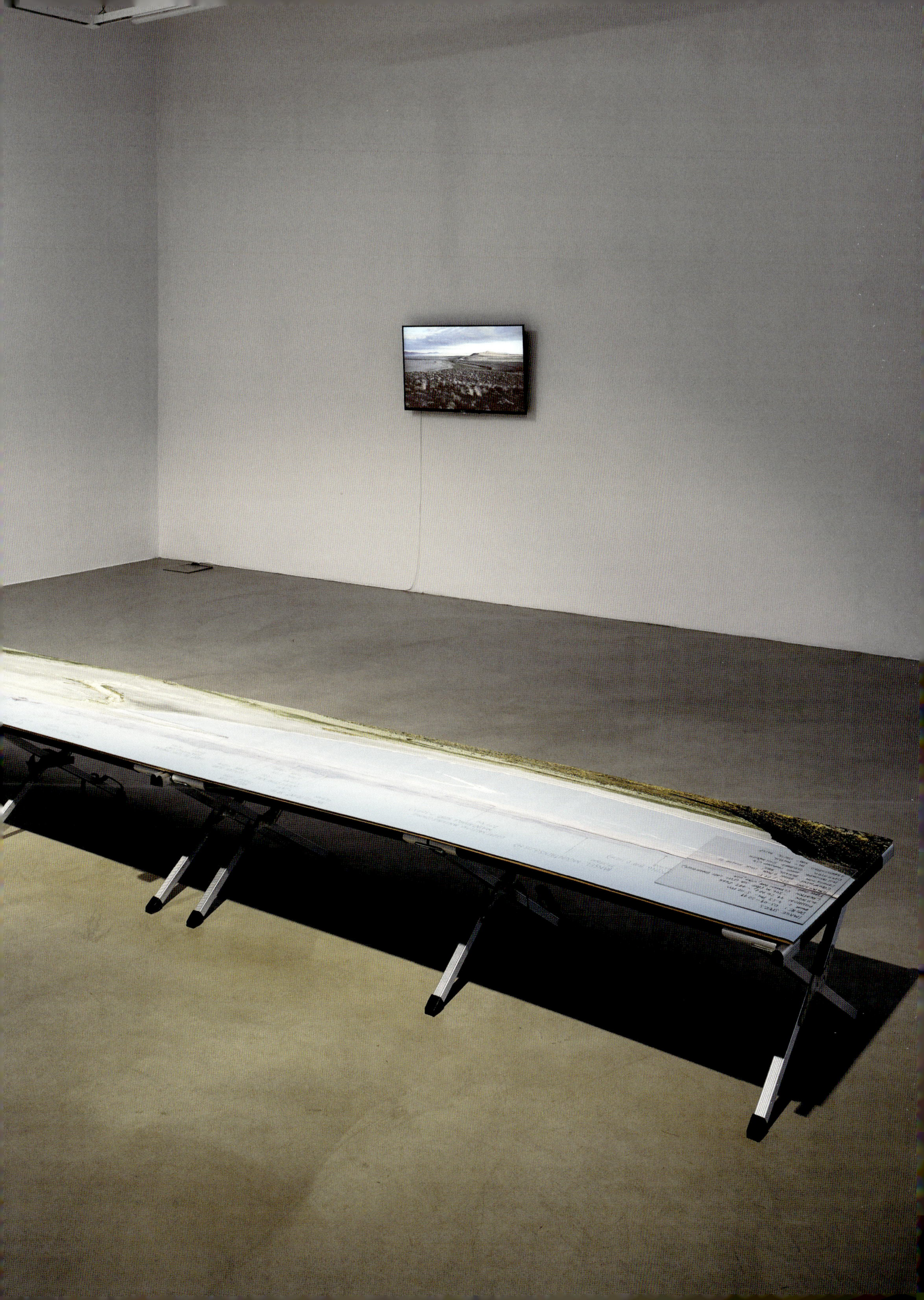

Detail clymanbay, 2013

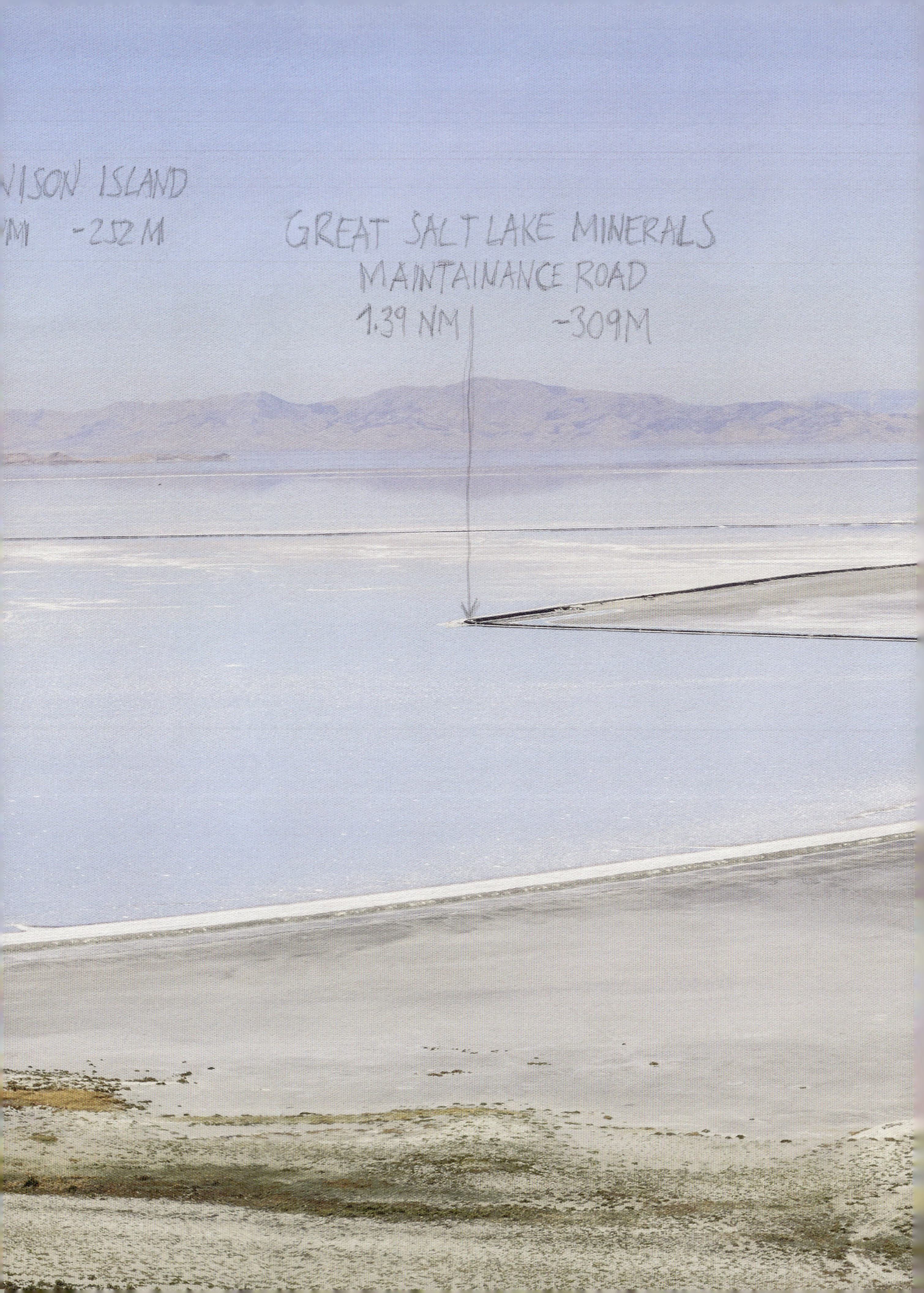

NISON ISLAND
NM   ~2.2 M
GREAT SALT LAKE MINERALS
MAINTAINANCE ROAD
1.39 NM   ~309M

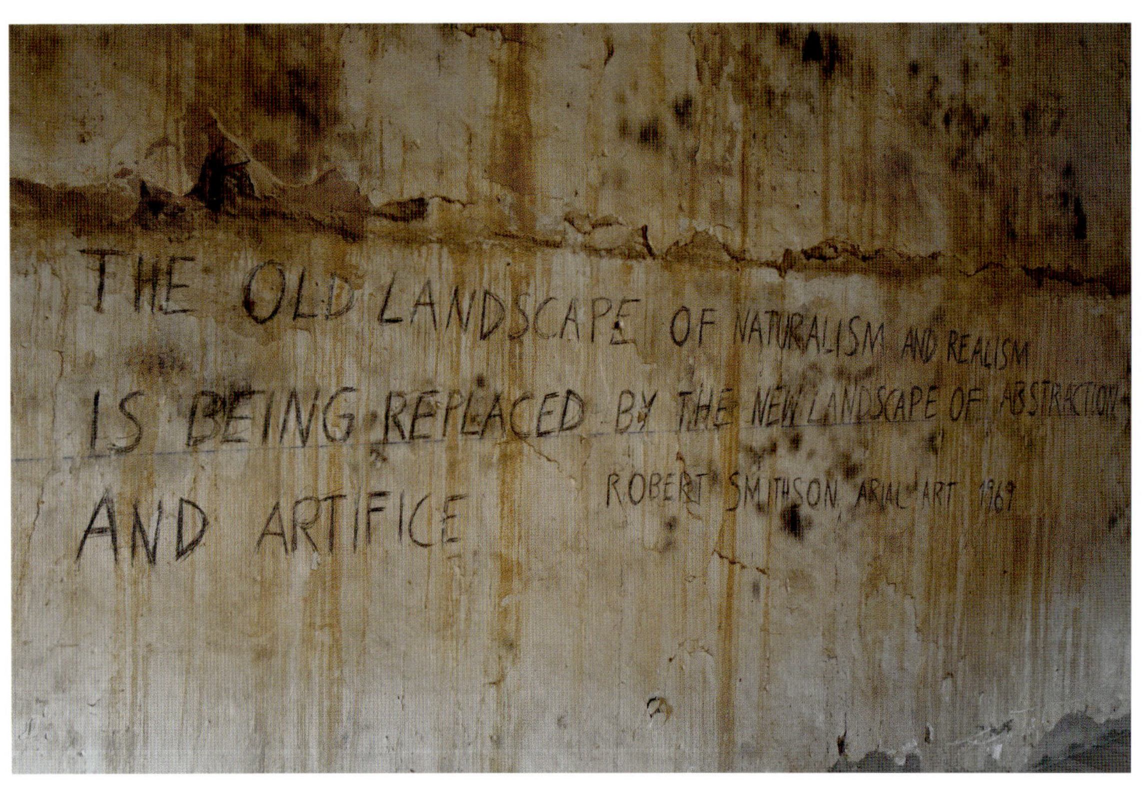

Detail: *clymanbay*, 2013
Wandtext handgeschrieben, Grafitstift | text on the wall, graphite pen
Zitat nach | quote Robert Smithson, *Aerial Art*, 1969

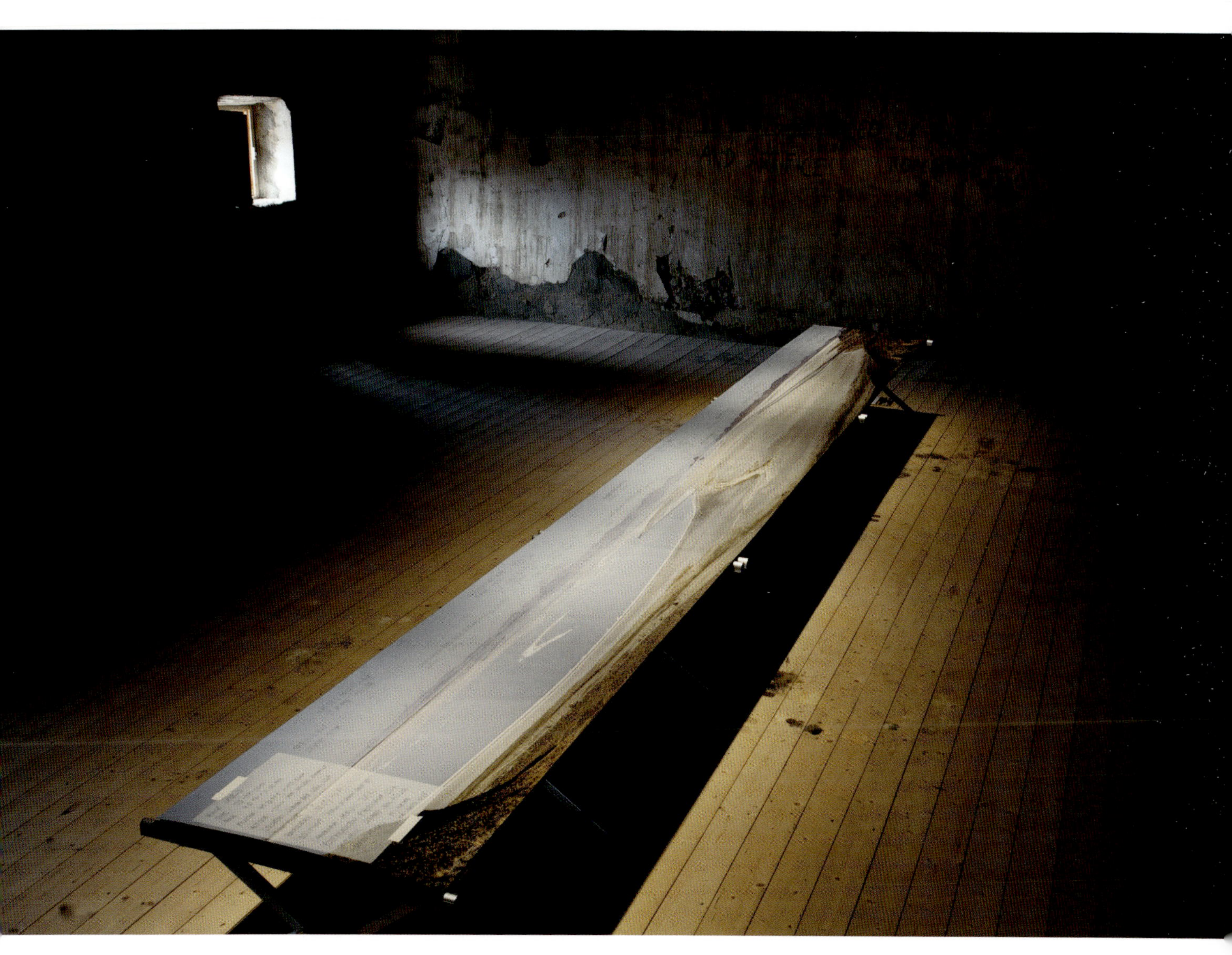

Ausstellungsansicht | exhibition view Cultivamos Cultura, São Luis, Portugal, 2013

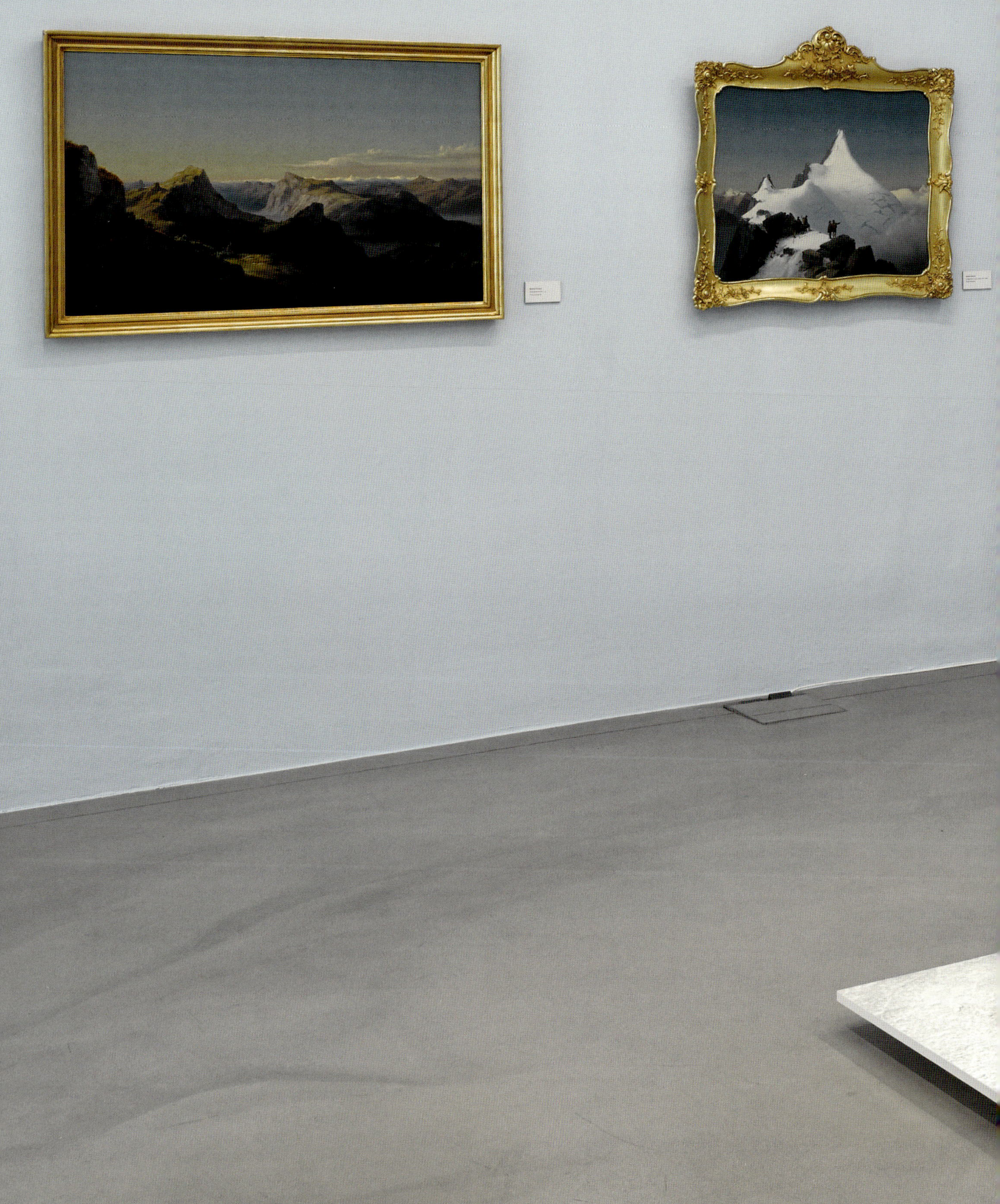

Herwig Turk, *lakeside*, 2011
Gerhard Treml & Leo Calice, *Eden's Edge*, 2014
Ausstellungsansicht | exhibition view, fokus sammlung MEISTERWERKE, Museum Moderner Kunst Kärnten, 2016

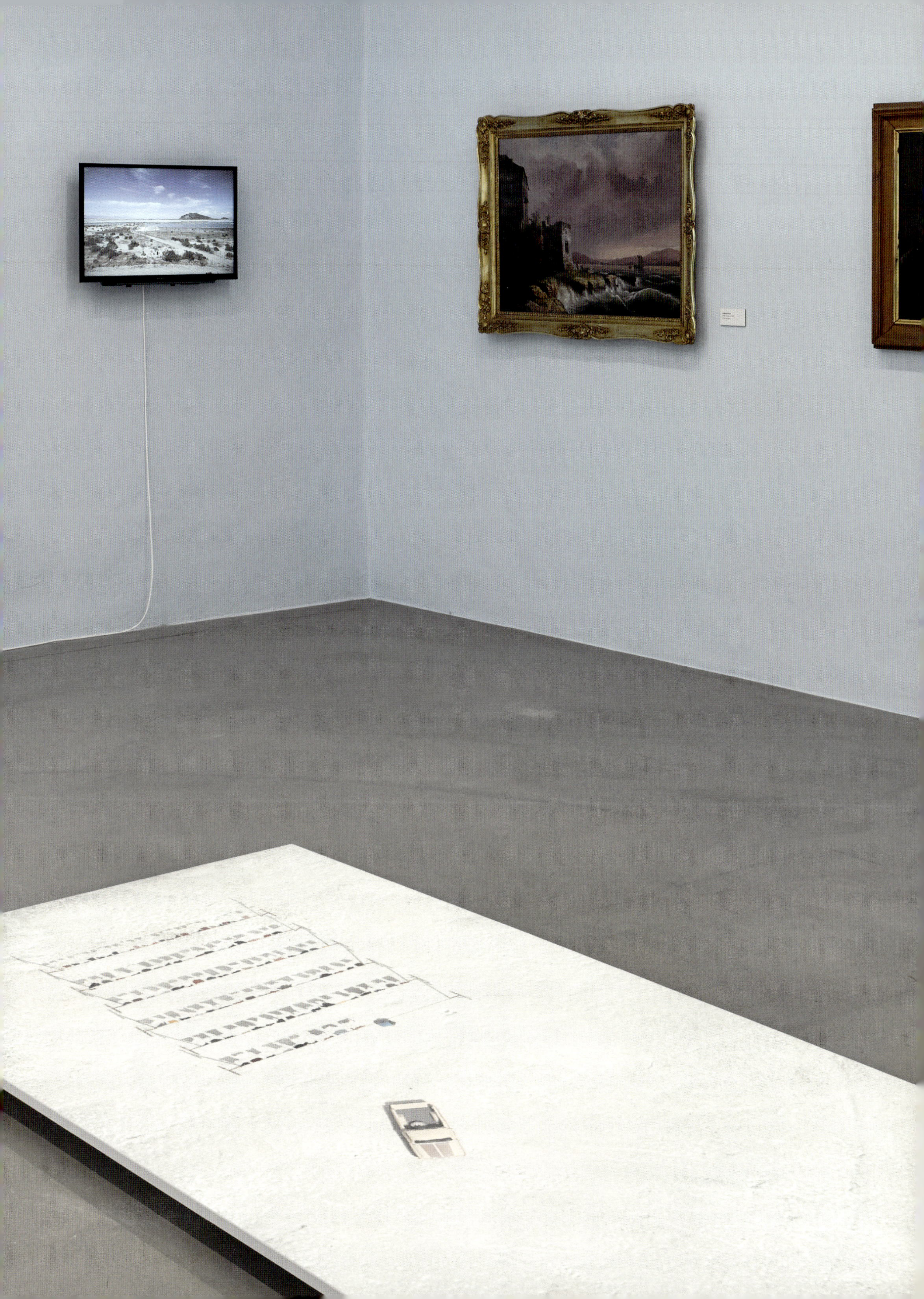

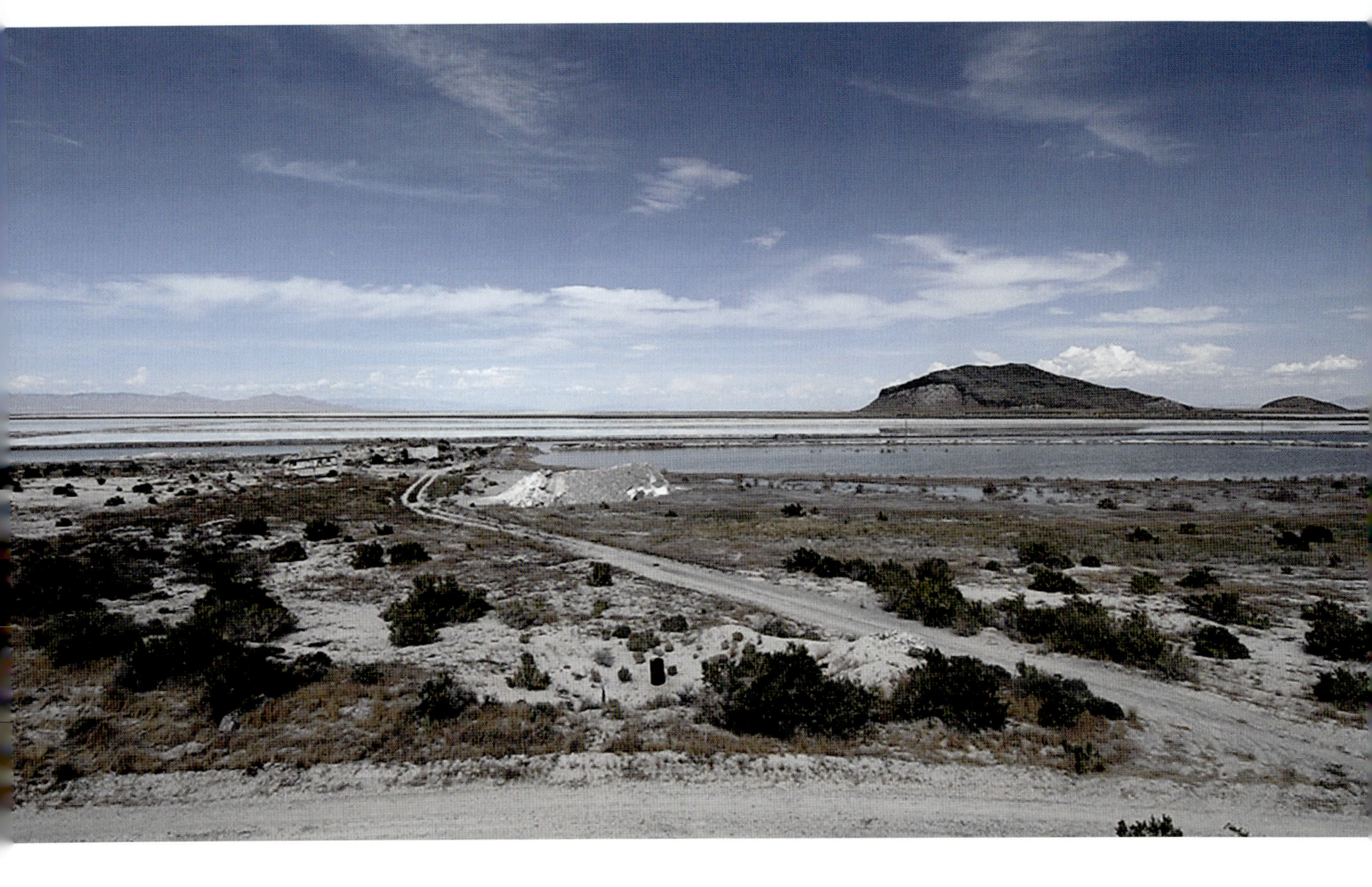

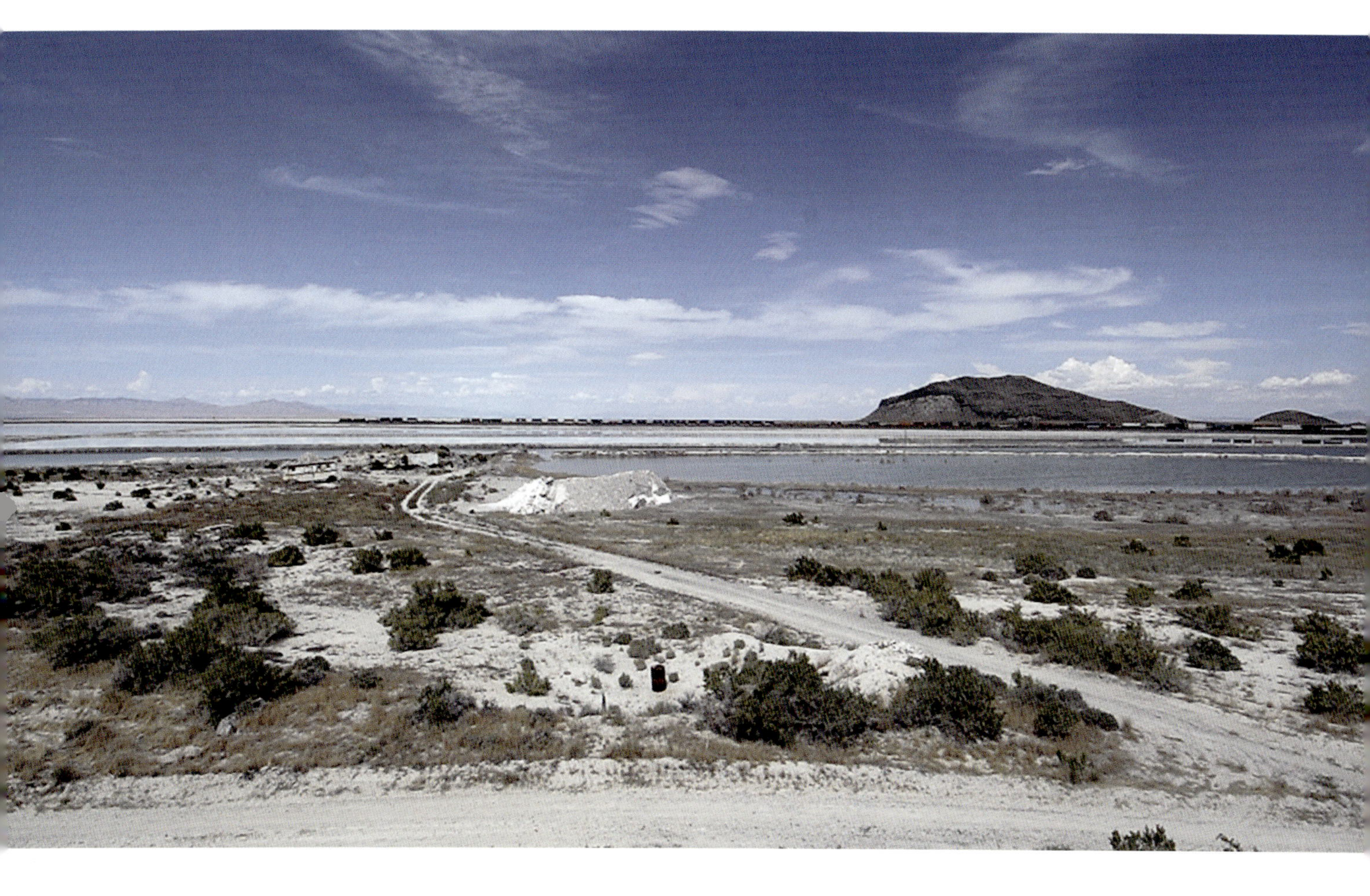

lakeside, 2011, Video mit Ton | video with sound, 06' 17'', video stills

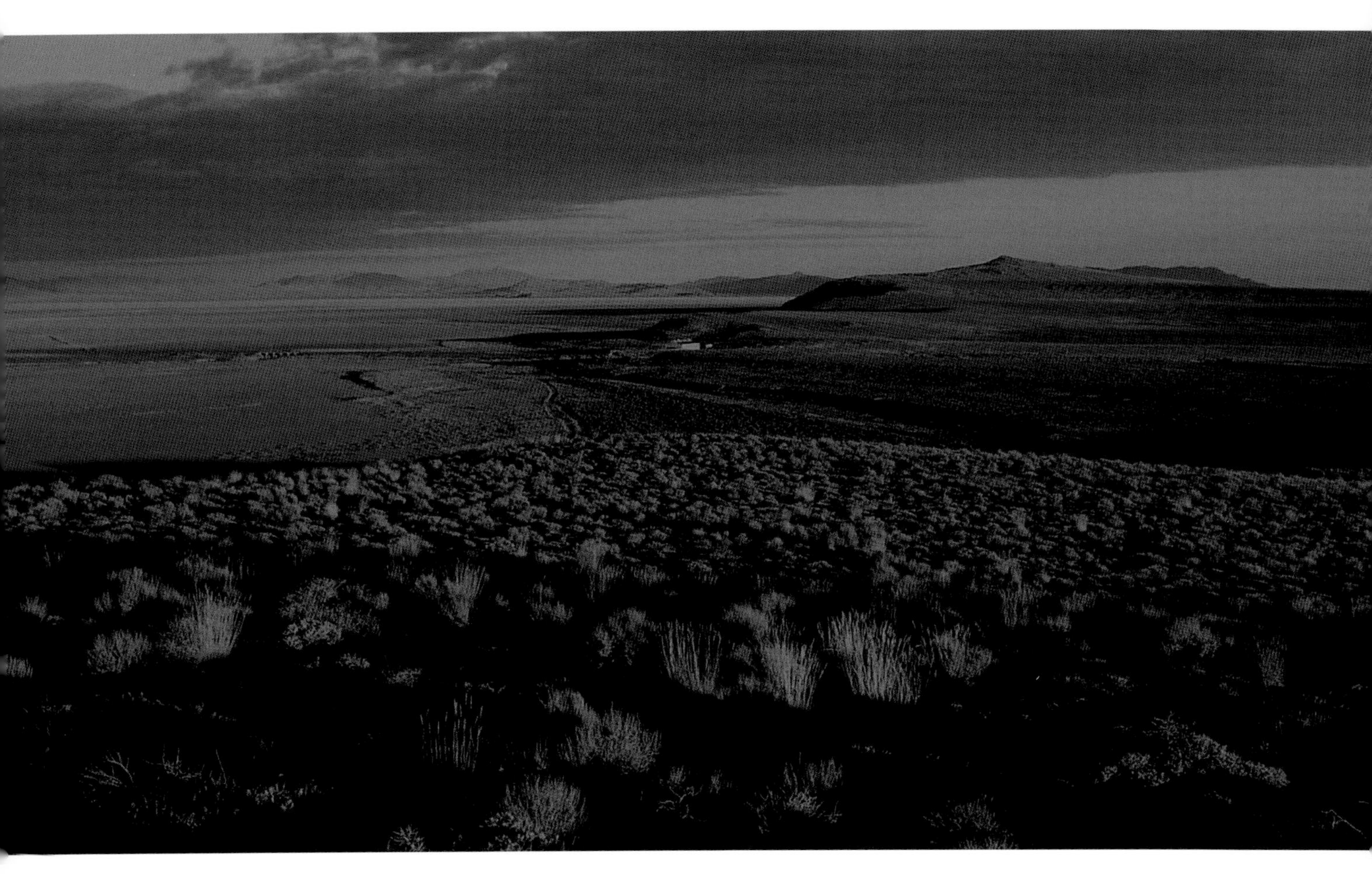

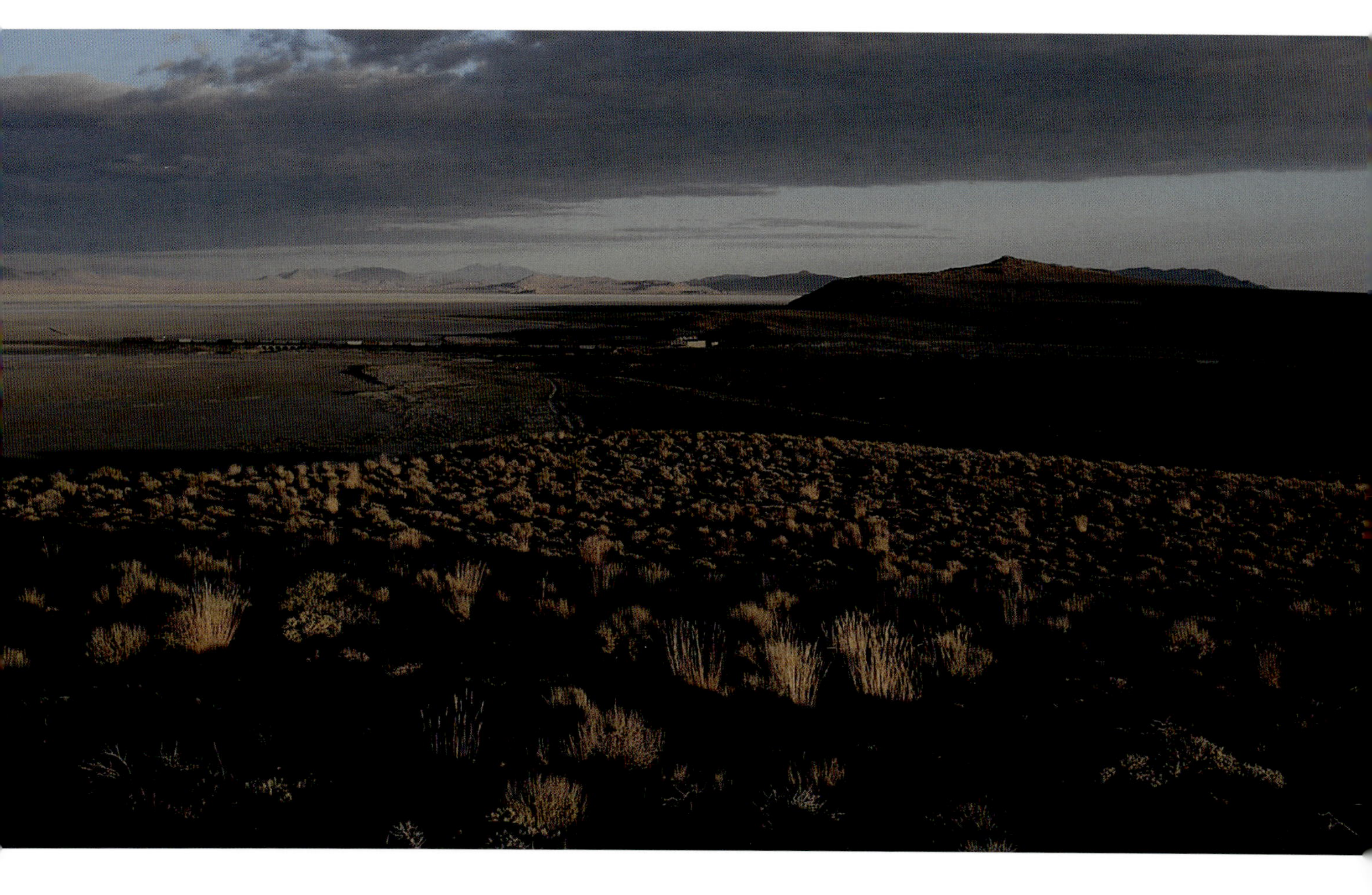

hogup pumping station, 2014, Video mit Ton | video with sound, 10' 27'', video stills

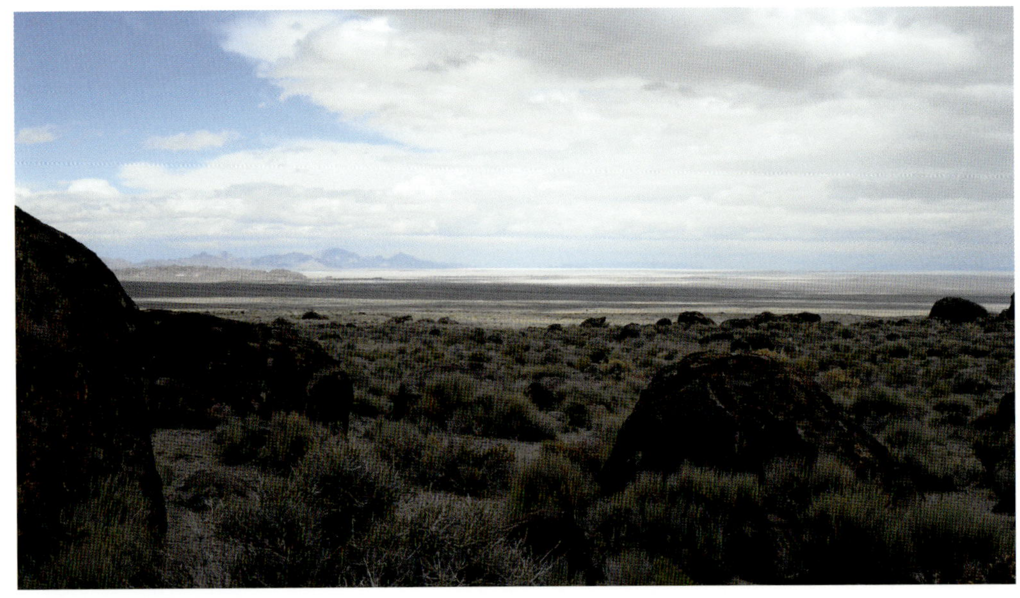

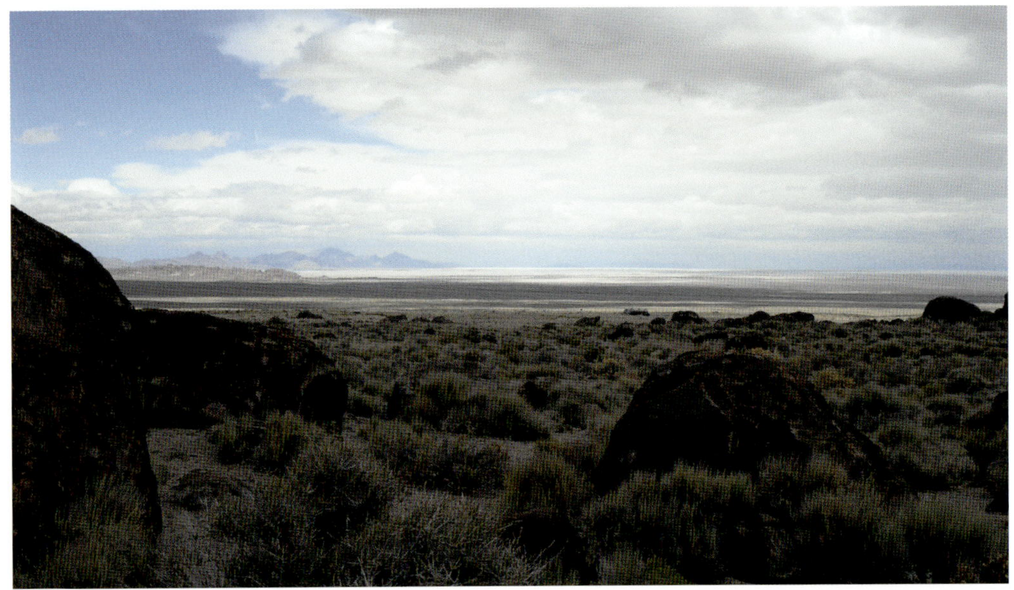

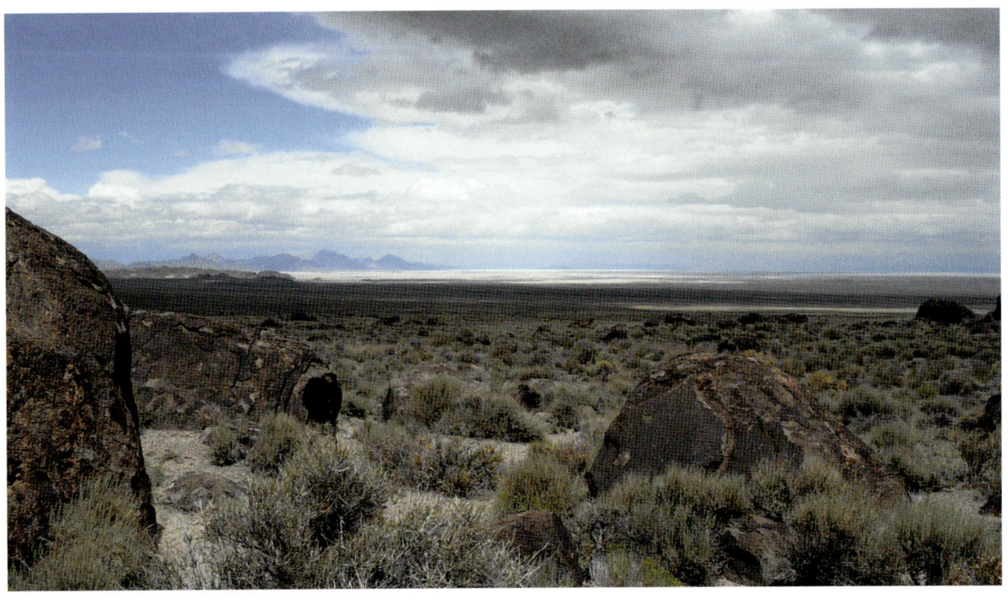

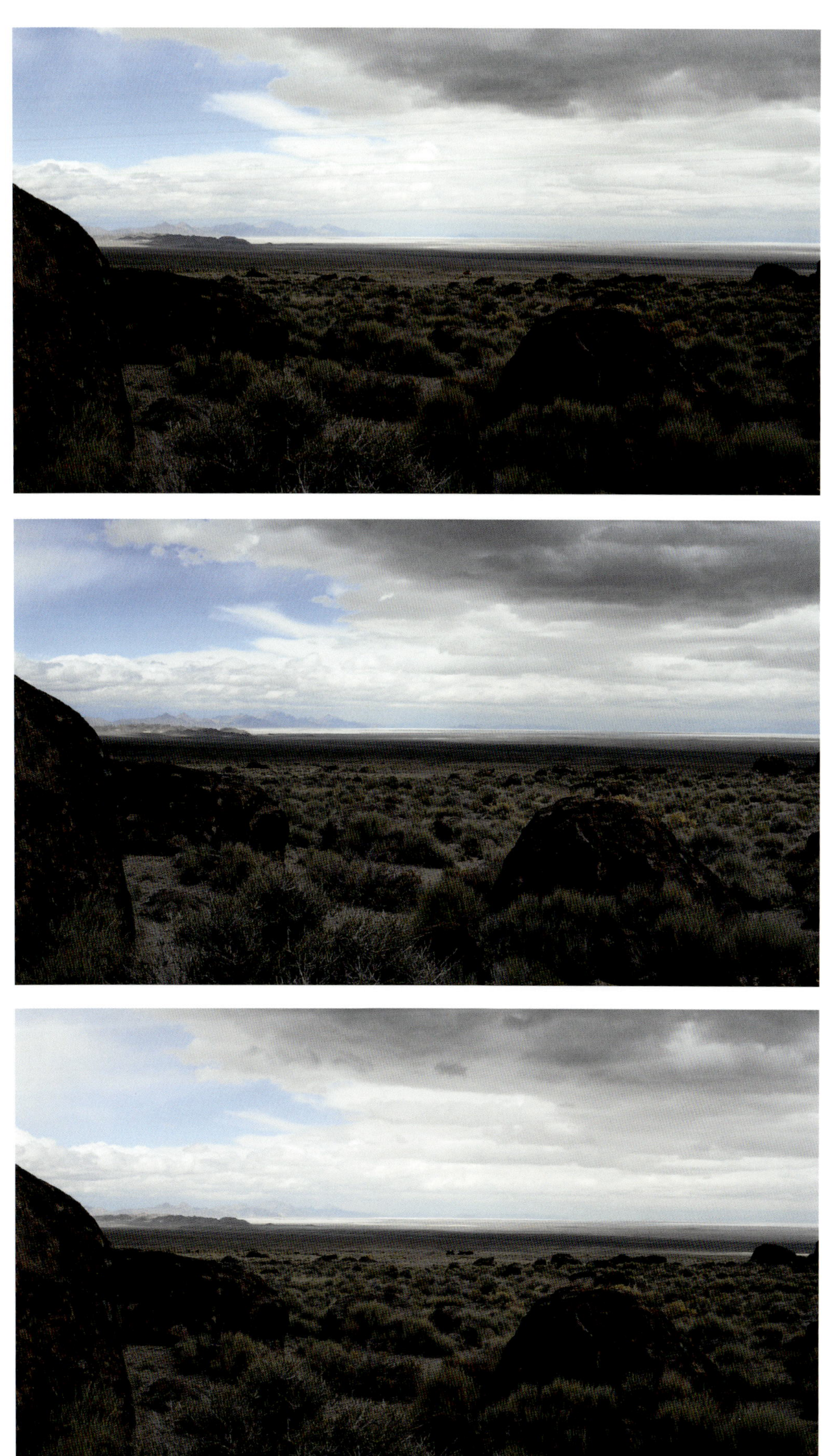

lincoln highway, 2014, Video mit Ton | video with sound, 13' 27'', video stills

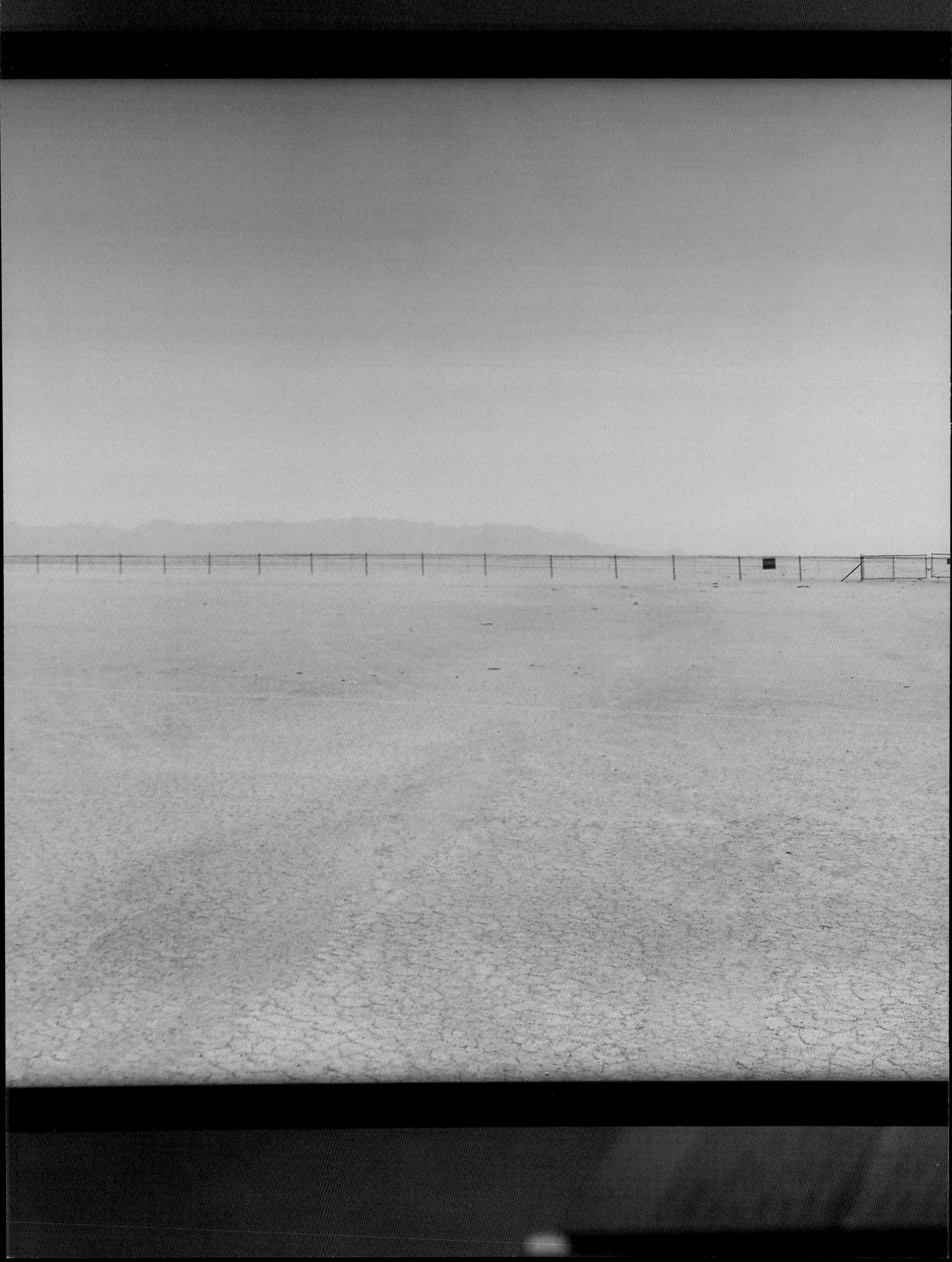

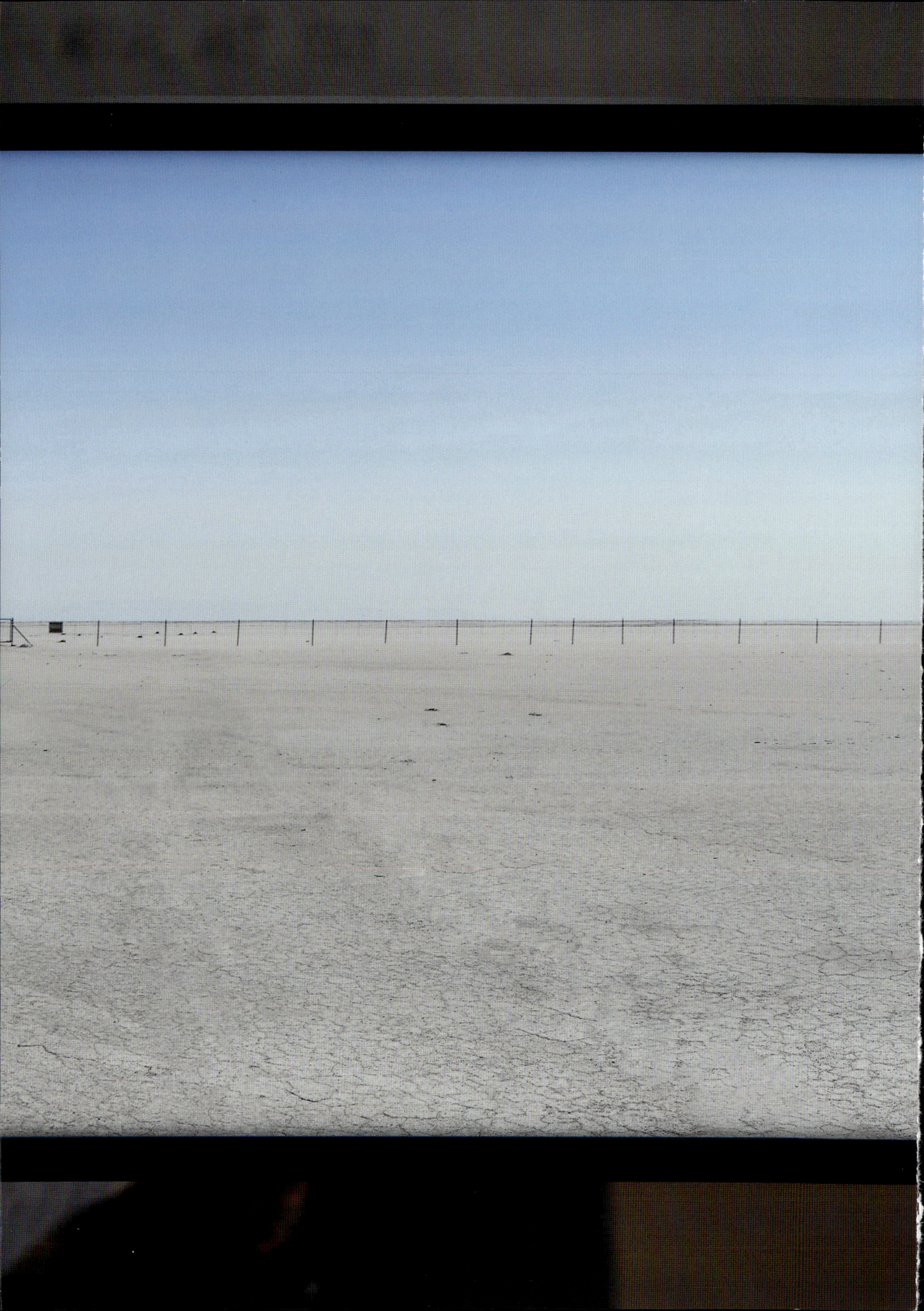

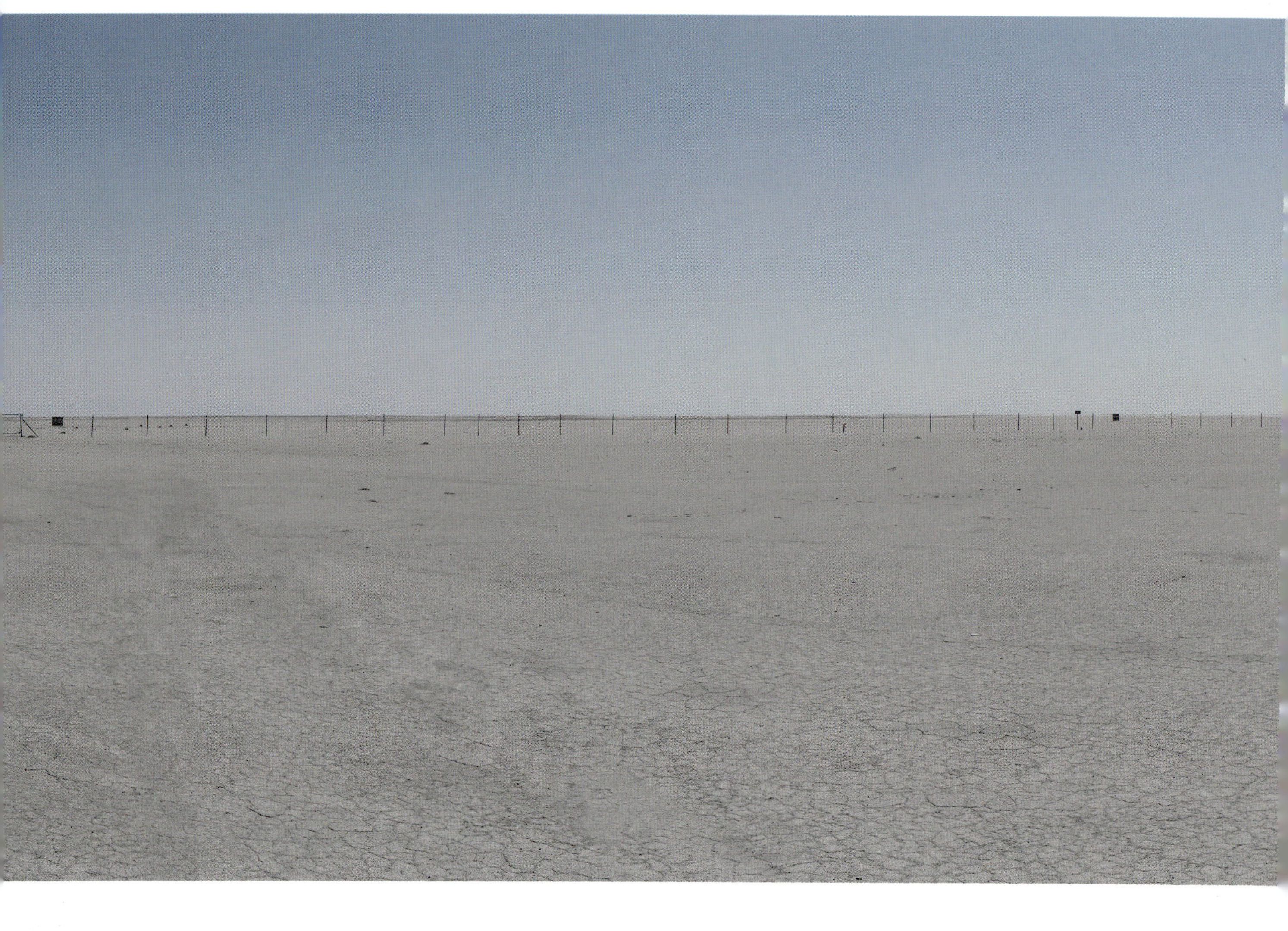

uttr fence, 2014, Duratrans im Leuchtkasten | Duratrans in a light box, 35 x 214 x 10 cm
Seite | page 40, 41: Detail

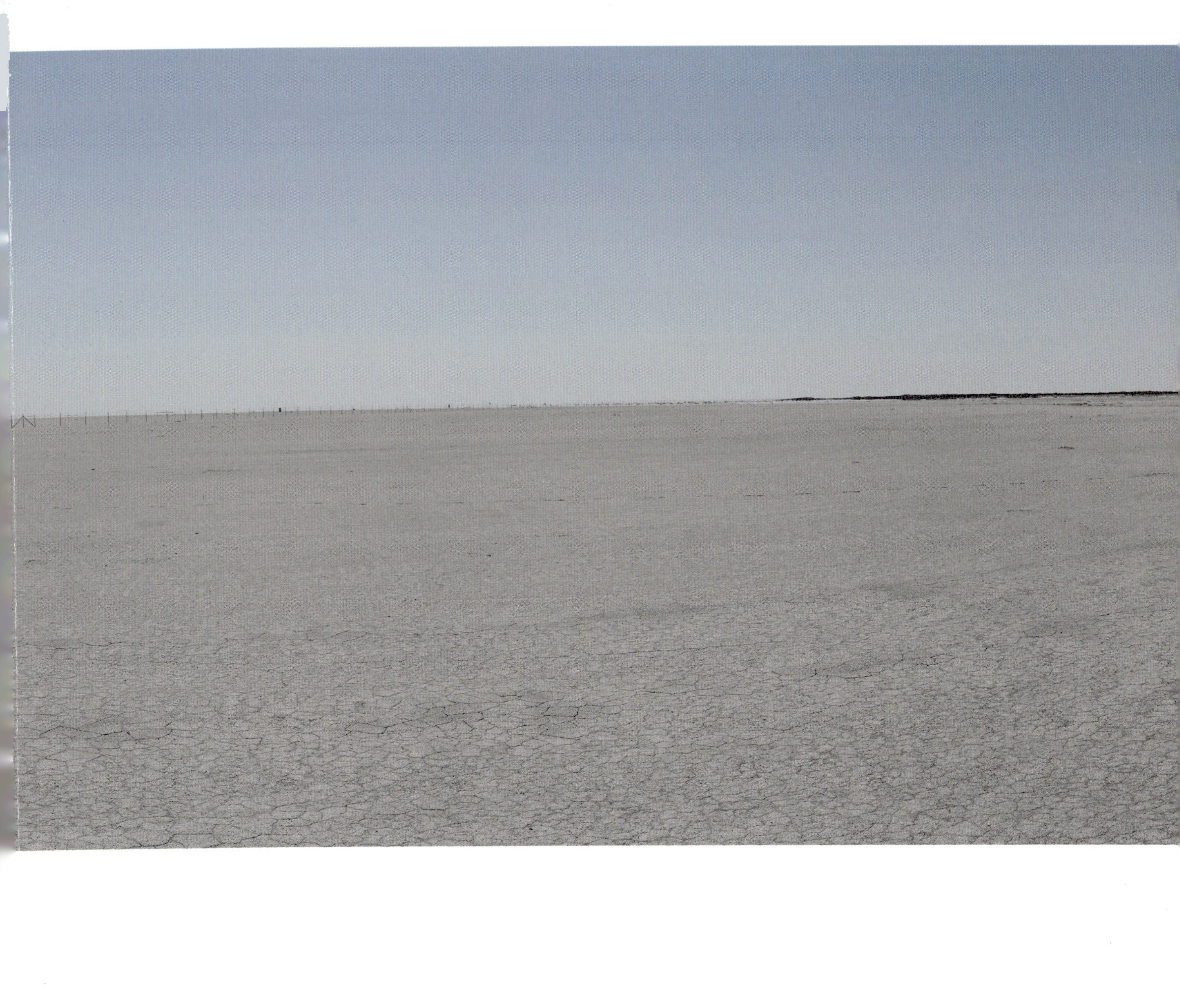

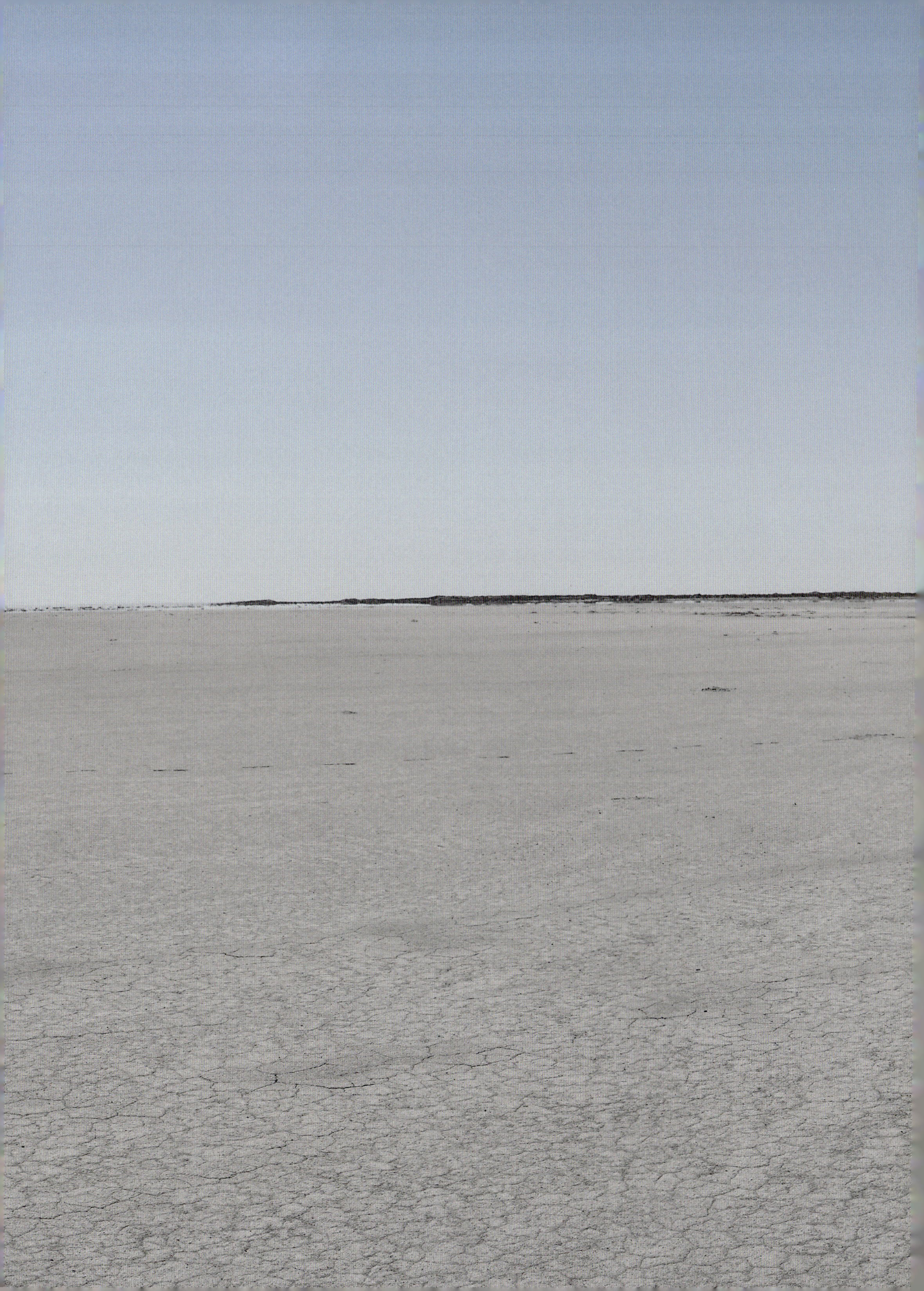

Ingeborg Reichle

Strategien der Sichtbarkeit und Sichtbarmachung im Werk von Herwig Turk

Motiviert durch die Auseinandersetzung mit visuellen Strategien digitaler Kunst stößt Herwig Turk bei seinen Recherchen zu seiner Bildserie *superorgans* (1993) eher beiläufig auf die neuen Bildwelten der Medizin und der Naturwissenschaften, die zu dieser Zeit bereits geprägt sind durch den Einsatz digitaler Bilder und bildgebender Verfahren. Fasziniert von der Kluft und den Widersprüchen zwischen damals höchst virulenten medientheoretischen Debatten über den epistemologischen Status digitaler Bilder auf der einen Seite und deren umfassenden Einsatz in medizinischen und wissenschaftlichen Kontexten auf der anderen Seite, beginnt Herwig Turk sich mit instrumentellen Bildern auseinanderzusetzen, was ihn schließlich in die Laboratorien der Biowissenschaften führt. Seither lässt Herwig Turk seine Arbeiten immer wieder im Spannungsverhältnis von Kunst und Wissenschaft entstehen, wobei die Herstellung visueller Evidenz für ihn von besonderer Bedeutung ist.

Das Vertrautwerden mit der materiellen Kultur laborwissenschaftlicher Forschung führt alsbald zur Erweiterung seiner Perspektive, die sich nicht mehr nur auf die Medien und instrumentellen Bildwelten bezieht, sondern ganz grundsätzlich nach der Herstellung wissenschaftlicher Tatsachen fragt, beeinflusst auch durch die Lektüre von Ludwik Flecks *Entstehung und Entwicklung einer wissenschaftlichen Tatsache*, einem Klassiker der modernen Wissenschaftsforschung.[1] In der Folge entstehen in Zusammenarbeit mit Wissenschaftlern, wie dem portugiesischen Zellbiologen Paulo Pereira von der Universität Coimbra, Arbeiten wie *referenceless photography* (1998–2003) und *agglomeration* (2003), *agents* (2007) oder *labscapes* (2007), die die symbolischen und medialen Praktiken der Herstellung von Wissen im laborwissenschaftlichen Kontext in den Blick nehmen und den Topos der Referenzlosigkeit digitaler Bilder bzw. bildgebender Systeme ausloten. Heute basiert die Mehrzahl der Bilder in der Medizin und in den Wissenschaften nicht mehr auf abbildenden, sondern auf bildgebenden Verfahren, wodurch das indexikalische Band zwischen Bild und Referenzobjekt gelockert wird. Herwig Turk macht sich in seinen Arbeiten zunutze, dass visuelle Medien stets durch Evidenzeffekte gekennzeichnet sind und deren bildliche Intensität eng mit ihrer medialen Form des Zeigens verbunden ist. Zudem macht er deutlich, dass wissenschaftliche Bilder nicht nur die ihnen zugewiesenen Inhalte referieren, sondern dass ihre Strategien der Sichtbarmachung das Sichtbargemachte immer zugleich auch transformieren, verändern und in ihre jeweils eigene visuelle Logik einbinden. In den unterschiedlichen Wissensbereichen kommen höchst differente Darstellungsweisen zum Einsatz und eine Vielzahl an visuellen Medien, die ihrer eigenen Logik folgen und auf ihre Weise Bedeutung schaffen und stabilisieren.

Herwig Turk beschreibt mit seinem künstlerischen Zugriff nicht nur, dass wissenschaftliche Bilder heute in einem hochkomplexen Gefüge aus Apparaten, Agenten, Instrumenten und Texten Sinn erzeugen, sondern dass durch den Einzug von technischen bzw. digitalen Bildsystemen die Frage nach der Referenzialität der Bilder auf ganz grundlegende Weise neu gestellt wird. Dabei geht es weniger um die Fragen des Wirklichkeitsbezugs instrumenteller Bildwelten, sondern um deren Verhältnis zum institutionellen Rahmen, in dem diese entstehen und ihre Wirkung entfalten.[2] Die meisten Verfahren naturwissenschaftlicher Bildproduktion sind maßgeblich auf den Einsatz visueller Medien angewiesen und daher zutiefst abhängig von sinnlicher Wahrnehmung, die in der Folge zur bildlichen Darstellung des Wahrgenommenen und seiner Sichtbarmachung führt. Da nicht nur die Herstellung von Sichtbarkeit, sondern das *Sehen* selbst bereits eine Aktivität ist, bringt das *Sehen* in den Wissenschaften immer schon Kontroll- und Disziplinierungsstrategien mit sich.

Den Umstand, dass laborwissenschaftliche Experimente – noch – nicht ohne menschliche Akteure auskommen und deren Durchführung nicht nur auf abstraktem Wissen, sondern auch auf Erfahrung und vor allem auf körperlich-gestischem Handlungswissen basieren, thematisiert Herwig Turk in der Videoarbeit *hands on* (2014). Hier gelangen experimentelle Handlungen im Labor zur Aufführung, die in einer sprachlich fixierten Form oder einer statischen Bilderreihe nur unzureichend dargestellt würden und somit im Grunde unsichtbar bleiben. Das Vorführen von im Labor zur Routine gewordenen gestischen Abläufen als raum-zeitliches Ereignis erlangt den Status einer Archäologie des Selbstverständlichen und verweist auf das implizite manuelle bzw. prozedurale Wissen im Labor, wie es auch in den Videos *tacit knowledge experiment 1* und *tacit knowledge experiment 2* der Fall ist. Herwig Turk lässt verschiedene Wissenschaftler in einem genau definierten Rahmen mit laborwissenschaftlichen Gegenständen und Objekten, wie Mixern oder Pipetten, einen Turm bauen, um die gestischen Handlungsvollzüge im Labor einer neuen Wahrnehmung zu unterstellen. Damit gelingt es dem Künstler, die materielle bzw. prozedurale Seite der Produktion wissenschaftlicher Tatsachen visuell erfahrbar zu machen. Indem er dem *gestischen Wissen* Aufmerksamkeit schenkt, bricht er die artifizielle Unterscheidung von Theorie und Praxis bzw. Theorie und Experiment auf. Mit der Videoinstallation *the conversation that never took place* (2013) stellt Herwig Turk vier Molekularbiologen in das Zentrum seiner Aufmerksamkeit, die in einzeln geführten Interviews auf vier großen Monitoren gezeigt werden, als ob sich diese in einer Konversation befänden. Die Gespräche der Expertinnen und Experten drehen sich auf der einen Seite um ihr Ringen mit dem naturwissenschaftlichen Weltbild, auf dem ihre Forschungserfolge basieren, und auf der anderen Seite um ihre ethischen Überzeugungen und persönlichen Motivationen, die sie als Individuen in einem im höchsten Maße reglementierten Forschungsfeld ausweisen, das nicht nur durch Protokolle formalisiert und normiert wird, sondern auch auf einem kollektiven *Denkstil* – im Sinne von Ludwik Fleck – ihrer wissenschaftlichen Gemeinschaft basiert. Um den *Denkstil* ihres Kollektivs zu hinterfragen und diesen weiter zu entwickeln, um Innovationen zu realisieren und neues Wissen zu erlangen, bedarf es großer Anstrengungen.

Einen ähnlich gelagerten visuellen Diskurs führt Herwig Turk mit seiner aktuellen Arbeit *linescape* (2016), die auf eine Revision der klischeebeladenen Rezeption der US-amerikanischen Land Art der 1960er und 1970er Jahre zielt, deren Historiographie bis auf den heutigen Tag dominiert wird von der Auseinandersetzung mit den monumentalen *Earth Works* von Künstlern wie Robert Smithson, Michael Heinzer oder

Walter De Maria. Die US-amerikanische Land Art ließ ihre Arbeiten an entlegenen Orten entstehen und provozierte damit eine radikale künstlerische Geste, die vorgab, sich gegen das Betriebssystem Kunst zu richten.[3] Sowohl die Dimensionen und Materialien der Land Art als auch die Wahl entlegener Wüstenlandschaften als deren Entstehungs- und Rezeptionsorte sollten eine einzigartige ästhetische Erfahrung in situ ermöglichen, die sich von der tradierten Kunstrezeption in urbanen Räumen abhob. Die schwer zugänglichen Wüsten im Südwesten der USA wurden als unberührte Landschaft imaginiert, die endlos, zeitlos und somit geschichtslos war und den Künstlern eine neue Form der ästhetischen Autonomie versprach, die nicht von der Verwertungslogik der Museen und kommerziellen Galerien vereinnahmt werden konnte. Diesen Mythos der US-amerikanischen Land Art, ihre Kunst in einem leeren bzw. geschichtslosen Terrain zu positionieren und damit einen sowohl räumlichen als auch ideologischen Bruch mit dem etablierten Kunstsystem zu forcieren, sucht Herwig Turk zu dekonstruieren. So konfrontiert er eine Ikone der Land Art, Robert Smithsons monumentale Erdskulptur *Spiral Jetty*, mit Fotografien, die dokumentieren, dass die Wüsten im Südwesten der USA, lange ehe die Land Art-Künstler diese für sich entdeckten, durch menschliche Eingriffe technologisch überformt wurden, wie durch den Abbau von Bodenschätzen oder deren Nutzung als militärisches Testgelände und Sperrgebiet durch das US-amerikanische Militär.[4]

Mit *linescape* werden zwei Fotografien der *Spiral Jetty* gezeigt, die Herwig Turk aus dem Zentrum der Spirale am Ufer des Großen Salzsees in Utah als 360-Grad-Panorama aufgenommen hat und in zwei Teilen als Digitaldruck auf Echtleinen im Format von 300 x 90 cm darstellt. Seit 2005 entwickelt Herwig Turk im Kontext seines Forschungsprojektes am Großen Salzsee in Utah *the bonneville laboratory* verschiedenste Videoarbeiten und Installationen, wie etwa *inversum* (2008), *clymanbay* (2013) oder *lakeside* (2012) und jüngst *hogup pumping station* (2014).

Mit *Spiral Jetty* bezieht sich Herwig Turk auf eines der bekanntesten Monumente der Land Art, das Robert Smithson als spiralförmige Mole in der Einöde von Utah im April 1970 errichten ließ, da für ihn der Ort eine einzigartige ästhetische Erfahrung in sich barg, insbesondere aufgrund des Farbenspiels des blutroten Salzwassers, dessen Färbung auf einen erhöhten Bakterienanteil im Wasser zurückgeht. Die beiden Fotografien von Herwig Turk führen die Spirale und deren Umgebung aus der Betrachterperspektive vor Augen und geben damit das Wahrnehmungserlebnis vor Ort wieder und nicht die Form der *Spiral Jetty*, die im Grunde nur aus der Vogelperspektive sichtbar ist. Als Robert Smithson die Mole errichten ließ, die dem Besucher die Erhabenheit der Landschaft mitten im Salzsee erfahrbar machen sollte, ließ er diese erst in einem zweiten Schritt zu einer Spirale erweitern, damit die *Spiral Jetty* auch als Bild funktionierte.[5] In der Mitte von *linescape* schweben über dem Betrachter fünf unterschiedlich große Siebdrucksiebe mit Motiven von militärischen Sperrgebieten, wie der *Utah Test and Training Range* (UTTR), welche in der Nähe der *Spiral Jetty* liegt. Die grafischen Muster und Furchen, die auf den Luftaufnahmen der Sperrgebiete sichtbar werden, weisen die Wüste von Utah als ein vom Einsatz von Technologie

und Waffen tief gezeichnetes Terrain aus, ein Umstand, den Land Art-Künstler wie Robert Smithson schlicht ignorierten.[6] Der US-amerikanischen Öffentlichkeit waren Fotografien, wie sie Herwig Turk aus Utah zeigt, seit dem ersten Atomwaffenversuch in der Wüste von New Mexico am 16. Juli 1945 vertraut, der den amerikanischen Westen als technologisch überformten und geradezu apokalyptischen Ort kodierte.

In einer Vitrine werden von Herwig Turk drei Ausgaben des US-amerikanischen Magazins LIFE aus den Jahren 1945, 1951 und 1952 ausgestellt, die belegen, dass der Fotografie bei der kulturellen Konstruktion der Wüstenlandschaften im Südwesten der USA als post-apokalyptisches Terrain eine spezifische Rolle zukam, die kaum in Einklang zu bringen ist mit deren Zuschreibung als einer von menschlichen Eingriffen unberührten Naturlandschaft durch die Künstler der US-amerikanischen Land Art. An den Anfang stellt Herwig Turk einen Bildbericht mit dem Titel „New Mexico's Atomic Bomb Crater" der LIFE-Ausgabe vom 24. September 1945, der, nur wenige Wochen nach dem Abwurf der Atombomben auf Hiroshima am 6. August und Nagasaki am 9. August, die US-amerikanische Öffentlichkeit über den ersten Atomwaffenversuch am 16. Juli in der Wüste von New Mexico informierte und der heute als der Beginn des Atomzeitalters gilt.[7] Da der Test des Manhattan-Projekts nicht in einem Labor des Kernforschungszentrums in Los Alamos durchgeführt werden konnte, wich man für den geheimen oberirdischen Test der Bombe auf eine entlegene Wüstenregion im US-Bundesstaat New Mexico aus, etwa 250 Kilometer südlich von Los Alamos. Die LIFE-Ausgabe vom 24. September zeigt ganzseitige Luftaufnahmen des durch die atomare Sprengkraft der Bombe verursachten Kraters von *ground zero* und die indexikalen Spuren der dramatischen Zerstörung des Testgeländes sowie Nahaufnahmen der zu Glas geschmolzenen Oberfläche des Wüstenbodens als triumphalen Beweis für die erste erfolgreiche Atomexplosion der Geschichte. Die Wüste wird zum Atomlabor transformiert, wobei die massenmediale Verbreitung der Fotografien in Zeitschriften wie dem LIFE Magazine zur Entstehung der *atomic desert* im Bewusstsein der US-amerikanischen Öffentlichkeit beiträgt. In der LIFE-Ausgabe vom 5. Mai 1952 folgte mit dem Artikel „An Atomic Open House" ein Bildbericht über einen weiteren Atombombentest auf einem Testgelände im US-Bundesstaat Nevada, zu dem die US-amerikanische Atomenergiekommission (United States Atomic Energy Commission) 197 Reporter, 44 Fotografen und 200 Ehrengäste geladen hatte, diesen in etwa 12 Kilometern Entfernung zu beobachten. In einer Lifeübertragung wurde das Geschehen von etwa 35 Millionen Zuschauern am Bildschirm verfolgt. Zehn Jahre nach diesem Event findet sich in der Nähe der Nevada Test Site, auf der hunderte von ober- und unterirdischen Atomwaffentests durchgeführt wurden, im März 1962 der Schweizer Künstler Jean Tinguely ein, um mit *Study for an End of the World, No. 2* eine seiner kinematischen Skulpturen als pyrotechnisches Experiment in die Luft zu sprengen und damit auf die bedrohliche Situation einer möglichen militärischen Eskalation des Kalten Krieges zu verweisen. Zu dieser Zeit stand den beiden Supermächten ein Waffenarsenal zur Verfügung, das einzigartig war in der Geschichte und jederzeit in einer atomaren Apokalypse enden konnte.[8] Herwig Turk schließt die Reihe der LIFE-Ausgaben mit einem Bildbericht vom 12. Februar 1951 mit der Überschrift "Atomic Tests Light Up Four States", der eine Serie von Fotografien zeigt, die den Blitz der Atomexplosion zu dokumentieren versuchen.

Durch einen groben Raster betrachtet, zieht sich seit fast zwei Jahrzehnten ein Grundmuster im Sinne einer Bild- und Medienkritik durch die verschiedenen Kunstprojekte von Herwig Turk, die ein Spektrum aufweisen, das von der experimentellen Sichtbarkeit und Sichtbarmachung mikroskopisch kleiner DNA-Sequenzen in den Laboratorien der Biowissenschaften bis hin zur Kritik an der Transformation riesiger Wüstenlandschaften in ein der militärischen Nutzung unterstelltes Labor reicht. Mit Hilfe unterschiedlichster Bildmedien und Medienformaten hat Herwig Turk zu einer eigenen künstlerischen Bildsprache gefunden, die geradezu als Spiegelbild aktueller Bild- und Medientheorien gelten darf und dort ansetzt, wo sprachliche Vermittlung von experimentellem Wissen an ihre Grenze stößt: Bilder und deren Medien sind stets eingebettet in ein Regime von Erwartungen und historisch formierter und formierender Wahrnehmungspraktiken, die regeln, was wie zu sehen ist.

1 Vgl. zu Herwig Turks Kunst aus dem Labor: Jenny Boulboullé: 'In Touch With Life: Investigating epistemic practices in the life sciences from a hands-on perspective' in Bio Art, Descartes as a hands-on practitioner, molecular genetics laboratories; Diss., Universität Maastricht, 2012, S. 216 ff.

2 Vgl. Ingeborg Reichle: Taube Bilder und sehende Hände. Strategien visueller Transgression im Werk von Herwig Turk. In: Ingeborg Reichle, Steffen Siegel (Hg.): Maßlose Bilder. Visuelle Ästhetik der Transgression, Fink Verlag, München 2009, S. 165–187.

3 Vor einigen Jahren erfolgte eine umfassende Kritik an den Mythen der US-amerikanischen Land Art durch die Ausstellung *Ends of the Earth*, vgl. Philipp Kaiser, Miwon Kwon (Hg.): Ends of the Earth. Land Art to 1974, Ausstellungskatalog, Prestel Verlag, München 2012.

4 Patricia Nelson Limerick: Desert Passages: Encounters with the American Desert, University of New Mexico Press, Albuquerque 1985.

5 Vgl. Michael Lüthy: Das falsche Bild. Robert Smithsons verworfene Erstversion der Spiral Jetty. In: Was ist ein Bild? Antworten in Bildern, Sebastian Egenhofer et al. (Hg.), Fink Verlag, München, Paderborn 2012, S. 279–281.

6 Vgl. hierzu: Emily Eliza Scott: Birth of the Atomic Desert (MA thesis), University of California, Los Angeles 2003.

7 Lars Nowak: Strahlende Landschaften: Zur materiellen und photographischen Öffentlichkeit der amerikanischen Atombombentests. In: Florian Hoof et al. (Hg.): Jenseits des Labors: Transformationen von Wissen zwischen Entstehungs- und Anwendungskontext, transcript Verlag, Bielefeld 2011, S. 279–318.

8 Vgl. Emily Eliza Scott: Desert Ends. In: Philipp Kaiser, Miwon Kwon (Hg.): Ends of the Earth. Land Art to 1974, Ausstellungskatalog, Prestel Verlag, München 2012, S. 66–85.

Ingeborg Reichle, geboren 1970, ist Professorin für Medientheorie an der Universität für angewandte Kunst Wien und lehrt zudem an der School of Visual Arts (SVA) in New York City. 2004 wurde sie mit der Dissertation „Kunst aus dem Labor. Zum Verhältnis von Kunst und Wissenschaft im Zeitalter der Technoscience" an der Humboldt-Universität zu Berlin promoviert und habilitierte sich dort 2013 mit der Schrift „Bilderwissen – Wissensbilder. Zur Gegenwart der Epistemologie der Bilder". Von 2005 bis 2011 forschte sie an der Berlin-Brandenburgischen Akademie der Wissenschaften über medien- und bildwissenschaftliche Themen in der interdisziplinären Arbeitsgruppe „Die Welt als Bild" und gründete 2005 das Junge Forum für Bildwissenschaft, 2010 war sie zudem Mitbegründerin der Deutschen Gesellschaft für interdisziplinäre Bildwissenschaft.

Ingeborg Reichle

Strategies of visibility and visualisation in works by Herwig Turk

Motivated by the exploration of visual strategies in digital art within his research for his series *superorgans* (1993), Herwig Turk almost casually comes upon the new pictorial worlds of medicine and natural sciences, which, at that time, were already characterised by the use of digital images and imaging processes. Fascinated by the divide and the contradictions between then highly virulent media-theoretical debates on the epistemological status of digital images on the one hand, and their extensive use in medical and scientific contexts on the other, Herwig Turk began to study scientific images, which brought into the bioscience laboratories. Since then, he has frequently created his works within the field of tension between art and science – the establishing of visual evidence being of special significance to him.

This familiarisation with material culture of laboratory research soon led to the expansion of his perspective, which no longer refers only to media and scientific image worlds, but also explores the establishing of scientific facts, also influenced by Ludwik Fleck's *The Genesis and Development of a Scientific Fact*, a classic of modern theory of science.[1] Subsequently, he collaborated with scientists, such as the Portuguese cell biologist Paulo Pereira of the University of Coimbra, to create works such as *referenceless photography* (1998–2003) and *agglomeration* (2003), *agents* (2007) or *labscapes* (2007), which take into account the symbolic and medial practices within the production of knowledge in a scientific context, and fathom the referencelessness of digital images or imaging systems. Today, the majority of images in medicine and science are no longer based on picturing, but on imaging processes, thereby loosening the indexical bond between image and object of reference. In his works, Herwig Turk exploits the fact that visual media are always characterised by evidence effects and that the pictorial intensity of these is closely linked with the medium of their display. He also emphasises that scientific images refer not only to their assigned content, but that their strategies of visualisation at the same time transform, change and include the things which they have revealed in their respective visual logic. In the various areas of knowledge, the artist deploys considerably diverse methods of representation and numerous visual media which follow their own logic and create and stabilise meaning in their own way.

With his artistic approach, Herwig Turk shows not only how, today, scientific images create meaning in a highly complex structure of equipment, agents, instruments and texts, but also how the introduction of technical and digital image systems again raises the fundamental question of the referentiality of the images. It is not so much a matter of the relation to reality of instrumental pictorial worlds, but rather of their place in the institutional framework in which they are created and develop their effect.[2] Most procedures of natural scientific image production are essentially dependent on the use of visual media, and therefore strongly reliant on sensory perception, which then leads to the pictorial rendering and visualisation of what is perceived. Since not only the production of visibility, but also *seeing* ipso facto, constitutes an activity, *seeing*, in the sciences, always involves strategies of control and discipline.

In his video work *hands on* (2014), Herwig Turk thematises the fact that scientific laboratory experiments cannot – yet – be carried out without human participation, and that they are based not only on abstract knowledge, but also on experience, and particularly on knowledge expressed by physical and gestural activity. It shows experimental actions in a laboratory, which, in a static series of images, would not be adequately represented, and would therefore remain invisible. The performance of routine gestural processes in the laboratory as a space-time event acquires the status of an archaeology of what is natural, and refers to the implicit manual or procedural knowledge in a laboratory, as is also the case in the videos *tacit knowledge experiment 1* and *tacit knowledge experiment 2*. Within a precisely defined framework, Herwig Turk has different scientists take laboratory objects, such as mixers or pipettes, and build a tower, in order to suggest a new perception of the gestural actions performed in a laboratory. Thus, the artist successfully visualises the material or procedural aspect of establishing scientific facts. By paying particular attention to gestural knowledge, he breaks away from the artificial distinction between theory and practice, or theory and experiment. In the video installation *the conversation that never took place* (2013), Herwig Turk moves his focus to four molecular biologists, who are individually interviewed, and shown on four large monitors, as if they were having a conversation with each other. The experts' conversations are, on the one hand, about their struggle with the scientific world view, on which their research achievements are based, and on the other, about their ethical convictions and personal motivations, revealing them as individuals in the highly regulated field of research, which is not only formalised and regulated through protocols, but is also based on a collective *thought style* – in the sense of Ludwik Fleck – within their scientific community. It takes great effort to scrutinise the *thought style* of their collective, and further develop it, and to realise innovation and acquire new knowledge.

Herwig Turk displays a similar discourse in his current work *linescape* (2016), which aims at a revision of the cliché-laden reception of 1960s and '70s American Land Art, the historiography of which is, to this day, dominated by the study of the monumental *Earth Works* by artists such as Robert Smithson, Michael Heinzer or Walter De Maria. The works of American Land Art were created in remote places, thus provoking a radical artistic gesture, claiming to go against the art business.[3] The dimensions and materials of Land Art, as well as the choice of remote desert landscapes as their places of creation and reception, meant to provide a unique aesthetic experience in situ, distancing itself from the traditional reception of art in urban settings. The inaccessible deserts of southwest USA were imagined as untouched landscape which was endless, timeless and thus without history, promising the artists a new form of aesthetic autonomy which could not be monopolised by the logic of exploitation imposed by commercial galleries and museums. Herwig Turk seeks to deconstruct this myth of American Land Art, to position its art in an empty terrain without history, thus forcing a spatial as well as ideological break with the established art system. He confronts an icon of Land Art, Robert Smithson's monumental earth sculpture *Spiral Jetty* with photographs which document, that the deserts in the southwestern USA had, long before the Land-Art artists had discovered it for themselves, been technologically moulded by human interference such as the extraction of natural recourses, or use as a military testing ground, and the restricted zone by the American army.[4]

Linescape shows two photographs of the *Spiral Jetty*, which Herwig Turk took from the centre of the spiral at the shore of the Great Salt Lake in Utah as a 360-degree panorama, and digitally printed on real canvas in a 300 x 90-cm format. Since 2005, Herwig Turk has developed various video works, such as *inversum* (2008), *clymanbay* (2013) oder *lakeside* (2012) and recently *hogup pumping station* (2014) within his research project *the bonneville laboratory* at the Great Salt Lake in Utah.

With *Spiral Jetty*, the artist refers to one of the most famous monuments in Land Art, which Robert Smithson constructed in the wasteland of Utah in April 1970, because he saw a certain unique aesthetic experience in the place, particularly due to the play of colours in the blood-red salt water – its colouration is due to the high percentage of bacteria contained in it. The two photographs by Herwig Turk show the spiral from an observer's perspective, thus conveying the real-life experience, rather than the bird's-eye perspective, from which the *Spiral Jetty* is usually seen. When Robert Smithson constructed the jetty, which was supposed to show the viewer the elevation of the landscape in the middle of the salt lake, he altered it into a spiral shape in a second construction phase, so that is would also appear as an image.[5] In the middle of *linescape*, hovering above the viewer, are five silkscreen prints, in different sizes, with motifs of restricted military zones such as the *Utah Test and Training Range* (UTTR), which lies close to the *Spiral Jetty*. The graphic patterns and trenches which become visible on the aerial views of the restricted zones, portray the desert of Utah as a terrain, marked by the deployment of weapons and technology, a circumstance, which Land Art artists such as Robert Smithson simply ignored.[6] The American public were familiar with photographs like Herwig Turk took in Utah from the first nuclear weapons test in the desert of New Mexico on 16 July 1945, which depicted the American west as an almost apocalyptic place, moulded by technology.

In a showcase, Herwig Turk presents three issues of the American magazine LIFE dating from 1945, 1951 and 1952, which demonstrate that in the cultural construction of the desert landscapes in the southwest of the USA as a post-apocalyptic terrain, photography played a specific role, which is hard to reconcile with its attribution by American Land Art as a natural landscape, untouched by human hand. As a starting point, Turk offers a photographic report entitled *New Mexico's Atomic Bomb Crater* from the LIFE issue dated 24 September 1945, which, only weeks after the atomic bomb attacks on Hiroshima on 6 August and Nagasaki on 9 August, informed the American public of the first atomic weapons test in the desert of New Mexico on 16 July – a date now known as the beginning of the atomic age.[7] Since the Manhattan project test could not be carried out in a laboratory of the nuclear research facility in Los Alamos, the secret overground test detonation of the

bomb was moved to the remote desert region in the State of New Mexico, some 250 kilometres south of Los Alamos. The LIFE issue of 24 September shows full-page aerial views of the crater caused by the explosive power of the bomb – of ground zero and the indexical traces of the dramatic destruction of the testing ground, as well as close-up images of the desert surface molten into glass – as the triumphant proof of the first successful atomic explosion in history. The desert was transformed into a nuclear laboratory. The circulation of these photographs in mass media such as LIFE Magazine, however, was a contributing factor to the origin of the atomic desert within American public consciousness. The LIFE-edition from the 5 May 1952 followed with the article *An Atomic Open House*, a picture report about a further atomic bomb test at a testing site in the US state of Nevada, to which the United States Atomic Energy Commission had invited 197 journalists, 44 photographers and 200 guests of honour, to watch from a distance of about 12 kilometres. The live broadcast was watched by around 35 million. Ten years after this event, in March of 1962, close to the Nevada test site, where hundreds of above- and underground atomic weapons tests had taken place, the Swiss artist Jean Tinguely, as a pyrotechnical experiment, blew up *Study for an End of the World, No. 2*, one of his kinematic sculptures, to point to the threatening situation of a possible military escalation of the Cold War. At that time, both super powers had an arsenal of weapons at their disposal, unique in history, which could, at any time, have ended in an atomic apocalypse.[8] Herwig Turk concludes the series of LIFE editions with a picture report from 12 February 1951, entitled *Atomic Tests Light Up Four States*, showing a series of photographs attempting to document the flash of the explosions.

The past two decades show a basic pattern of pictorial and media critique in Herwig Turk's various art projects, which display a spectrum ranging from experimental visibility and visualisation of microscopic DNA sequences in bioscience laboratories, to criticism of the transformation of large desert landscapes into a laboratory for military purposes. Using a variety of image media and media formats, Herwig Turk has found his individual pictorial language, which may be seen as reflecting current theories of image and media, starting where verbal communication of experimental knowledge reaches its limit: images and their media are always enclosed in a regime of expectations and historically formed and forming perception practices which regulate what is to be seen and how.

1 Cf. on Herwig Turk's *Kunst aus dem Labor*: Jenny Boulboullé: 'In Touch With Life: Investigating epistemic practices in the life sciences from a hands-on perspective' in Bio Art, Descartes as a hands-on practitioner, molecular genetics laboratories; Diss., Maastricht University, 2012, p 216 ff.

2 Cf. Ingeborg Reichle: Taube Bilder und sehende Hände. Strategien visueller Transgression im Werk von Herwig Turk. In: Ingeborg Reichle, Steffen Siegel (ed.): Maßlose Bilder. Visuelle Ästhetik der Transgression, Fink Verlag, Munich 2009, p 165–187.

3 Several years ago there was a comprehensive criticism of the myths of American Land Art by the exhibition *Ends of the Earth*, cf. Philipp Kaiser, Miwon Kwon (ed.): Ends of the Earth. Land Art to 1974, Ausstellungskatalog, Prestel Verlag, Munich 2012.

4 Patricia Nelson Limerick: Desert Passages: Encounters with the American Desert, University of New Mexico Press, Albuquerque 1985.

5 Cf. Michael Lüthy: Das falsche Bild. Robert Smithsons verworfene Erstversion der Spiral Jetty. In: Was ist ein Bild? Antworten in Bildern, Sebastian Egenhofer et al. (ed.), Fink Verlag, Munich, Paderborn 2012, p 279–281.

6 Cf. Emily Eliza Scott: Birth of the Atomic Desert (MA thesis), University of California, Los Angeles 2003.

7 Lars Nowak: Strahlende Landschaften: Zur materiellen und photographischen Öffentlichkeit der amerikanischen Atombombentests. In: Florian Hoof et al. (ed.): Jenseits des Labors: Transformationen von Wissen zwischen Entstehungs- und Anwendungskontext, transcript Verlag, Bielefeld 2011, p 279–318.

8 Cf. Emily Eliza Scott: Desert Ends. In: Philipp Kaiser, Miwon Kwon (ed.): Ends of the Earth. Land Art to 1974, Ausstellungskatalog, Prestel Verlag, Munich 2012, p 66–85.

Ingeborg Reichle, born in 1970 is chair of the Department of Media Theory at the University of Applied Arts Vienna and is also teaching at the School of Visual Art (SVA) in New York, NY. In 2004 she gained her Ph.D. from the Humboldt University Berlin with the dissertation *Art in the Age of Technoscience: Genetic Engineering, Robotics, and Artificial Life in Contemporary Art*, published 2005 in German and 2009 in English, both with Springer publishers, Vienna/New York. She completed her habilitation thesis in 2013 titled *Bilderwissen – Wissensbilder. Zur Gegenwart der Epistemologie der Bilder* at Humboldt University Berlin. From 2005 to 2011 she conducted research at the Berlin-Brandenburg Academy of Sciences and Humanities on visual culture and art and science collaborations within the interdisciplinary working group "The World as Image" (Die Welt als Bild). In 2005 she co-founded the Young Forum for Image Science (Junges Forum für Bildwissenschaft) and in 2010 she co-founded the German Association for Interdisciplinary Image Science (Deutsche Gesellschaft für interdisziplinäre Bildwissenschaft).

Seite | page 50–59:
linescape, 2016
5 belichtete Siebdrucksiebe, 2 Documentprints auf Leinwand mit Holzstäben, Vitrine (Stahl, Holz, Glas),
3 Ausgaben des Magazins LIFE (24. September 1945, 12. Februar 1951, 5. Mai 1952); Siebdrucksiebe: 215 x 170 cm
Documentprints: je 109 x 155 cm, Vitrine: 96 x 227 x 54 cm
5 exposed screen printing screens, 2 document prints on canvas with wooden sticks, vitrine (steel, wood, glass),
3 issues of LIFE Magazine (24 September 1945, 12 February 1951, 5 May 1952); screen printing screens: 215 x 170 cm
document prints: 109 x 155 cm each, vitrine: 96 x 227 x 54 cm

Seite | page 50/51:
Ausstellungsansicht | exhibition view Museum Moderner Kunst Kärnten, 2016

Seite | page 58/59:
Ausstellungsansicht | exhibition view Galerie Georg Kargl Box, Wien, 2016

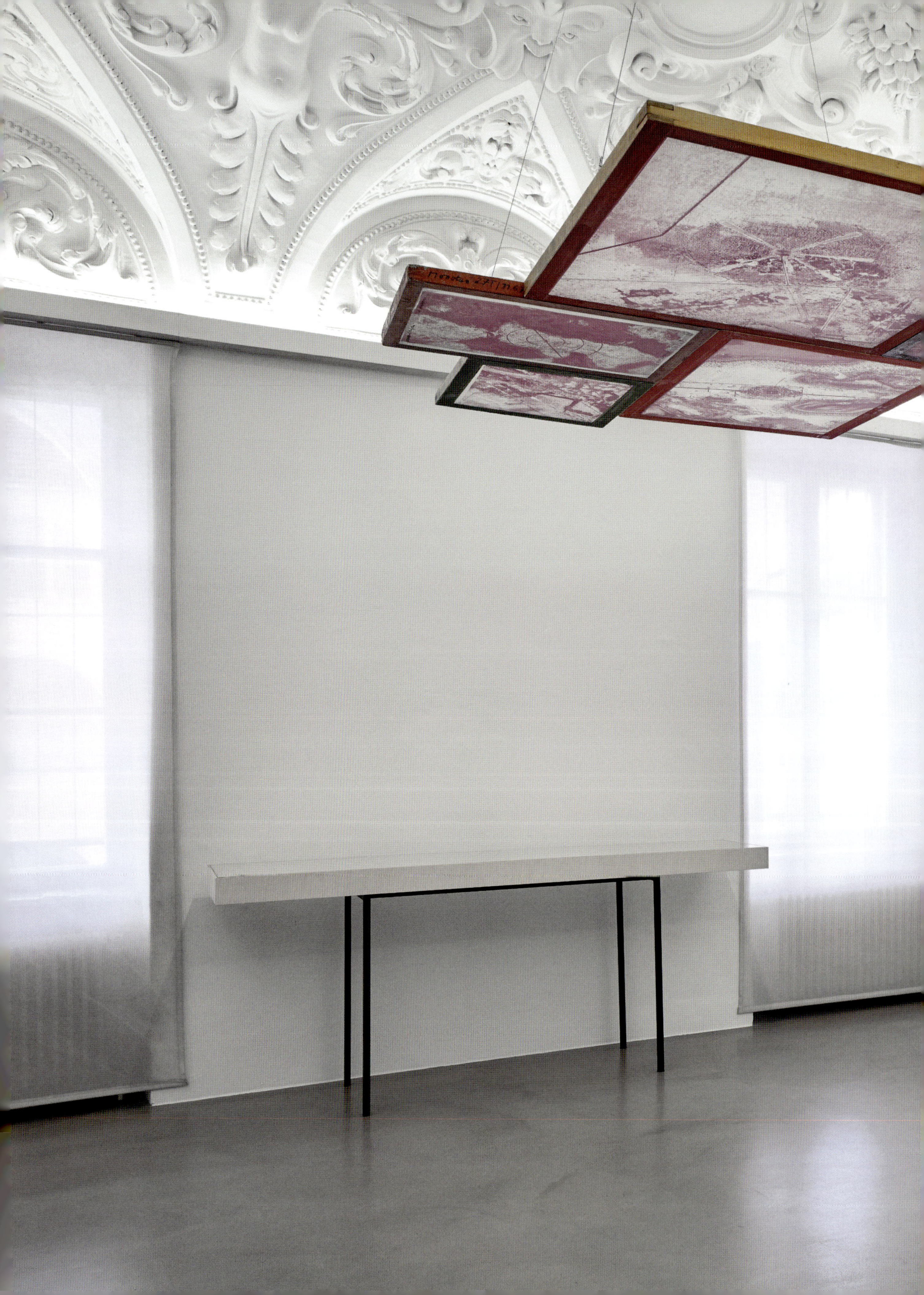

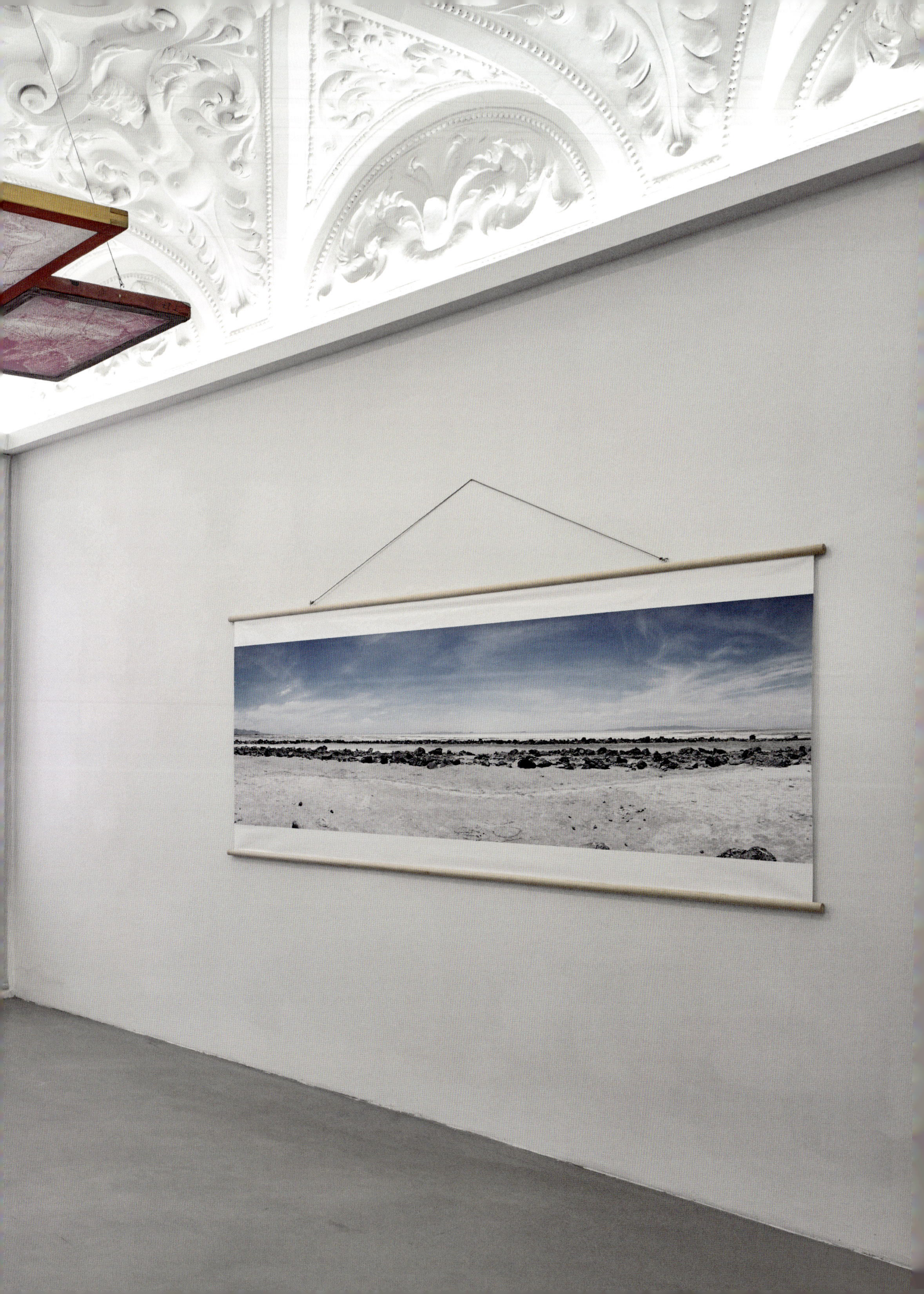

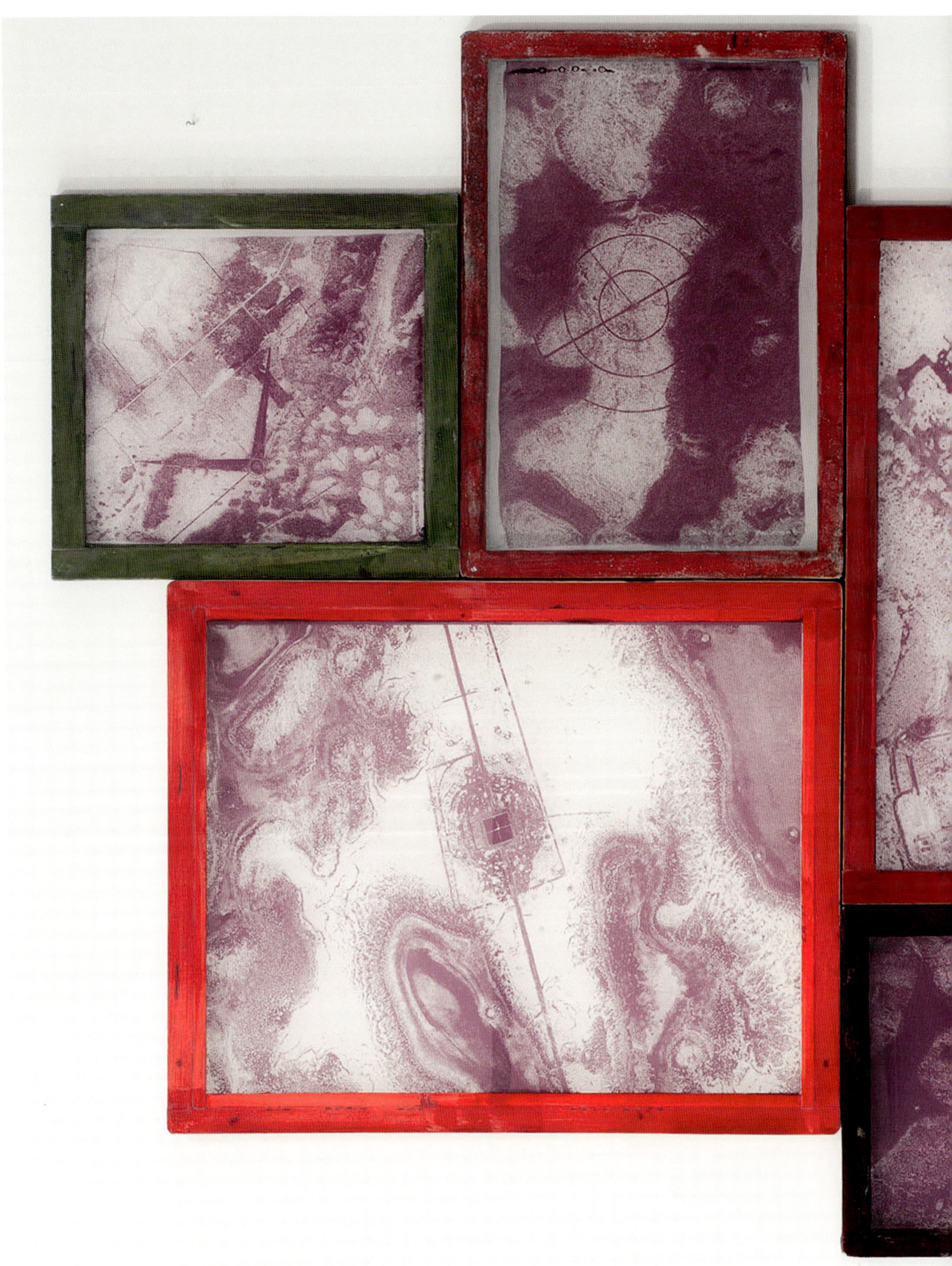

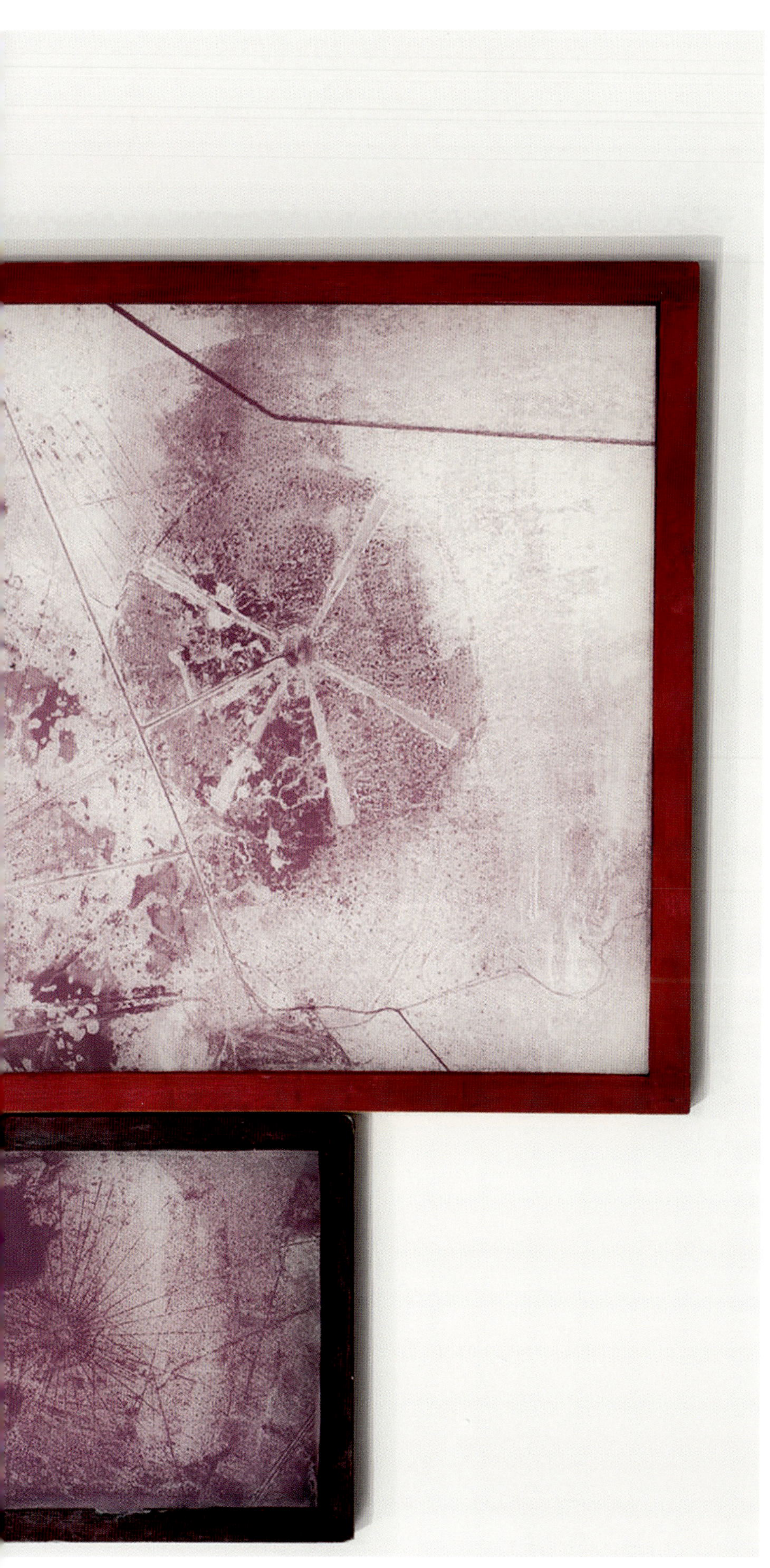

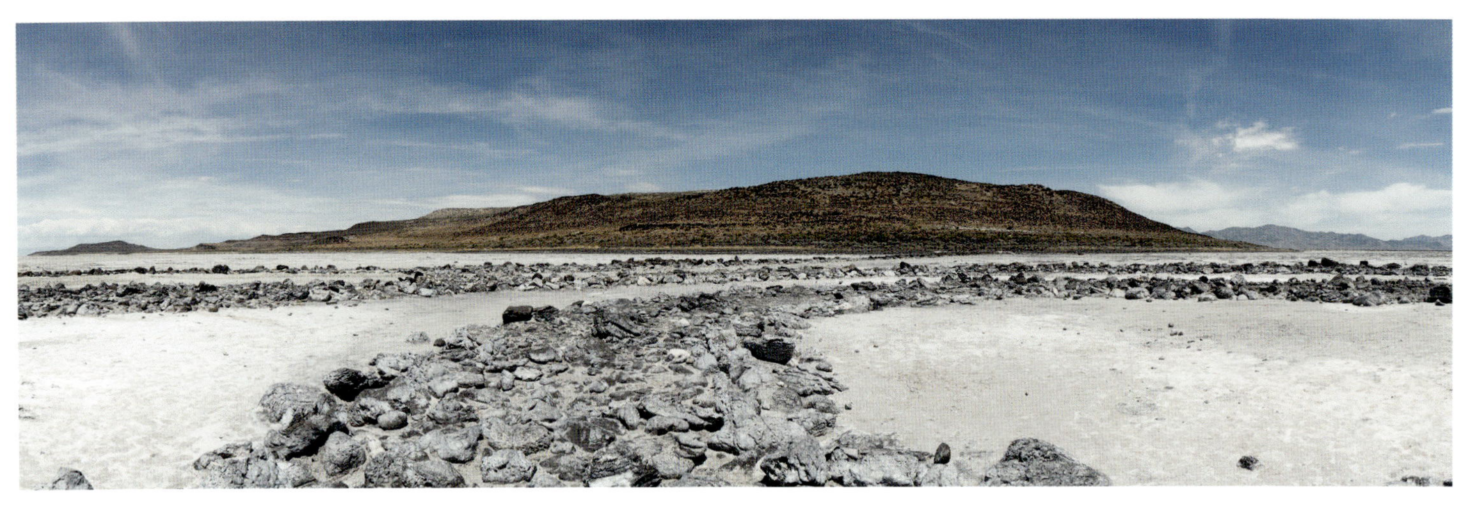

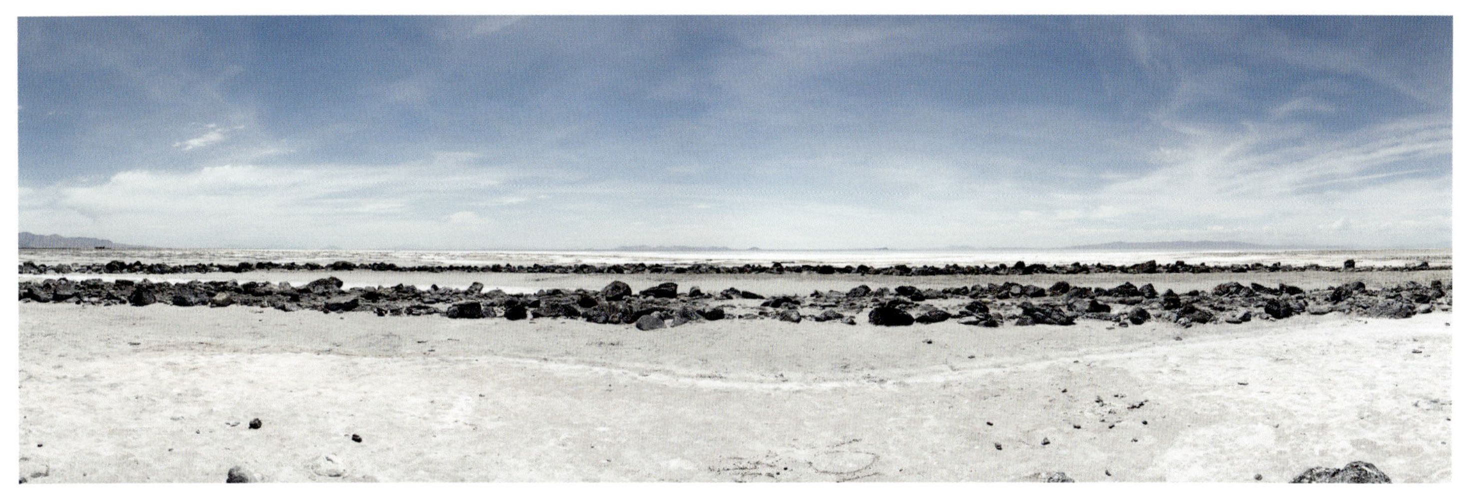

Detail: *linescape*, 2016, 2 Documentprints | 2 document prints, je | each 109 x 155 cm

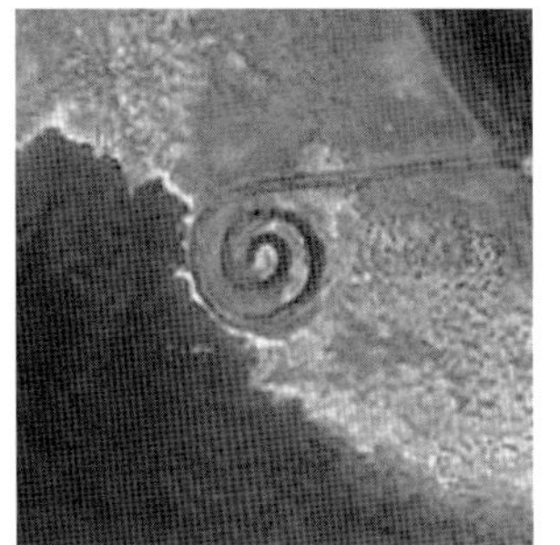 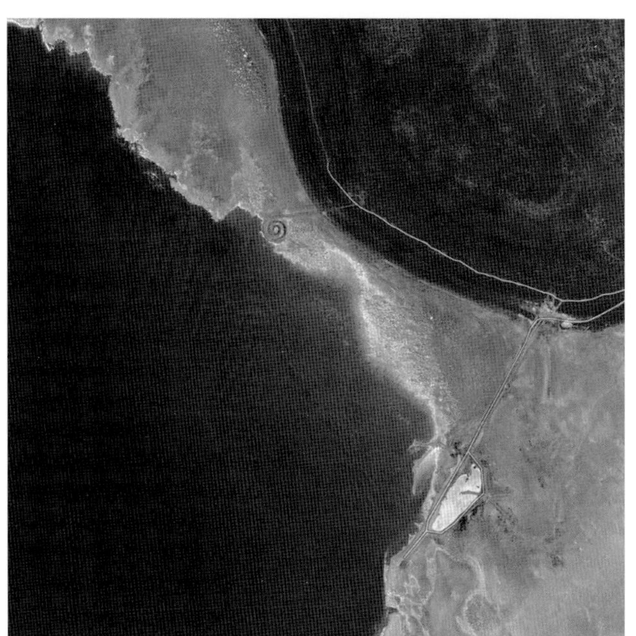

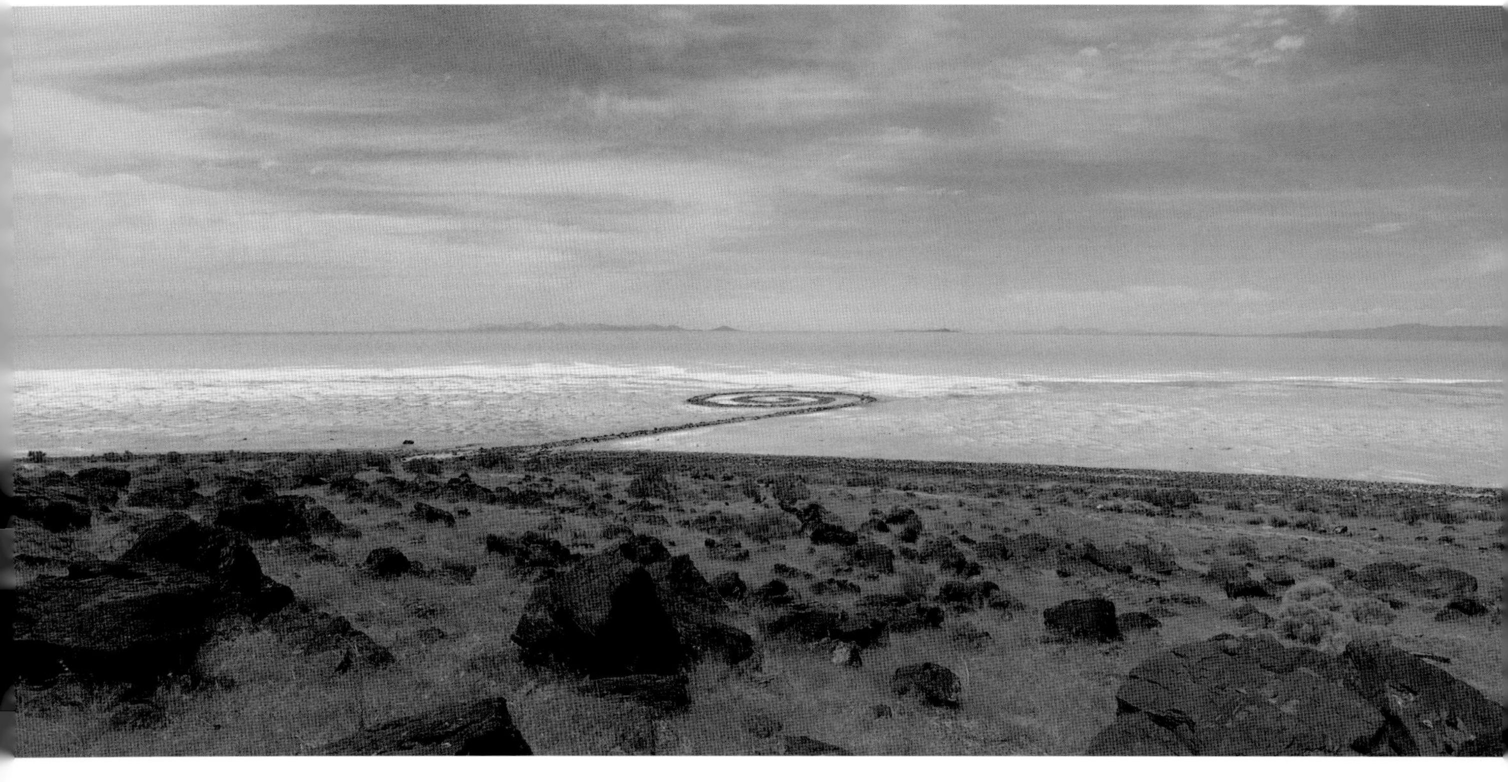

Robert Smithson, *Spiral Jetty*, 1970, Utah, Fotos | photos: Google Earth und Herwig Turk, 2014

Seite | page 59: Detail: *linescape*, 2016
3 Ausgaben des Magazins LIFE (24. September 1945, 12. Februar 1951, 5. Mai 1952)
3 issues of LIFE Magazine (24 September 1945, 12 February 1951, 5 May 1952)

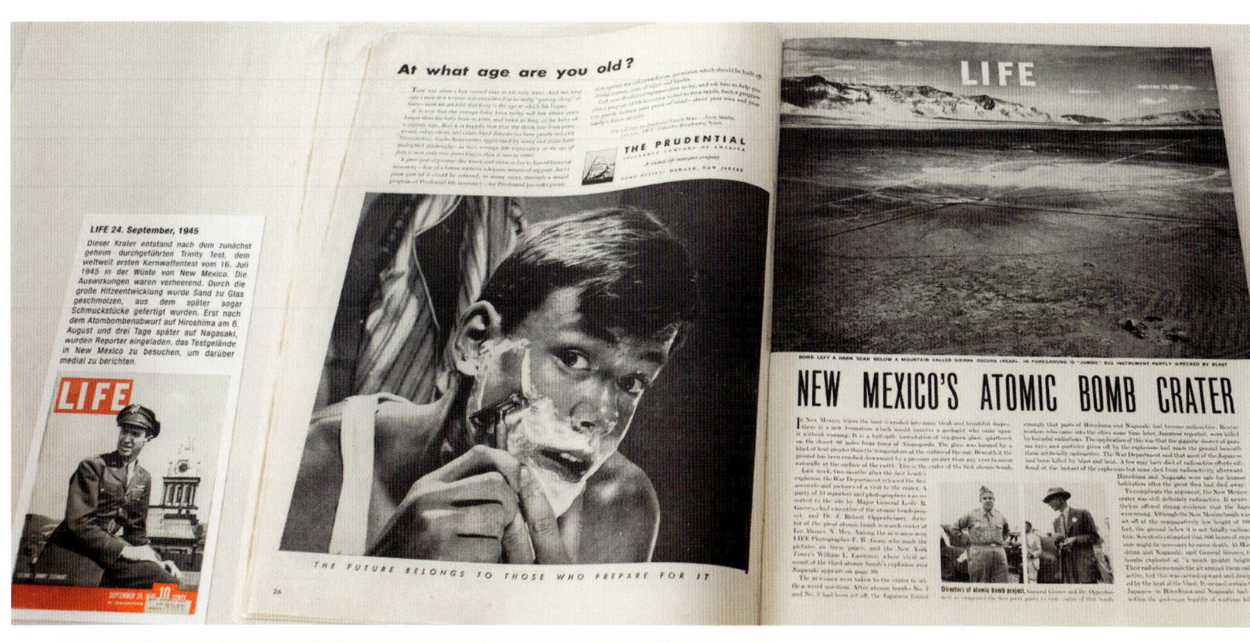

LIFE 24. September, 1945

Dieser Krater entstand nach dem zunächst geheim durchgeführten Trinity Test, dem weltweit ersten Kernwaffentest vom 16. Juli 1945 in der Wüste von New Mexico. Die Auswirkungen waren verheerend. Durch die große Hitzeentwicklung wurde Sand zu Glas geschmolzen, aus dem später sogar Schmuckstücke gefertigt wurden. Erst nach dem Atombombenabwurf auf Hiroshima am 6. August und drei Tage später auf Nagasaki, wurden Reporter eingeladen, das Testgelände in New Mexico zu besuchen, um darüber medial zu berichten.

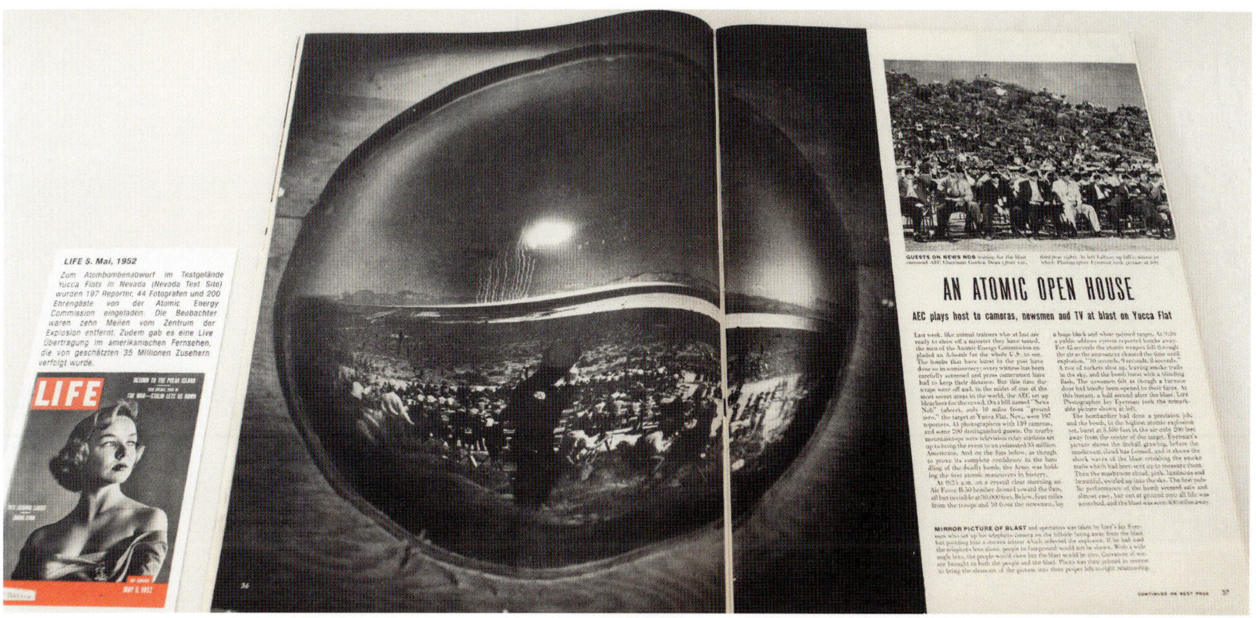

LIFE 5. Mai, 1952

Zum Atombombenabwurf im Testgelände Yucca Flats in Nevada (Nevada Test Site) wurden 197 Reporter, 44 Fotografen und 200 Ehrengäste von der Atomic Energy Commission eingeladen. Die Beobachter waren zehn Meilen vom Zentrum der Explosion entfernt. Zudem gab es eine Live Übertragung im amerikanischen Fernsehen, die von geschätzten 35 Millionen Zusehern verfolgt wurde.

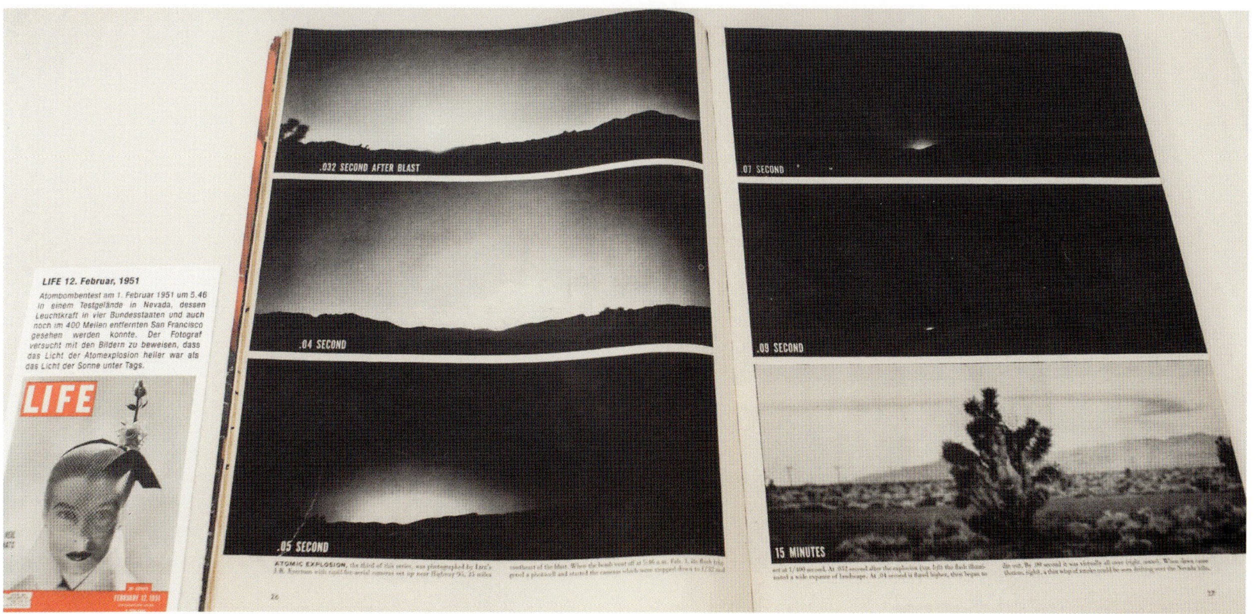

LIFE 12. Februar, 1951

Atombombentest am 1. Februar 1951 um 5.46 in einem Testgelände in Nevada, dessen Leuchtkraft in vier Bundesstaaten und auch noch im 400 Meilen entfernten San Francisco gesehen werden konnte. Der Fotograf versucht mit den Bildern zu beweisen, dass das Licht der Atomexplosion heller war als das Licht der Sonne unter Tags.

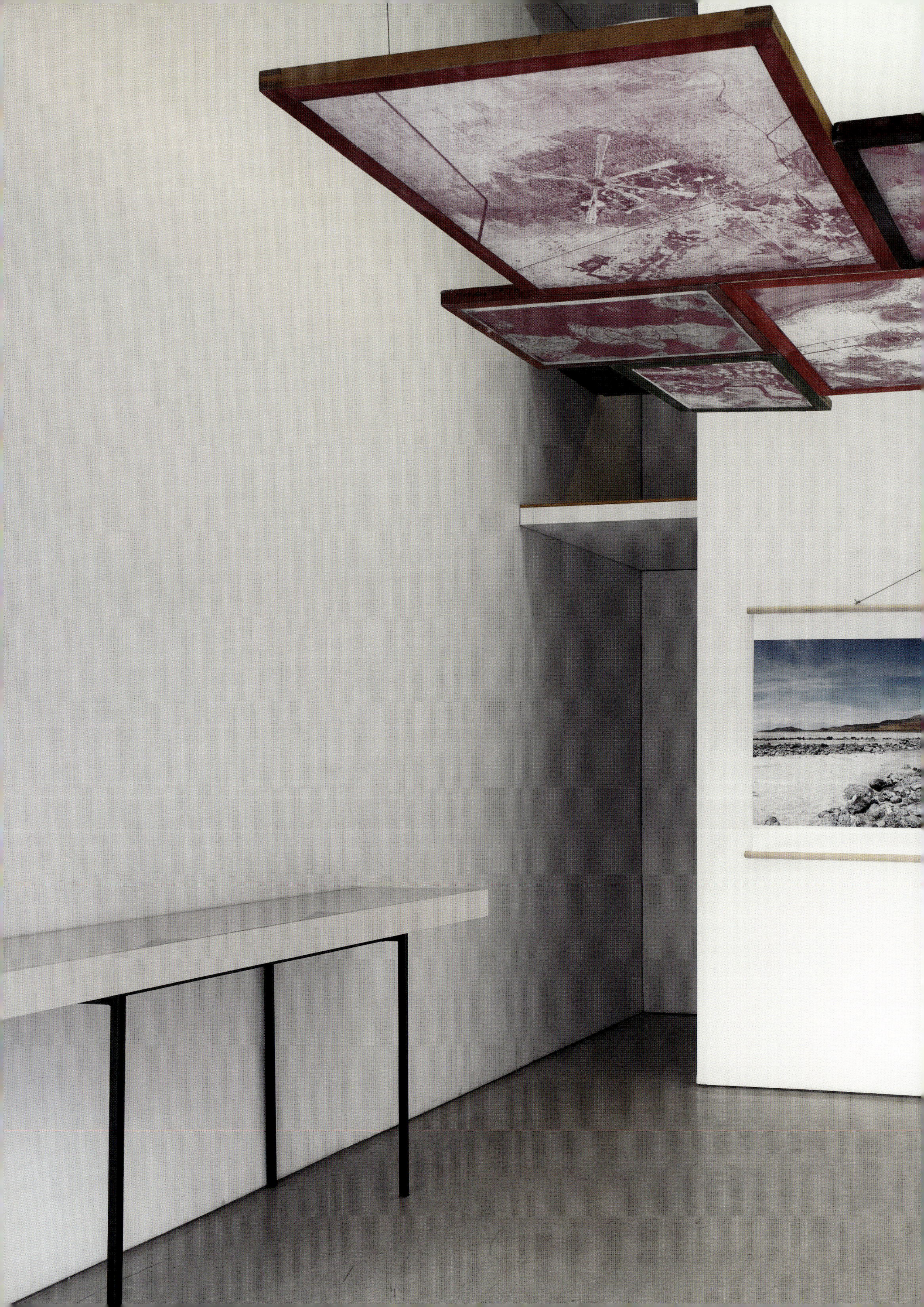

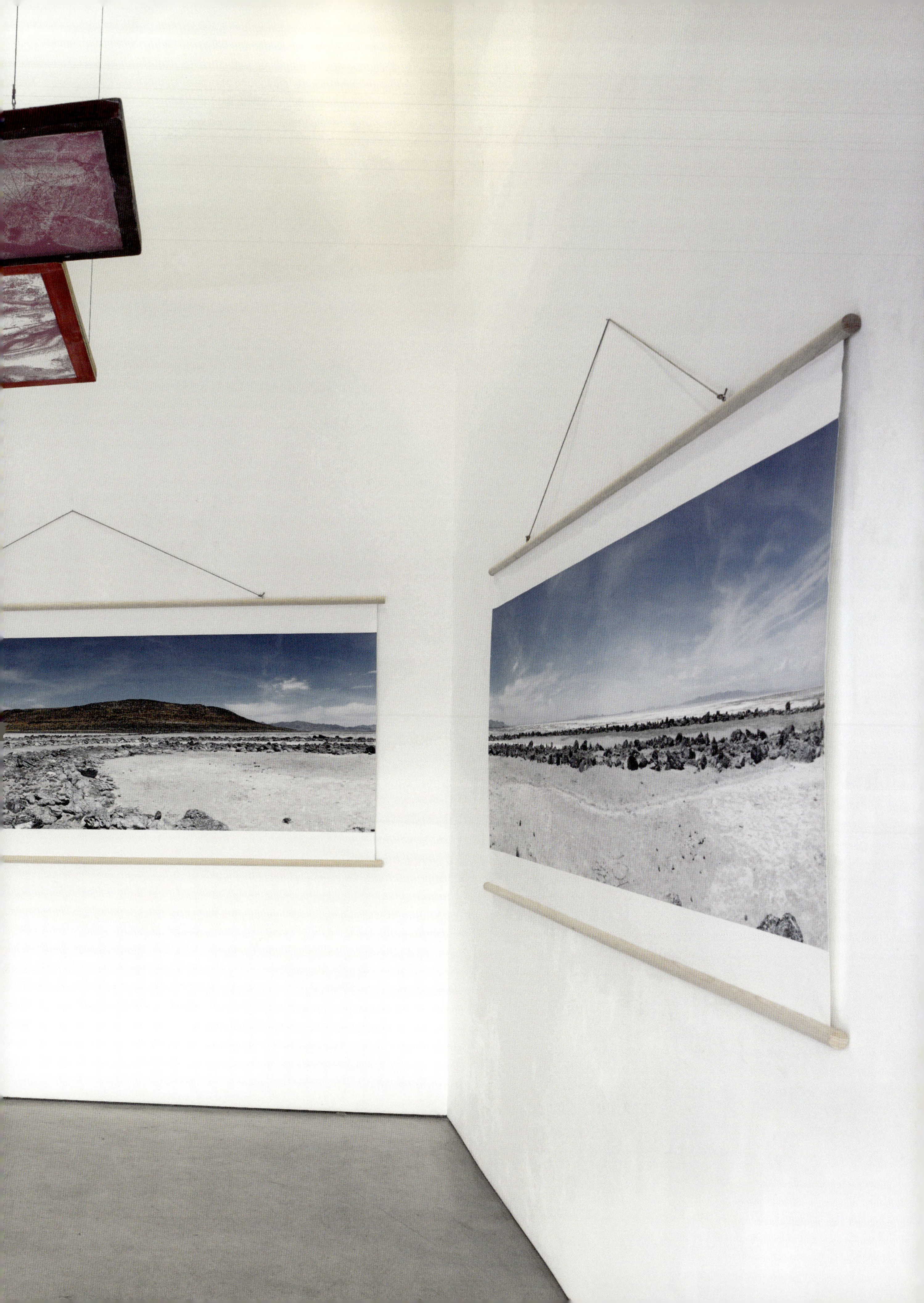

Christian Höller

Weiß glänzend mit schwarz-grauer Fuge
Laborerkundungen zwischen Life Sciences und Land Art

Schwarze Linien auf weißem Grund. Oder sind es weiße Quadrate vor dunklem Hintergrund? Was sich seit gut zehn Jahren als konstantes gestalterisches Motiv durch Herwig Turks Arbeiten zieht, ist mehr als nur der Inbegriff klassisch-minimalistischer Moderne. Dem streng geometrischen Raster, wie er immer wieder in der Kunst der letzten 100 Jahre anzutreffen ist, eignet bei Turk ein eigentümlicher Mehrwert, der sich aus verschiedensten Kontexten speist. Bildet der schwarz-weiß geometrisierte Raum doch zum einen den konkreten Verweis auf die (biowissenschaftliche) Laborsituation, mit der sich Turks Arbeiten auf vielfältige Weise auseinandersetzen. Zum anderen deutet das rigide Liniennetz – oder, je nachdem, das rechtwinkelige Fliesen-Tableau – auf jene abstrakten Hintergrundmodelle hin, die der modernen Naturwissenschaft ebenso wie einem Gutteil der Kunst und des Designs des letzten Jahrhunderts zugrunde liegen.

Hinzu kommt, und das wäre der dritte relevante Mehrwert-Aspekt des schwarz-weißen Figur-Grund-Gefüges, dass es in „naturbelassener" Form auch Ansätzen der Land Art eingeschrieben scheint, wie Turk dies kontinuierlich in einer eigenen kleinen Werkserie herausarbeitet. Womit sich, und das macht das Spezifische von Turks hochkonzentrierter Zusammenschau aus, eine Art gemeinsamer Hintergrundfolie aufspannt: zwischen dem engeren Kontext biowissenschaftlicher Forschung bzw. deren künstlerischer Kartierung einerseits *und* – andererseits – dem forschenden Gang, den KünstlerInnen abseits ihrer Ateliers, sei es in die Labors der Molekularbiologie oder sei es in die Salzwüste Utahs, immer wieder angetreten haben.

Dabei könnte man Turks Werk zunächst als „bildgebende" Form von Institutionskritik verstehen. Die Institution der Life Sciences, im Lauf der letzten Jahrzehnte zu einem der vorrangigen Wissenschaftsgebiete aufgestiegen, hat lange Zeit bilderlos operiert, sieht man von den gängigen medizinischen Visualisierungstechniken oder Darstellungen der DNA-Sequenzierung einmal ab. Diesem Komplex, der immer tiefgreifender, zugleich aber weitgehend unsichtbar in unser aller Leben eingreift, ein Gesicht zu geben, mag ein legitimes Ansinnen sein. Vor allem wenn damit der subtilen Macht, die von diesem Komplex ausgeht, eine Art allgemeiner Erfahrbarkeit, ja (An-)Greifbarkeit verliehen werden soll – so wie dies die klassischen Ansätze der künstlerischen Institutionskritik in Bezug auf ökonomische oder politische Machenschaften im Hintergrund des Kunstbetriebs (aber auch darüber hinaus) häufig getan haben.

Turks Zugang oder besser: Zugänglich-Machung besteht darin, zunächst das Apparative bzw. das Stofflich-Materielle biomedizinischer Forschung in den Vordergrund zu rücken. In Fotoserien wie *agglomeration* (2003) oder *labscapes* (2007) geschieht dies nüchtern dokumentarisch: mit Blicken in mit Forschungsutensilien gefüllte Kühlschränke oder auf Laborbänke, wo gerade ein funktioneller maschineller Ablauf stattzufinden scheint. Die penibel kadrierten Fotografien machen deutlich, dass es hier nicht um so etwas wie Verstehen geht,[1] sondern bestenfalls um Einblicke, sei es in vor sich hinwuchernde Zeugs-Anhäufungen oder sei es in prozesshafte Abläufe, die wir als Laien, so sehr wir uns auch anstrengen mögen, ohnehin kaum nachvollziehen können.

Einblicke also, die allenfalls eine Mischung aus Befremden und Faszination bekunden, wie sie oftmals den Blick von Nicht-Experten auf hochspezialisierte Zusammenhänge kennzeichnet.

Was an diesen frühen Serien auffällt, ist die – hier noch weitgehend abstrakt mitgedachte – gitterförmige Rasterung, die sowohl in den gestapelten oder leicht durcheinander gewürfelten Kühlschrankinhalten implizit mit am Werk ist, wie auch auf den Laborbänken, deren Konfiguration (die Anordnung konkreter Gerätschaften) gleichfalls einem funktionalen Raster folgt. Explizit zutage tritt das dreidimensionale Gitternetz, das zugleich auch den Bildraum strukturierend absteckt, in der Fotoserie *agents* (2007). Die sechs Laborgeräte, die jeweils aus drei um 90 Grad versetzten Perspektiven aufgenommen sind (links, vorne, rechts), scheinen bei aller statuarischen Skulpturalität eine innige Verbindung mit dem schwarz-weiß-grauen Fliesenraster zu unterhalten. Dies deutet sich allein schon in ihrer überwiegend graustufigen Farbgebung an und schreibt sich in der zentralperspektivischen Inszenierung fort, die sie als integralen Bestandteil ihrer Umgebung ausweist – wobei sie zugleich mehr wie Akteure denn wie bloße Objekte erscheinen.[2] Hier kommt eine Form von Verschmelzung zum Tragen oder besser: eine Art von isolierender bzw. fokussierender Einswerdung, die Apparat und Umgebung auf ein und dieselbe konzeptuelle Stufe hebt. Ideell weist dieses inszenatorische Einswerden auf eine verbindende Matrix hin, die Wissenschaft und Labortechnik, deren Visualisierung und Veranschaulichung, aber auch das ihnen entgegengebrachte (Un-)Verständnis und zeitweilige Befremden *gleichermaßen* unterfüttert. Artikuliert ist diese Matrix in dem besagten Gitternetz, welches das formelle Grundgerüst des „Laborativen" bildet, wie man den von Turk bearbeiteten Diskurs übergreifend nennen könnte.

Dass dieser „laborative Diskurs" nicht ausschließlich im wissenschaftlichen Labor verortet ist, belegt die 2005 begonnene Serie, die sich auf vielfältige Weise mit dem „Ort" des Lake Bonneville, einem weitgehend vertrockneten Urmeer in Utah, auseinandersetzt. In dem gemeinsam mit Günter Stoger gedrehten Film *paradise_paradox* (2005) erfolgt erstmals eine visuelle Vermessung des Großen Salzsees, der so wie Turks andere Laborvermessungen auch auf der Dialektik von weißer Fläche und schwarzer Linie aufbaut. Die weiße Fläche wird hier von der unermesslich weiten Ausdehnung der Salzmassen gebildet, die dunkle Linie ist der Horizont, die sich in der (horizontalen) Bildmitte befindet. Zuerst scheint Statik vorzuherrschen, doch dann beginnt sich der Horizont langsam zu drehen, und immer schneller ziehen die allmählich erkennbaren Berg- und Hügelketten an dem scheinbaren Fixpunkt in der Bildmitte vorbei. Wiederholt taucht eine vereinzelte Figur in dem rotierenden Tableau auf, die als einzige Bezugsgröße mehr schemen- bzw. geisterhaft wirkt, als dass sie eine reale menschliche Präsenz anzeigen würde. Auch *inversum*, 2008 im Gebiet des Lake Bonneville entstanden, greift dieses Doppel aus verloren wirkender Figur bzw. deren abruptem Auftauchen *und* der kontinuierlichen Durchmessung einer endlos wirkenden Landschaft auf. Leere und Präsenz, weiße Fläche und schwarze, linienhafte Akzentuierung sind hier ebenfalls miteinander verschränkt, obgleich die Form der Zweikanalprojektion den beiden

Wahrnehmungs- und Bewegungsformen des Auftauchens und Schwindens jeweils ihren eigenen Raum beimisst.

Dass die Salzwüste von Utah ein immenses Testlaboratorium darstellt, wurde spätestens mit Robert Smithsons *Spiral Jetty*, 1970 am Rand des Großen Salzsees fertig gestellt, eindrücklich vor Augen geführt. Smithsons parallel dazu entwickelter Begriffsapparat von „non-site" (der Ausstellungsraum, in den Dinge hereingeholt werden) und „site" (der eigentliche Schauplatz, an dem künstlerische oder anderweitige Eingriffe stattfinden)[3] lässt zunächst nur erahnen, inwiefern die Verortung der Land Art selbst auf anderen, lange Zeit verschwiegenen Vorläuferschaften aufbaut. So waren es vielfach militärische Testgelände, etwa die *Utah Test and Training Range* (UTTR) unweit des Großen Salzsees, für deren Einrichtung das unberührte Land ab den 1940er-Jahren zu ganz bestimmten Zwecken, etwa Zielbombardements und andere Waffentests, großflächig abgesteckt wurde. Wie Turks Installation *linescape* (2016) komprimiert nachzeichnet, waren es mediale Popularisierungen solcher Versuchsreihen, welche die allgemeine Aufmerksamkeit überhaupt erst auf diese „leeren", auch künstlerisch zu entdeckenden Landstriche lenkten.[4] In *linescape* enthalten sind auch Siebdrucke militärischer Luftaufnahmen, die „Zieleinkerbungen" im Sperrgebiet UTTR zeigen. Diese machen deutlich, dass der laborative Charakter dieser Landschaft, lange bevor KünstlerInnen wie Smithson oder Nancy Holt ihre Einschreibungen darin vornahmen, bereits anderweitig vorgezeichnet war. Nicht nur daran erinnert Turks wiederholte Beschäftigung mit dem Lake Bonneville, die auch in der auf ein Feldbett montierten Breitwandfotografie *clymanbay* (2013) und den sie begleitenden Videokomponenten ihren Ausdruck findet. Vielmehr verdeutlicht diese Landvermessung auch, dass das riesige Freiluftlaboratorium nach ähnlichen Parametern verfasst ist bzw. im Hinblick auf seine (militärische, künstlerische etc.) Verwendung ähnlichen Strukturierungen unterliegt wie die geschlossenen biowissenschaftlichen Labore der Gegenwart.

Diese parameterhafte Strukturierung äußert sich unter anderem in den spezifischen Begriffsapparaten, die hier wie dort, in der Salzwüste wie im Biolabor, gleichermaßen Anwendung finden. Diesen konzeptuellen Apparaturen geht Turk seit vielen Jahren nach, schwerpunktmäßig im Kontext molekularbiologischer Forschung. Dabei gehen die in den betreffenden Arbeiten verhandelten Begriffe wie Unschärfe, Referenz oder Unbestimmtheit weit über den engeren Rahmen der Biowissenschaften hinaus und beziehen sich auf die allgemeinen konzeptuellen Raster, die jeder Form von Wissenschaftlichkeit, aber auch Formen der künstlerischen Bildgebung zugrunde liegen. Eine Art Prototyp dieser Begriffsanalyse bildet die Serie *referenzlose fotografie* (1998–2003), wobei am Computer entstandene Bilder Wissenschaftlern zur (inhaltlich höchst üppigen) Interpretation vorgelegt wurden.[5] Die Referenzbeziehung, im Zusammenhang mit Fotografie meist als indexikalischer Weltbezug gedacht, wird hier vollends auf den Kopf gestellt, indem zunächst ein Bild mit ausschließlich digitalen, „nicht-weltbezüglichen" Mitteln geschaffen wurde, dessen Phänomenalität in einem zweiten Schritt auf (vermeintliche) realweltliche Bezüge umgelegt wird. Wohlgemerkt durch Expertenaugen und -gehirne, die Bezüge auch dort erkennen, wo gar keine existieren.

Auch in der Zweikanalinstallation *uncertainty* (gemeinsam mit Paulo Pereira, 2007) wird ein Grenzbegriff der modernen Wissenschaft, jener der Gewissheit bzw. Ungewissheit, einem laborativen Testlauf unterzogen. Mit im Spiel ist hier der Bezug auf die Heisenberg'sche Unschärferelation,[6] die der Betrachterposition innerhalb eines Test-Settings eine zentrale Rolle beimisst – wobei diese selbst, wie *uncertainty* zeigt, zusehends ins Schwimmen und Schwanken geraten kann. Halt bietet allenfalls, und hier tritt erneut das weiß glänzende, schwarz-grau verfugte Laborambiente in Erscheinung, das geometrische Gitter- bzw. Liniennetz, das über die einzelnen Projektionen hinaus die beiden Versuchsanordnungen miteinander verbindet. Wie eine behelfsmäßige Auffangvorrichtung, die selbst größtmöglicher Verunsicherung, ja Positionsunterwanderung stand hält.

Auf interessante Weise verschoben findet sich dieser elementare Raster in den beiden experimentellen Anordnungen *tacit knowledge 1* und *tacit knowledge 2* (beide 2011). Die in den beiden Videos festgehaltenen Testläufe nehmen Bezug auf den Begriff des nicht formalisierten impliziten Wissens, dessen Relevanz auch innerhalb streng wissenschaftlicher Zusammenhänge seit geraumer Zeit immer deutlicher zutage tritt.[7] Die infantil anmutenden Aufgaben, einen möglichst hohen Turm aus Laborutensilien zu bauen bzw. Laborwerkzeuge nach ihrem Gewicht zu ordnen, „pluggen" genau in diese Art von implizitem Wissen, das jede/r in unterschiedlichem Maße besitzt, das sich aber nur schwer explizit fassen lässt. Und so sind die gecasteten WissenschaftlerInnen einzig auf ihre irgendwo im Gehirn oder sonstwo im Körper gespeicherten Fähigkeiten angewiesen, um den zu bauenden Turm höher als den ihrer KollegInnen werden zu lassen. Interessanterweise ist das strukturgebende Gitternetz hier nur auf den Tischplatten präsent, auf denen die Versuchsinstrumente platziert sind. Inmitten des versuchsweisen Herumschiebens und Auftürmens bildet es die lapidare Hintergrundmatrix, vor der sich stillschweigendes Wissen und experimentelles, nicht weiter formalisierbares Können ein wenig wie pseudomythische Geheimniskrämerei ausnehmen. Ein letzter Flecken rigider Geordnetheit, wo sonst nur – wie *tacit knowledge* ironisch veranschaulicht – Trial and Error bzw. deren pragmatisches Zum-Abschluss-Bringen (closure) vorherrschen.

Implizite Wissenskonstellationen explizit zur Schau zu stellen, sie gleichsam aus ihren Gebrauchszusammenhängen isolierend „freizustellen", dies haben sich andere Arbeiten Turks zur Aufgabe gemacht: *hands on* (2014) etwa, das auf verschiedene Vorstufen wie beispielsweise das Video *setting04_0006* (2006) zurückgeht[8] und worin man zwei Hände bzw. Unterarme pantomimisch mit unsichtbaren Gerätschaften hantieren sieht. Die in einem 90-Grad-Winkel zueinander platzierten Bildschirme zeigen jeweils eine Frontalansicht und eine Aufsicht auf ein und dasselbe Geschehen: sich gestisch windende und miteinander interagierende Hände, deren konkrete Semantik (bzw. der Zweck der Interaktion) jedoch nach Art einer Geheimsprache verklausuliert bleibt. Erneut bildet das rechtwinkelige Fugengitter das verbindende Element, hier in ihrer eminenten Hintergrundfunktion noch dadurch gesteigert, dass das eigentliche Geschehen opak oder besser gesagt:

physisch schroff bleibt. Das in den Handbewegungen angelegte implizite Wissen wird hier nicht seinem Inhalt nach offengelegt, sondern als „laboratives Grundelement" herauspräpariert und damit (ähnlich wie die perfekt mit ihrem Hintergrund korrespondierenden *agents*) auf ein ähnliches Level wie die durchformalisierte, schwarz-weiß-graue Rasterung des Umraums gehoben. So wie Handschuhe, Laborkittel, Arbeitsbänke und -tische sowie die verfliesten Wände farblich und atmosphärisch immer schon bestens miteinander korrespondieren. Was wiederum anzeigt, dass der hier erschlossene Denk- und Experimentierraum von ein und derselben ideellen Rasterung durchzogen ist.

In *the conversation that never took place* (2013) wird diese Rasterung diskursiv in den Vordergrund gerückt. Vier BiowissenschaflerInnen, allesamt vor dem bekannten gitterförmig strukturierten Laborambiente in Einzelbefragungen lebensgroß aufgenommen, treten in einen demonstrativ montierten „Tetralog".[9] Es spricht immer nur eine/r, während die drei anderen gestische und mimische Überschüsse zur Schau stellen (zumindest macht uns das Video das glauben). Die angerissene Themenpalette reicht von der Frage, was Wissenschaft überhaupt ist (im Gegensatz zu Glaubenssätzen und Weltanschauungen) und ob es konstante, universell gültige Gesetze gibt, bis hin zu Erwägungen, was das Besondere der Life Sciences ausmacht und welche Haltung sie zu Prozessen des Alterns und Vergessens, ja zu Krankheit und in Bezug auf größere molekulare Gleichgewichtssysteme verkörpern. Das Mosaik, das sich aus diesem Aussagen-Cluster aufbaut, bringt nicht nur ein „Soziales", ja „Interaktives" im praktischen Zusammenhang der Biowissenschaften zum Vorschein. Es erschließt vielmehr auch, wie sich das „laborative Denken" – als das meist Unausgesprochene und Implizite, das stille Übereinkommen hinter der tatsächlichen Forschung – im Konversationsrahmen darstellt. Der Polylog, so künstlich er auch strukturiert sein mag, veranschaulicht aufs Beste, inwiefern hier selbst mehr einem gemeinsamen Glaubenssystem gefrönt wird, als dass laufend eine gemeinsame Basis geprüft oder verhandelt würde. Gerade in den überschäumenden Gesten der AkteurInnen, facettenreich herauspräpariert, deutet sich derlei Implizitheit (tacit ness) auf höchster – oder soll man sagen: abgründigster? – Stufe an.

Und so kommt auch hier, wie durchgehend in Turks Werk, das „Laborative" des wissenschaftlichen Diskurses kunstvoll zur Anschauung. Nicht als formales, rigides Regelsystem, sondern mehr wie ein polares, dialektisches Schimmern; wie weißer Glanz, der schwarz-grau verfugt ist (oder umgekehrt). Wie es im Übrigen vielerlei Laboratorien, über die geschlossenen Räume wissenschaftlicher Institutionen hinaus, heute kennzeichnet.

1 Vgl. zu dieser Problematik Paulo Pereira, „referenceless photography", in: Herwig Turk, Paulo Pereira (Hg.), *blindspot*, Virose, [o. A.], 2007, S. 6 ff.

2 Vgl. dazu Ingeborg Reichle, „The Art of Making Science", in: Herwig Turk, Paulo Pereira (Hg.), *blindspot*, Virose, [o. A.], 2007, S. 18.

3 Siehe Robert Smithson, „A Provisional Theory of Non-Sites" (1968), in: Jack Flam (Hg.), *Robert Smithson: The Collected Writings*, Berkeley/Los Angeles/London 1996.

4 Vgl. die Ausstellung *Linescape*, Georg Kargl Fine Arts Wien, 13. Mai bis 30. Juli 2016 bzw. den Pressetext von Fiona Liewehr.

5 Vgl. Pereira, referenceless photography, S. 6 ff., sowie Ingeborg Reichle, „Taube Bilder und sehende Hände. Strategien visueller Transgression im Werk von Herwig Turk", in: Ingeborg Reichle, Steffen Siegel (Hg.), *Maßlose Bilder. Visuelle Ästhetik der Transgression*, Fink, München 2009, S. 169 ff.

6 Vgl. Paulo Pereira, „uncertainty", in: Herwig Turk, Paulo Pereira (Hg.), *blindspot*, 2007, S. 30 bzw. Reichle, Taube Bilder und sehende Hände, S. 177 ff.

7 Vgl. stellvertretend Martin Davies, „Knowledge – Explicit, implicit and tacit: Philosophical aspects", in: James D. Wright (Hg.), *International Encyclopedia of the Social & Behavioral Sciences*, Second Edition. Oxford 2015.

8 Vgl. dazu Reichle, Taube Bilder und sehende Hände, S. 183 ff.

9 Vgl. http://herwigturk.net/de/#text

Christian Höller ist Redakteur und Mitherausgeber der Zeitschrift springerin – *Hefte für Gegenwartskunst*; seit 1994 umfassende Publikationstätigkeit im Bereich Kunst- und Kulturtheorie; 2002–2007 Gastprofessor an der École supérieure des beaux-arts in Genf. Kurator der Filmschauen *Pop Unlimited?* (2000) und *No Wave New York 1976–84* bei den Internationalen Kurzfilmtagen Oberhausen 2010; Co-Kurator der Ausstellung *Hauntings – Ghost Box Media* (Medienturm Graz) im Rahmen des steirischen herbstes 2011; Kurator der Filmreihe *Scan Scroll Surf – Digitale Filmästhetiken heute* (mumok – Museum moderner Kunst Stiftung Ludwig Wien, 2014). Autor des Interviewbandes *Time Action Vision: Conversations in Cultural Studies, Theory, and Activism* (2010); Herausgeber der Sammelbände *Pop Unlimited?* (2001), *Techno-Visionen* (2005), des Katalogbuchs *Hans Weigand* (2005) sowie der Anthologie *L'Internationale: Post-War Avant-Gardes Between 1957 and 1986* (2012).

Christian Höller

Shiny white with grey-black grouting
Laboratory investigations between Life Sciences and Land Art

Black lines on a white ground. Or are these white squares against a dark background? The design motif consistently present in Herwig Turk's work over the past ten years or so is more than simply the epitome of classic minimalistic modernism. Here the strict geometrical grid, which occurs frequently in the art of the past 100 years, possesses a specific added value derived from diverse contexts. On the one hand, the black-and-white geometrised space is a concrete reference to the (bioscientific) laboratory situation with which Turk's works deal in many different ways. On the other, the rigid network of lines – or else the right-angled tableau of tiles – indicates the abstract background model that forms the basis of modern natural sciences as well as that of much of the art and design of the past century.

In addition – and here is the third relevant added-value aspect of the basic black-and-white patterned background – in its „natural" form, it seems to be an integral part of some approaches to Land Art, as Turk consistently elaborates in a small series of his own works. This – and here is one specific aspect of Turk's highly concentrated collection – makes for a kind of common backdrop: between the narrower context of bioscientific research, or its artistic charting, on the one hand, and on the other, the way artists have always prowled around, away from their studios, whether in the laboratory or in the Salt Lake Desert of Utah. One might initially see Turk's work as an "imaging" form of institutional critique. The institution of life sciences, which over recent decades have advanced to become one of the principal fields of science, operated for a long time without images, apart from the established medical visualisation techniques or representations of DNA sequencing. It may be a legitimate suggestion to give a face to this complex, which intervenes ever more profoundly, yet largely invisibly, in all our lives – particularly when the aim is to make the subtle power that emanates from it somehow generally experienceable, or even tangible or assailable – just as the classical approaches in artistic institutional critique have so often done in relation to economic or political machinations in the background of the art scene (or even beyond).

Turk's approach – or rather, creation of approachability – consists initially in focusing on the technical or material aspect of biomedical research. In photo series such as *agglomeration* (2003) or *labscapes* (2007), this is done in a down-to-earth, documentary manner: with views into refrigerators filled with research utensils, or of laboratory benches where a mechanical process appears to be taking place. The meticulously framed photographs make it clear that the point here is not to understand,[1] but at best to afford insights, whether into agglomerations of stuff or into processes which we as laypersons cannot really comprehend, however hard we try. Insights, then, which at most evoke a mixture of disconcertment and fascination, as often observed on the faces of non-experts at the sight of highly specialised correlations.

The striking thing about these early series is – here largely envisaged in the abstract – the grid pattern implicit in the work, both in the stacked or slightly disordered refrigerator contents and on the laboratory benches, the configuration (arrangement of actual equipment) of

which also follows that of a functional grid. In the series *agents* (2007) there explicitly emerges the three-dimensional grid-work which also structures and delimits the pictorial space. Although resembling sculptures, the six pieces of laboratory equipment, each photographed from three perspectives turned at 90° (left, front, right), seem to enter into an intimate relationship with the black-white-grey tiled grid. This is already indicated in the predominantly grey-scale colouring, and continues in the central perspective setting, which makes them an integral part of their surroundings – apparently more as protagonists than as mere objects.[2] Here a form of merging comes into effect, or rather, a kind of insulating or focusing unification which raises apparatus and surroundings to one and the same conceptual level. Ideationally, this staged unification indicates a connecting matrix that underpins *equally* the visualisation of science and laboratory technology and the (lack of) understanding and occasional disapproval with which they are confronted. This matrix is articulated in the aforementioned grid, which forms the basic formal framework of the laboratory, or "laborative" setting, as Turk's discourse might be summed up.

The series begun in 2005, which deals in diverse ways with the "location" of Lake Bonneville – a largely dried-up prehistoric pluvial lake in Utah – demonstrated that this "laborative discourse" is not located exclusively in the science laboratory. The film *paradise_paradox* (2005), made in collaboration with Günter Stöger, shows for the first time a visual survey of the great salt lake, which, like Turk's other laboratory surveys, is structured on the dialectic of white plane and black line. Here the white plane is formed by the immeasurably vast expanse of the salt flats; the black line is the horizon, in the middle of the picture. At first, stasis appears to predominate, but then the horizon begins to turn slowly, and the hills and mountain ranges gradually become recognisable as, faster and faster, they pass the apparent fixed point in the centre of the picture. A solitary figure keeps appearing in the rotating tableau, as the only reference size, but too unsubstantial or spectral to indicate an actual human presence. The work *inversum*, made in the region of Lake Bonneville in 2008, also takes up this duplicate consisting of a lost-looking figure and its abrupt appearance *and* the continuous measurement of a seemingly endless landscape. Here void and presence, white plane and black, linear accentuation are also intertwined, although the form of the two-channel projection ascribes its own space to the two forms of perception and motion of appearance and disappearance.

It was Robert Smithson's *Spiral Jetty*, completed in 1970 at the edge of the vast salt lake, that demonstrated clearly how the Utah salt desert represents an immense test laboratory. The conceptual framework Smithson developed parallel to this, of "non-site" (the exhibition space into which things are brought) and "site" (the actual location at which artistic or other interventions take place)[3] allows us at first only to conjecture how far the localisation of Land Art is based on other precursors hitherto kept quiet. Thus from the 1940s onwards, large tracts of untouched land were marked out for specific purposes – target bombardments or other weapons tests – on military test sites such as the

Utah Test and Training Range (UTTR), not far from the salt lake. As Turk's installation *linescape* (2016) shows, in a condensed version, it was the popularisation in the media of such test series that drew general attention to these "empty" zones, which were then "discovered" for artistic purposes.[4] *Linescape* also includes screen prints of military aerial views showing "target notches" in the UTTR restricted zone. These demonstrate clearly how the "laborative" character of this landscape was already mapped out, long before artists such as Smithson or Nancy Holt added their input. This is not Turk's only reference to Lake Bonneville, which also occurs in the wide-screen photograph *clymanbay* (2013), mounted on a camp bed, and the accompanying video components. In fact, this land measurement illustrates that the gigantic open-air laboratory is drawn up according to similar parameters, or subject to similar structuring to that of present-day closed bioscientific laboratories, in respect of its utilisation (military, artistic, etc.).

This structuring by parameters is expressed partly in the specific conceptual frameworks used equally in both laboratories – salt desert and bio lab. Turk has studied these conceptual frameworks for many years, particularly in the context of molecular biological research. The terms he uses in the relevant works, such as blurring, reference or indeterminacy, go far beyond the narrow parameters of life sciences, referring to the general conceptual grids on which every form of scientific study, as well as forms of artistic imaging, are based. The series *referenceless photography* (1998–2003) is a kind of prototype of this concept analysis, in which computer images were shown to scientists for interpretation (with copious results).[5] Here the reference relationship, generally seen in connection with photography as an indexical view of the world, is turned completely upside-down, by first creating an image with exclusively digital "non-world-related" resources, its phenomenality then being transferred into a (supposed) actual world-related context – of course by way of expert eyes and brains, which tend to recognise relationships even where none exist.

Even in the two-channel projection *uncertainty* (with Paulo Pereira, 2007), a limiting concept of modern science – that of certainty or uncertainty – is subjected to a series of laboratory tests. This has to do with Heisenberg's *Uncertainty Principle*,[6] which ascribes a central role to the observer within a test setting – although this in itself, as shown in *uncertainty*, can flounder and become appreciably unstable. At any rate, support is offered – and here the shiny white, grey-black grouted laboratory atmosphere enters the scene again – by the geometric grid or line network, which connects the two experimental set-ups beyond the individual projections, like a makeshift retention tank which can withstand the greatest possible uncertainty, or even subversion.

This elementary grid appears interestingly off-set in the two experimental arrangements *tacit knowledge 1* and *tacit knowledge 2* (both 2011). The test-runs shown in the two videos refer to the concept of non-formalised implicit knowledge, the relevance of which has for a considerable time now emerged more and more clearly even within strict scientific contexts.[7] The set tasks, which appear childishly simple – to build the highest possible tower from laboratory instruments and to arrange laboratory tools according to weight –, "plug" specifically into this kind of implicit knowledge which everyone possesses to a greater or lesser degree, but which is hard to grasp explicitly. Thus the scientists in question have to rely solely on the skills stored somewhere in their brains or elsewhere in their bodies, in order to make the required tower higher than that of their colleagues. Interestingly enough, here the grid that determines the structure is present only on the table-top where the test instruments are placed. In the midst of the experimental shifting around and piling up, it constitutes the basic background matrix against which *tacit knowledge* and experimental, non-formalisable skill seem rather like pseudo-mythical mystery-mongering. One last patch of rigid orderliness where otherwise – ironically illustrated, like tacit knowledge – only trial and error, or their pragmatic closure, predominate.

Explicit demonstration of implicit configurations of knowledge – "releasing" them, as it were, to detach them from their usual context – has been the aim of other works by Turk, such as *hands on* (2014), which goes back to various preliminary stages, as for instance the video *setting04_0006* (2006),[8] where two hands, or forearms, mime playing around with invisible equipment. The two screens are set at right angles, one showing the action from the front, the other from above: the hands twist and turn together, but their concrete semantic (or the purpose of their interaction) remains cryptic. Once again, the connecting element is the right-angled grid formed by the grouting, enhanced here in its prominent background function by the action's remaining opaque, or rather, physically rough. The content of the knowledge implicit in the hand movements is not revealed here, but extracted as a "basic laborative element" and thus (similarly to the *agents* in perfect correspondence with their background) raised to a similar level with the completely formalised black-white-grey grid pattern of the surroundings – just as gloves, lab coats, work-benches and tables have always harmonised in colour and atmosphere with the tiled walls. This in turn indicates that the same ideational grid-work permeates the space developed here for thinking and experiment.

In *the conversation that never took place* (2013), this grid pattern is moved discursively into the foreground. Four bioscientists, interviewed individually in life-size, in front of the grid-patterned laboratory atmosphere, enter into a demonstratively mounted "tetralogue".[9] Only one person at a time speaks, while the other three demonstrate exaggerated mimic and gestures (or at least, so the video would have us believe). Topics touched on range from the question of what science (as opposed to doctrines and world views) actually is and whether there are constant, universally valid laws, to deliberations on what constitutes the specific nature of life sciences and what position they adopt towards processes of ageing and forgetting, and even to disease and in reference to larger molecular systems in equilibrium. The mosaic constructed by this cluster of statements reveals not only a "social", even "interactive" aspect in the practical context of life sciences, but also explores how "laborative thinking" – the generally unspoken and implicit mutual understanding behind actual research – is represented in the context of conversation. The polylogue, however artificially it may be structured, is the best way of visualising how far a common system of belief is being indulged in here, rather than a common basis being constantly examined or negotiated. It is precisely in the exuberant gestures of the protagonists, emphasised in many aspects, that this kind of tacitness is indicated on the highest – or should one say, most profound? – level.

Thus here, too, as throughout Turk's work, the "laborative" aspect of scientific discourse is demonstrated in art – not as a formal. rigid system of rules, but rather as a polar, dialectic shimmer; like shiny white with grey-black grouting (or vice versa). Similarly, one may say, to the characteristic appearance of many kinds of laboratories today, beyond the closed rooms of scientific institutions.

1 Cf. on this problem, Paulo Pereira, *referenceless photography*, in: Herwig Turk, Paulo Pereira (ed.), *blindspot*, Virose, [n. s.], 2007, p 6 ff.

2 Cf. Ingeborg Reichle, *The Art of Making Science*, in: Herwig Turk, Paulo Pereira (ed.), *blindspot*, Virose, [n. s.], 2007, p 18.

3 See Robert Smithson, *A Provisional Theory of Non-Sites* (1968), in: Jack Flam (ed.), *Robert Smithson: The Collected Writings*, Berkeley/Los Angeles/London 1996.

4 Cf. exhibition *Linescape*, Georg Kargl Fine Arts, Vienna, 13 May – 30 July 2016; also press release by Fiona Liewehr.

5 Cf. Pereira, *referenceless photography*, p 6 ff., and Ingeborg Reichle, *Taube Bilder und sehende Hände. Strategien visueller Transgression im Werk von Herwig Turk*, in: Ingeborg Reichle, Steffen Siegel (ed.), *Maßlose Bilder. Visuelle Ästhetik der Transgression*, Fink, Munich 2009, p 169 ff.

6 Cf. Paulo Pereira, *uncertainty*, in: Herwig Turk, Paulo Pereira (ed.), *blindspot*, 2007, p 30, and Reichle, *Taube Bilder und sehende Hände*, p 177 ff.

7 Cf. repr. Martin Davies, *Knowledge – Explicit, implicit and tacit: Philosophical aspects*, in: James D. Wright (ed.), *International Encyclopedia of the Social & Behavioral Sciences*, Second Edition, Oxford 2015.

8 Cf. Reichle, *Taube Bilder und sehende Hände*, p 183 ff.

9 Cf. http://herwigturk.net/de/#text

Christian Höller is editor and co-publisher of the magazine *springerin – Hefte für Gegenwartskunst*; since 1994 extensive publications in art and culture theory; 2002–2007 guest professor at the École supérieure des beaux-arts in Geneva. Curator of the film show *Pop Unlimited?* (2000) and *No Wave New York 1976–84* at the International Short Film Festival Oberhausen 2010; co-curator of the exhibition *Hauntings – Ghost Box Media* (Medienturm Graz) within the programme of the *steirischer herbst* festival in 2011. Curator of film series *Scan Scroll Surf – Digitale Filmästhetiken heute* (mumok – Museum moderner Kunst Stiftung Ludwig Vienna, 2014). Author of the collection of interviews *Time Action Vision: Conversations in Cultural Studies, Theory, and Activism* (2010); editor of the anthology *Pop Unlimited?* (2001), *Techno-Visionen* (2005), the *Hans Weigand* (2005) catalogue and the anthology *L'Internationale: Post-War Avant-Gardes Between 1957 and 1986* (2012).

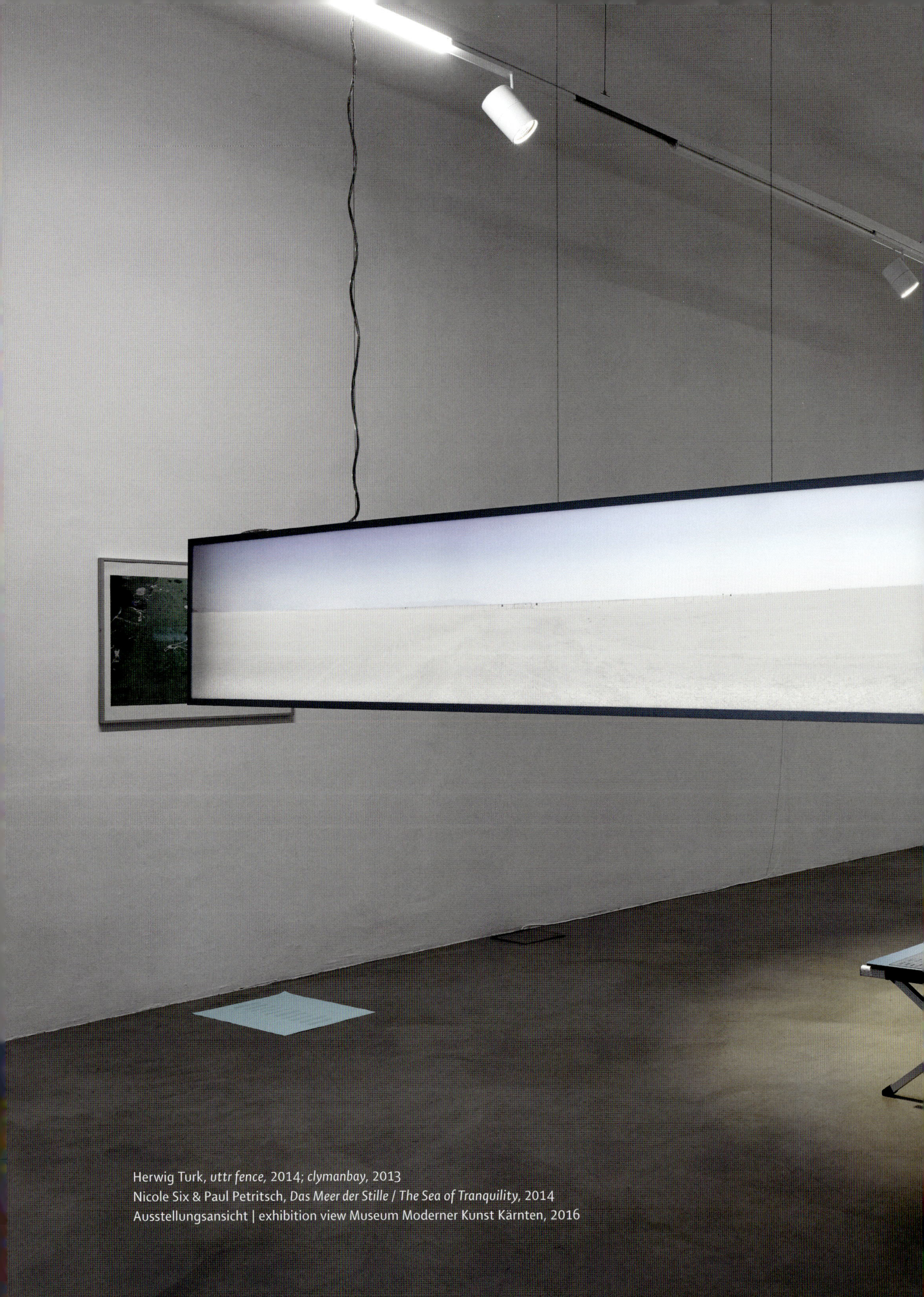

Herwig Turk, *uttr fence*, 2014; *clymanbay*, 2013
Nicole Six & Paul Petritsch, *Das Meer der Stille / The Sea of Tranquility*, 2014
Ausstellungsansicht | exhibition view Museum Moderner Kunst Kärnten, 2016

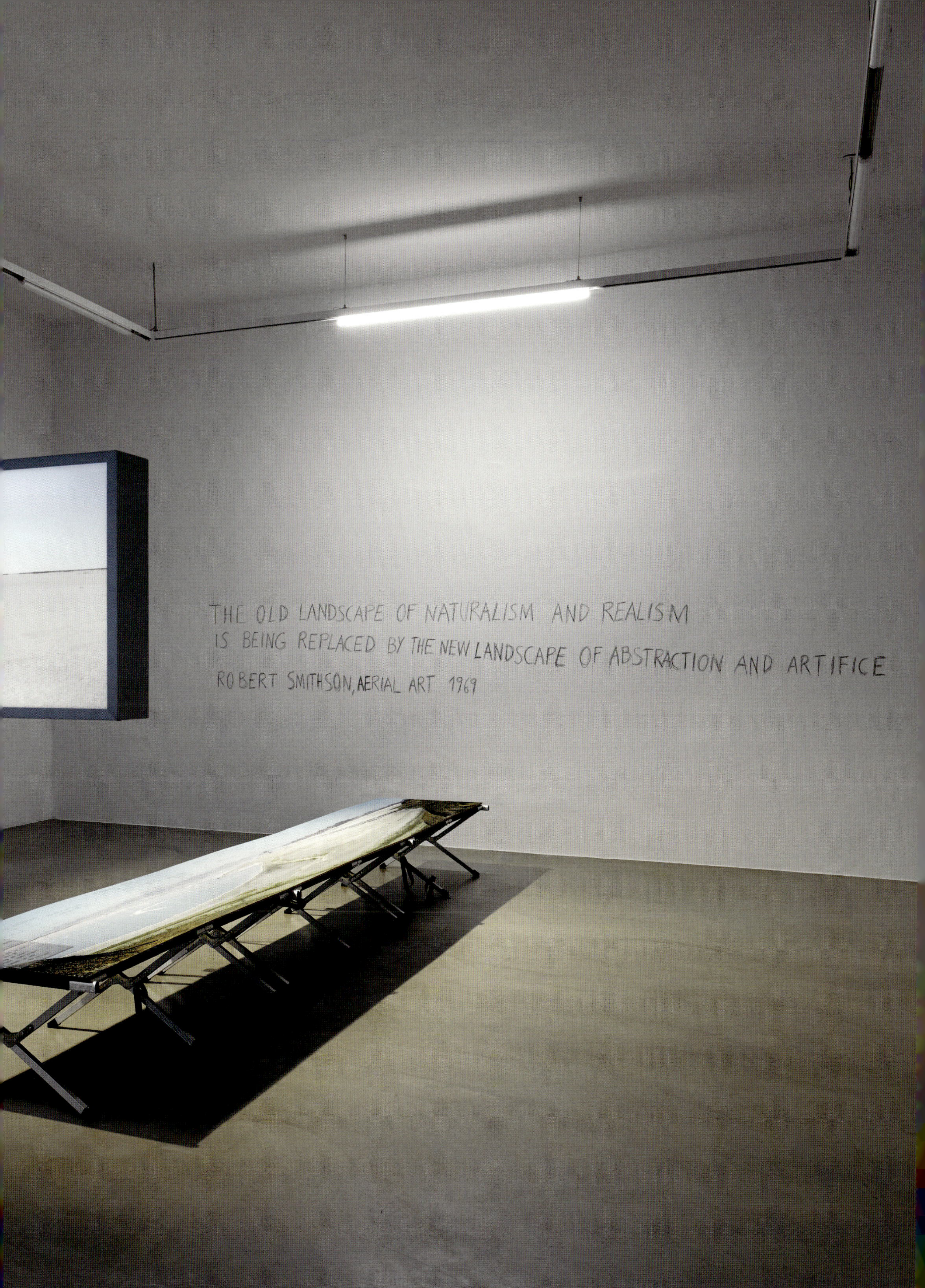

THE OLD LANDSCAPE OF NATURALISM AND REALISM
IS BEING REPLACED BY THE NEW LANDSCAPE OF ABSTRACTION AND ARTIFICE
ROBERT SMITHSON, AERIAL ART 1969

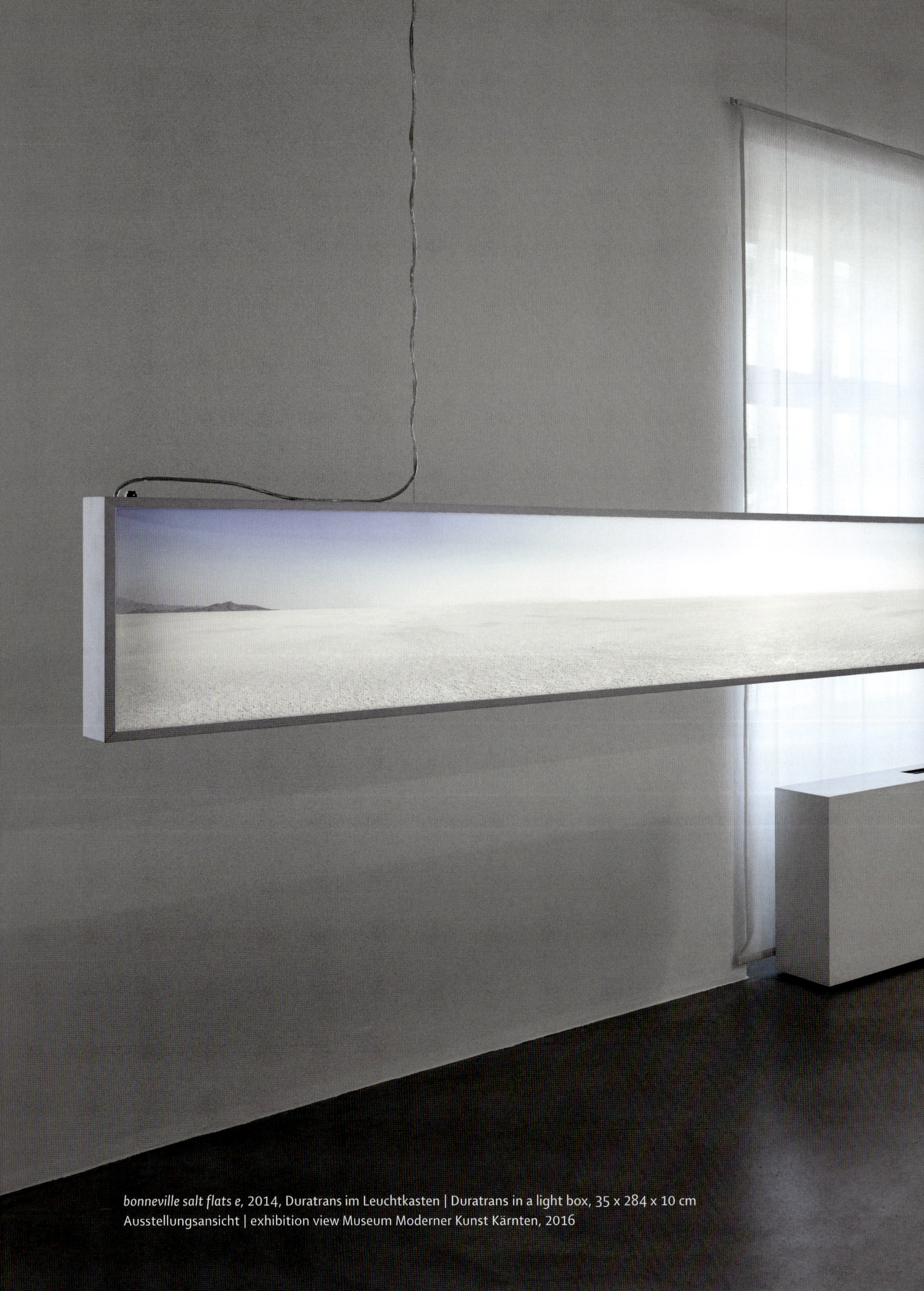

bonneville salt flats e, 2014, Duratrans im Leuchtkasten | Duratrans in a light box, 35 x 284 x 10 cm
Ausstellungsansicht | exhibition view Museum Moderner Kunst Kärnten, 2016

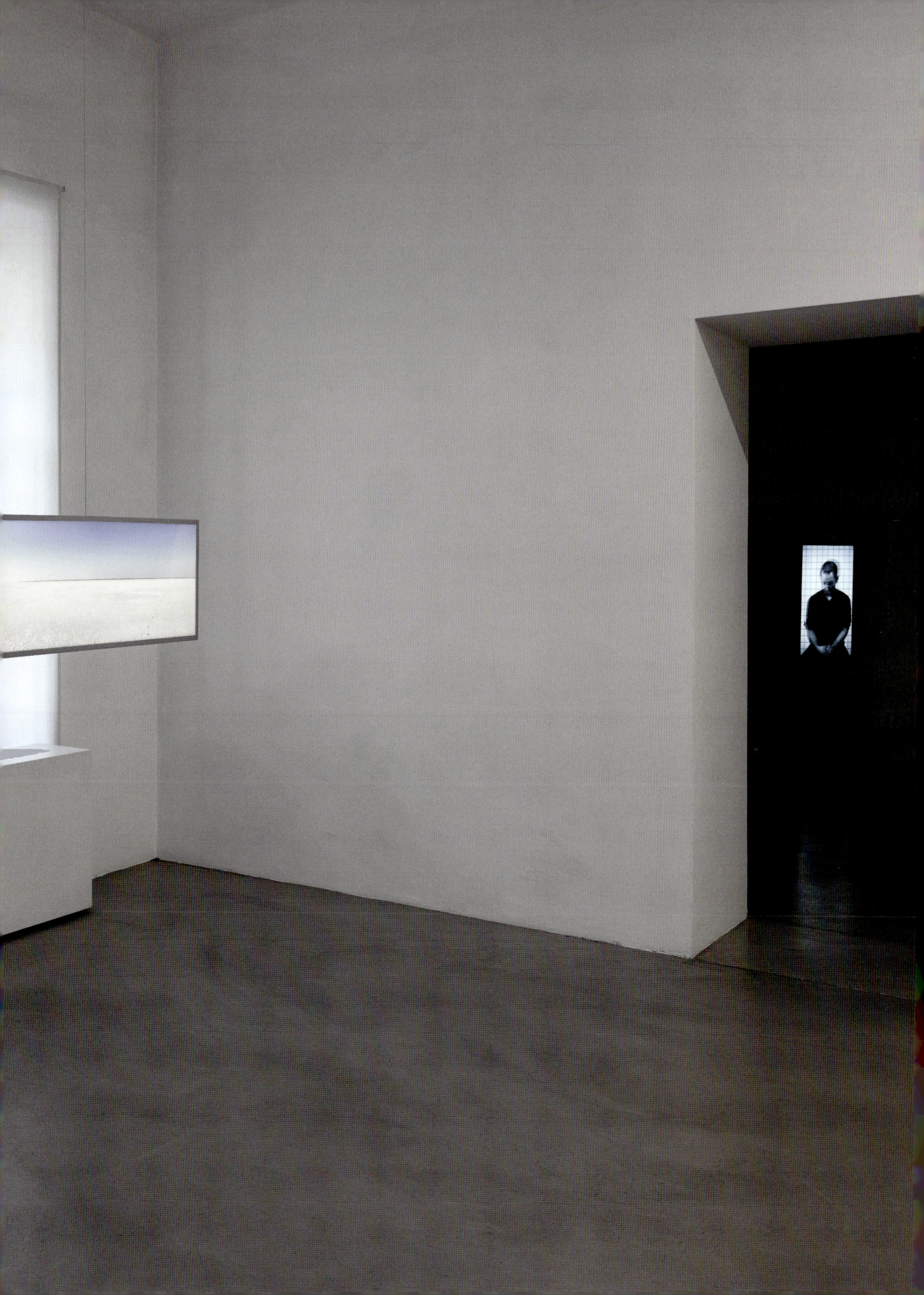

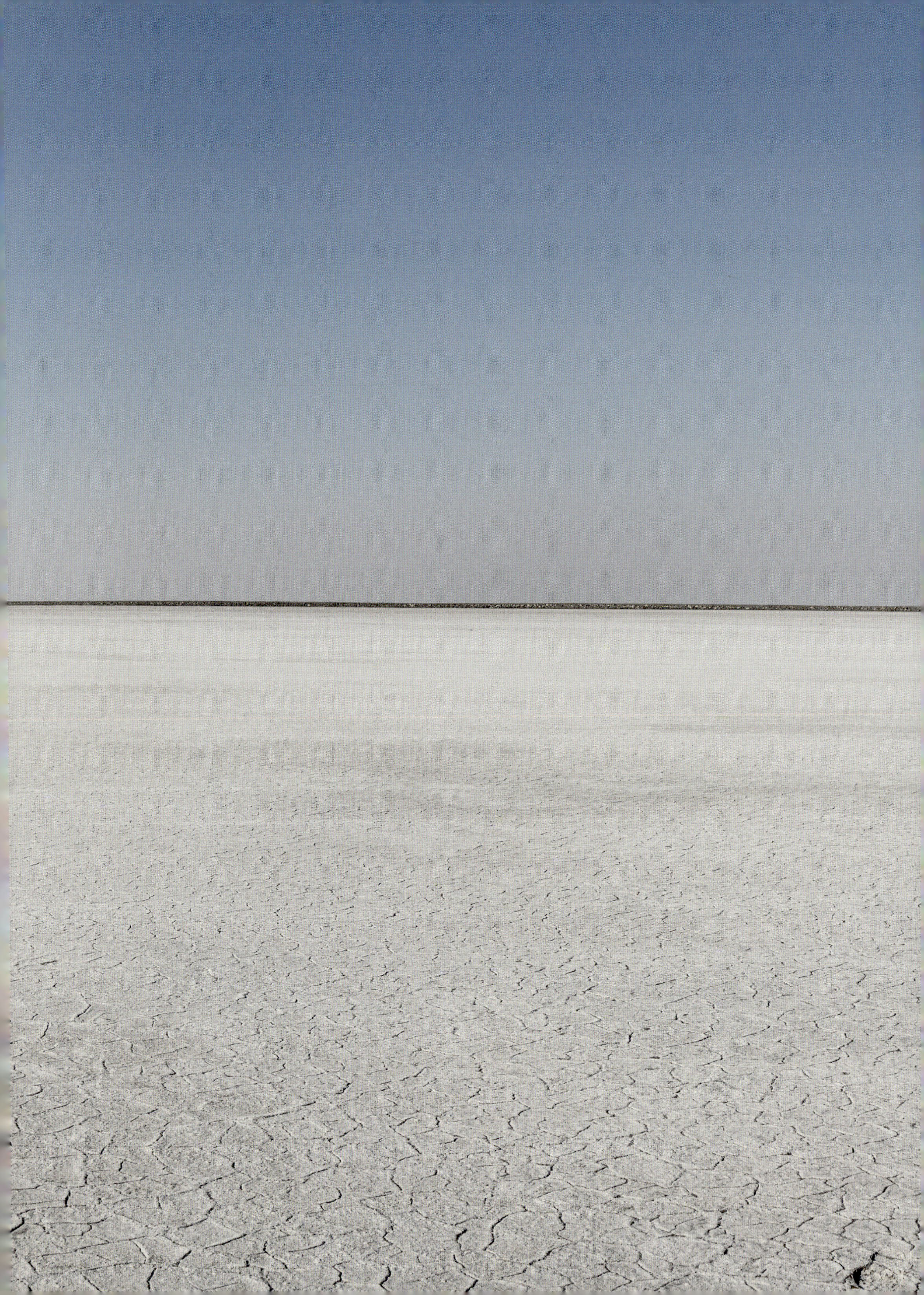

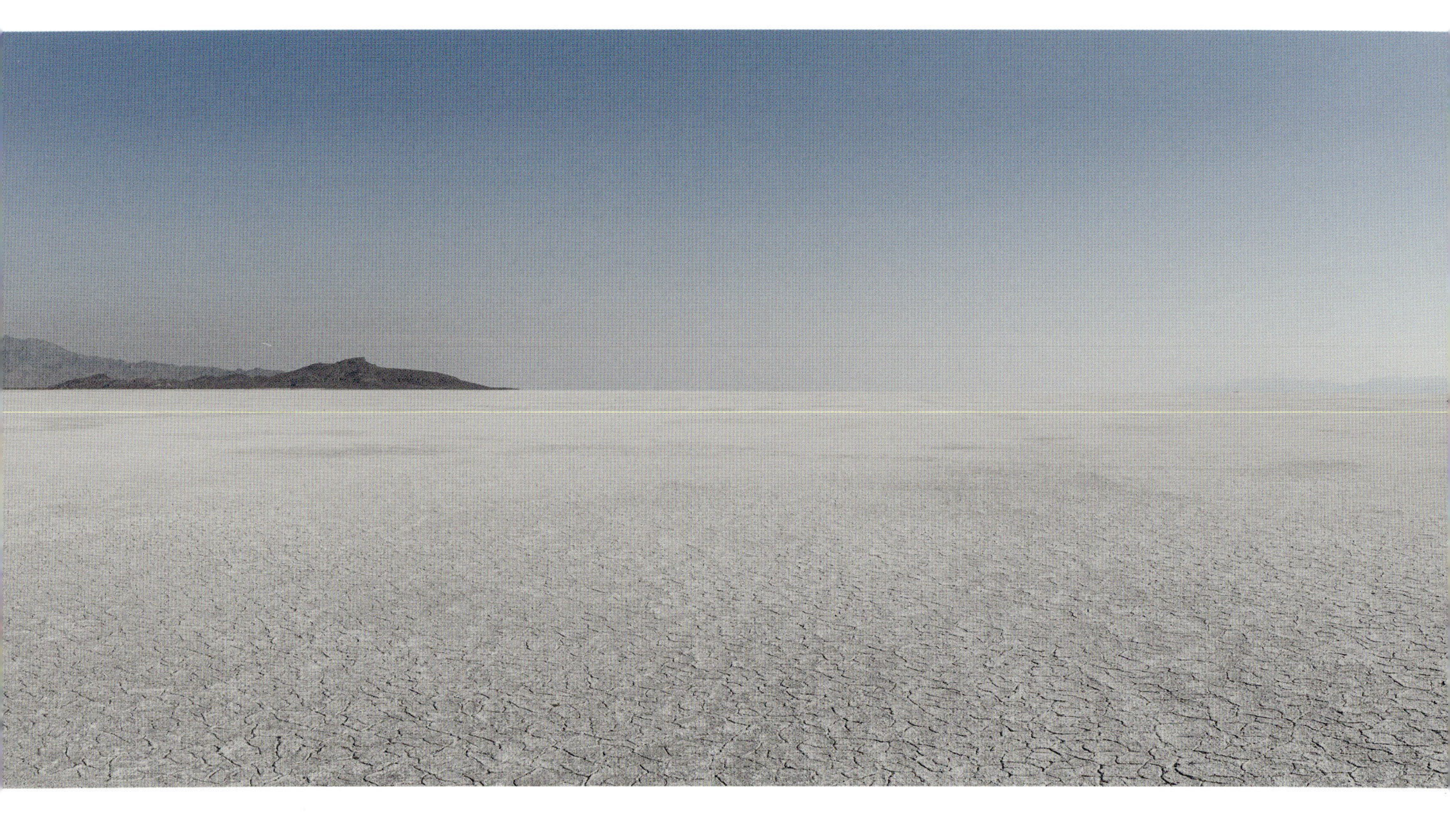

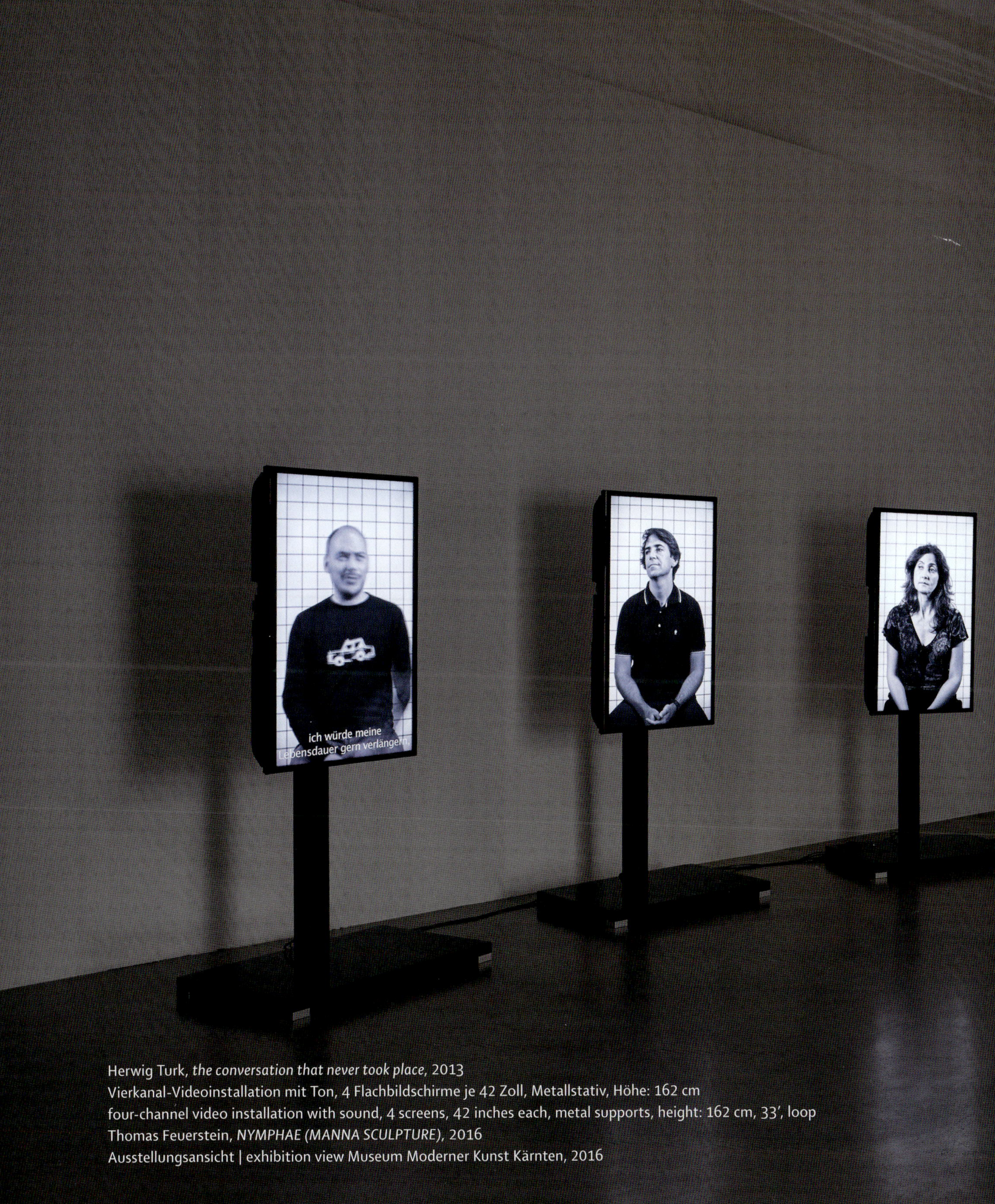

Herwig Turk, *the conversation that never took place*, 2013
Vierkanal-Videoinstallation mit Ton, 4 Flachbildschirme je 42 Zoll, Metallstativ, Höhe: 162 cm
four-channel video installation with sound, 4 screens, 42 inches each, metal supports, height: 162 cm, 33', loop
Thomas Feuerstein, *NYMPHAE (MANNA SCULPTURE)*, 2016
Ausstellungsansicht | exhibition view Museum Moderner Kunst Kärnten, 2016

bonneville salt flats e, 2014, Duratrans im Leuchtkasten | Duratrans in a light box, 35 x 284 x 10 cm
Seite | page 72: Detail

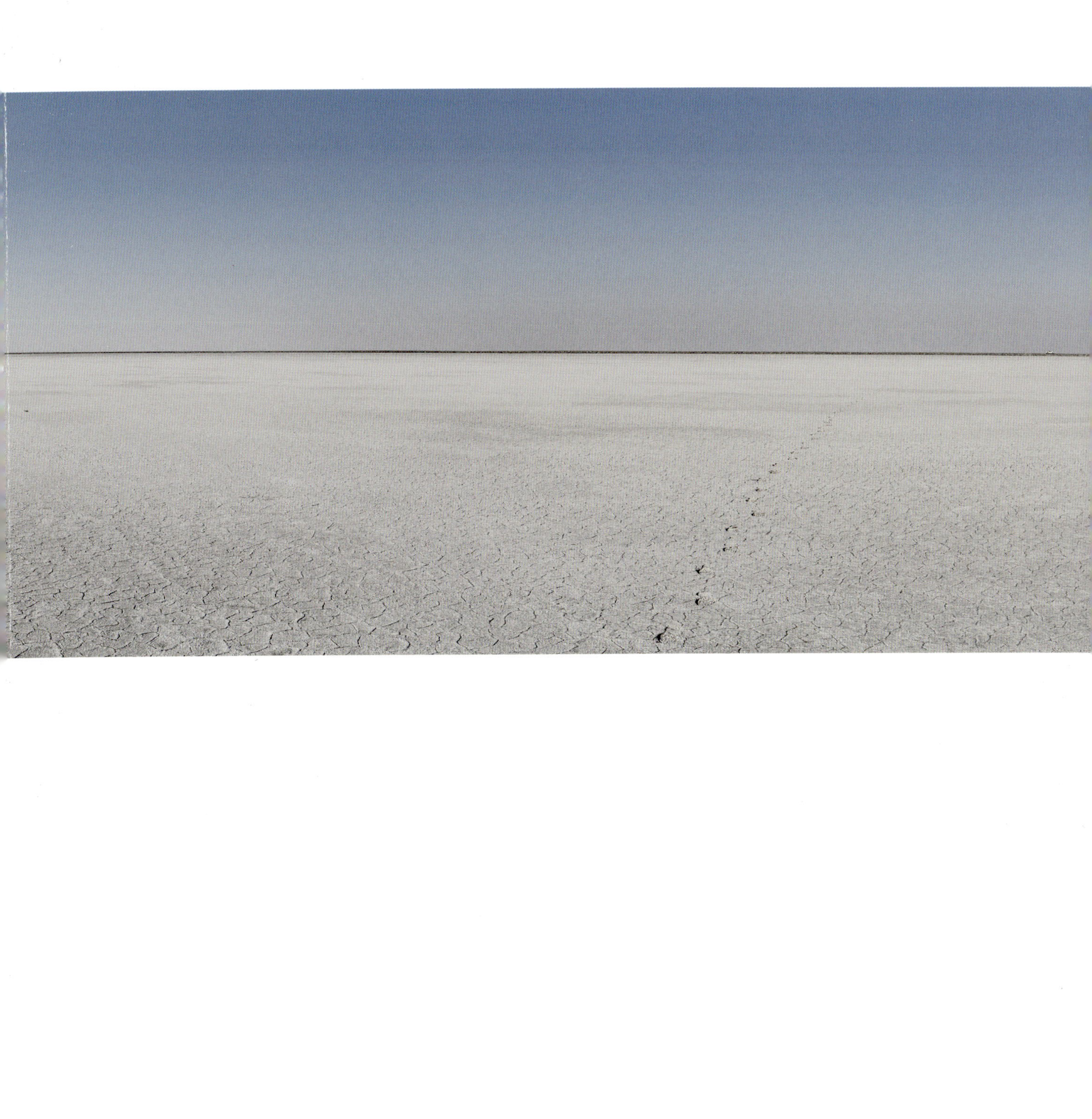

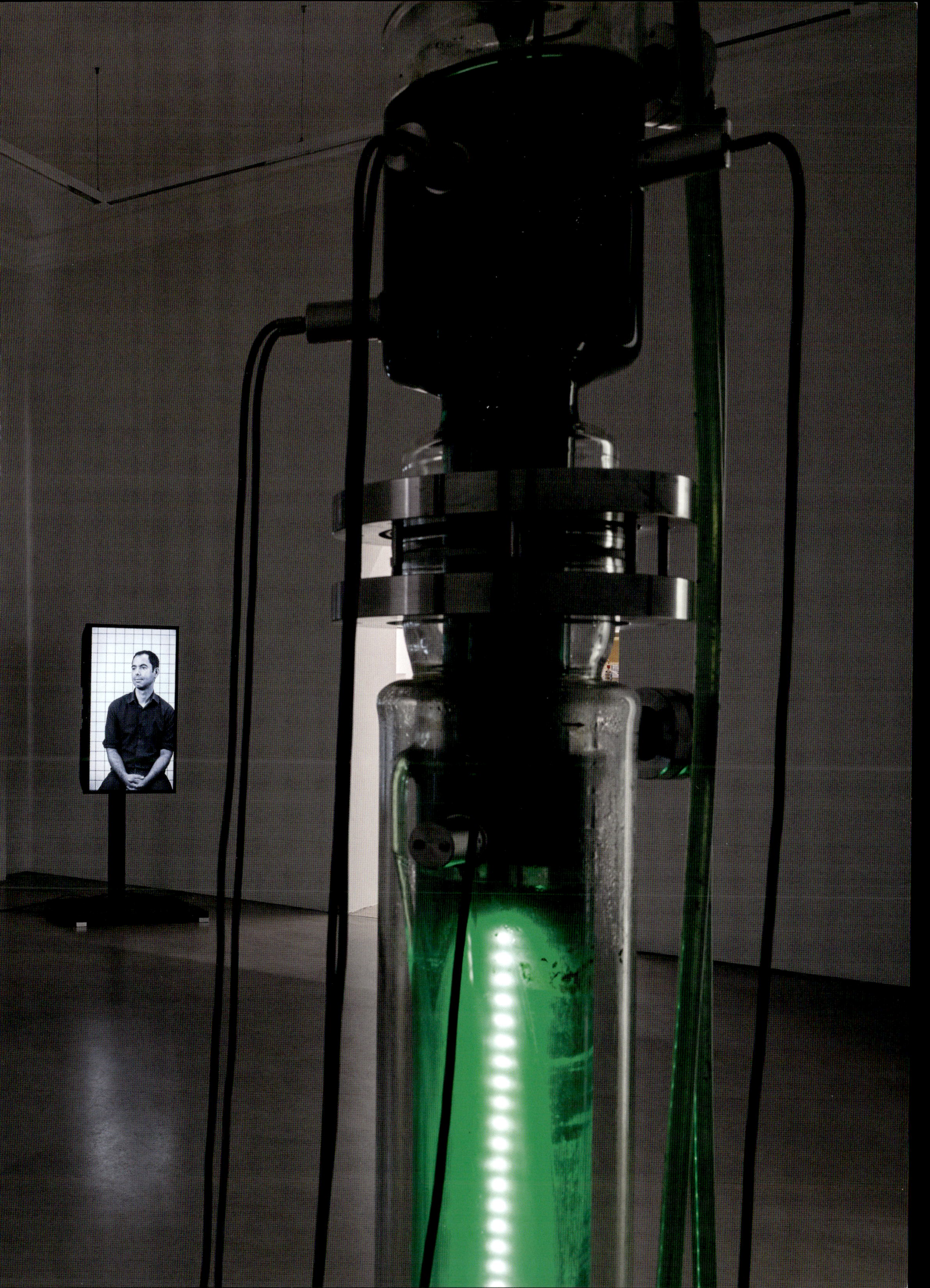

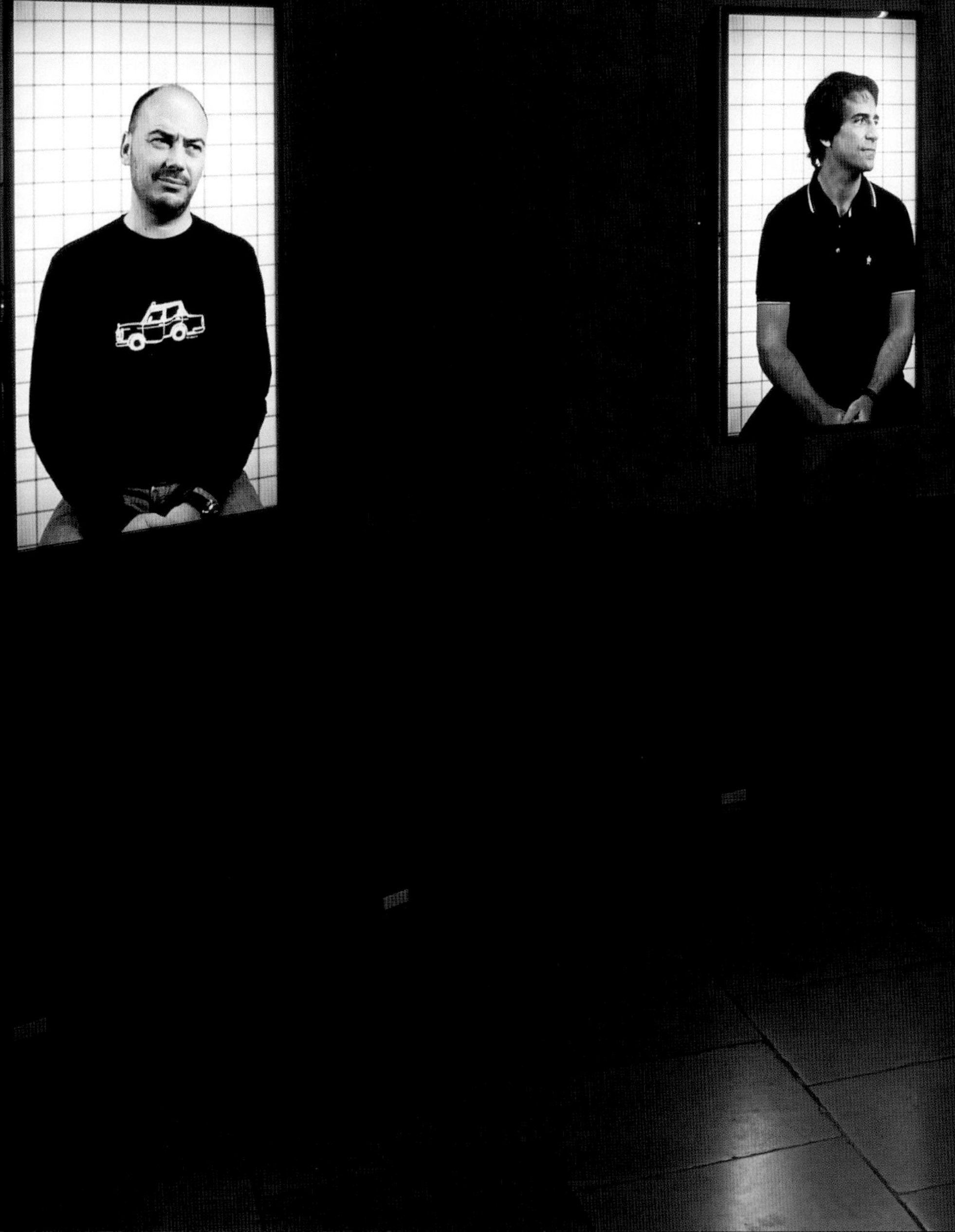

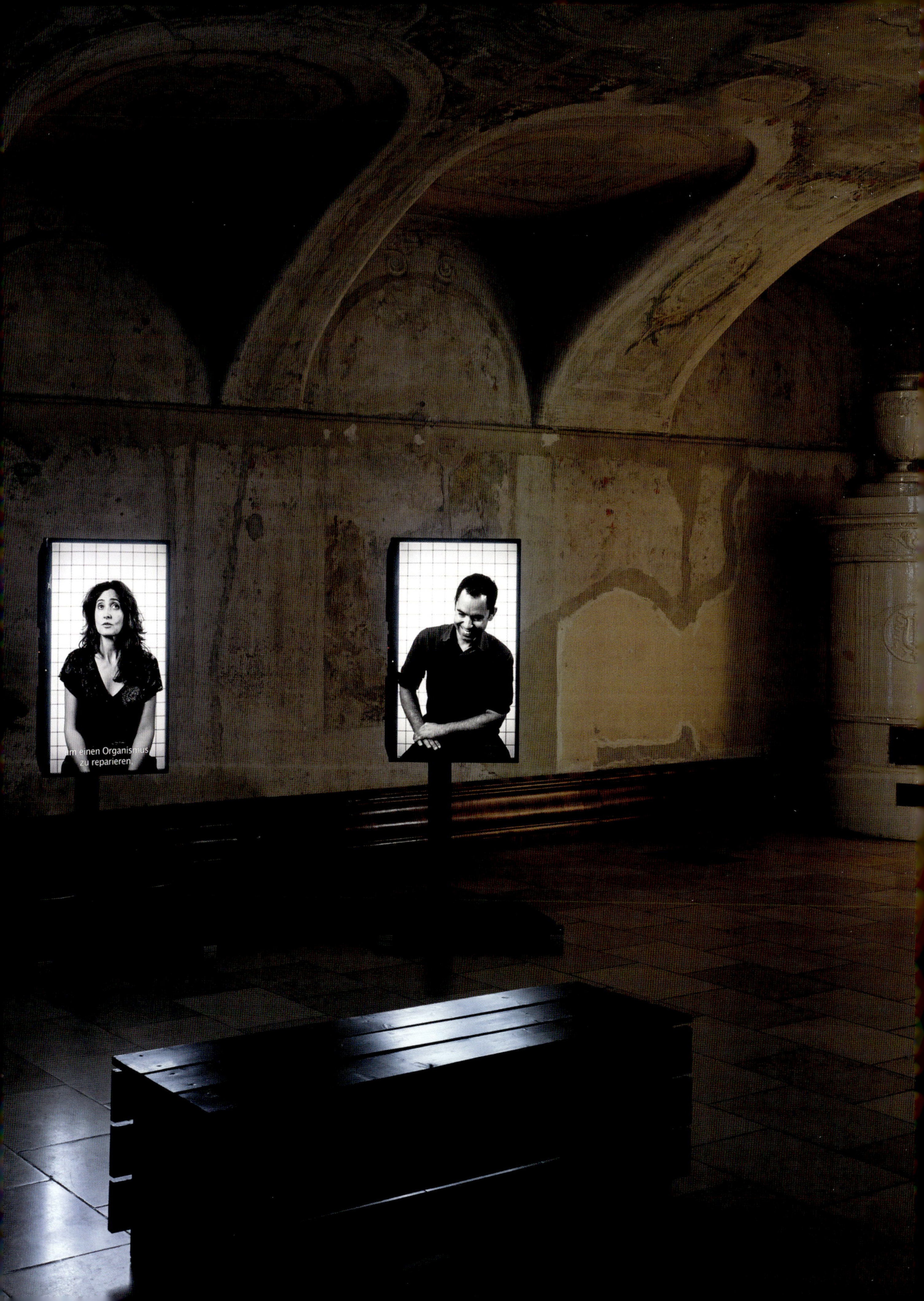
im einen Organismus
zu reparieren,

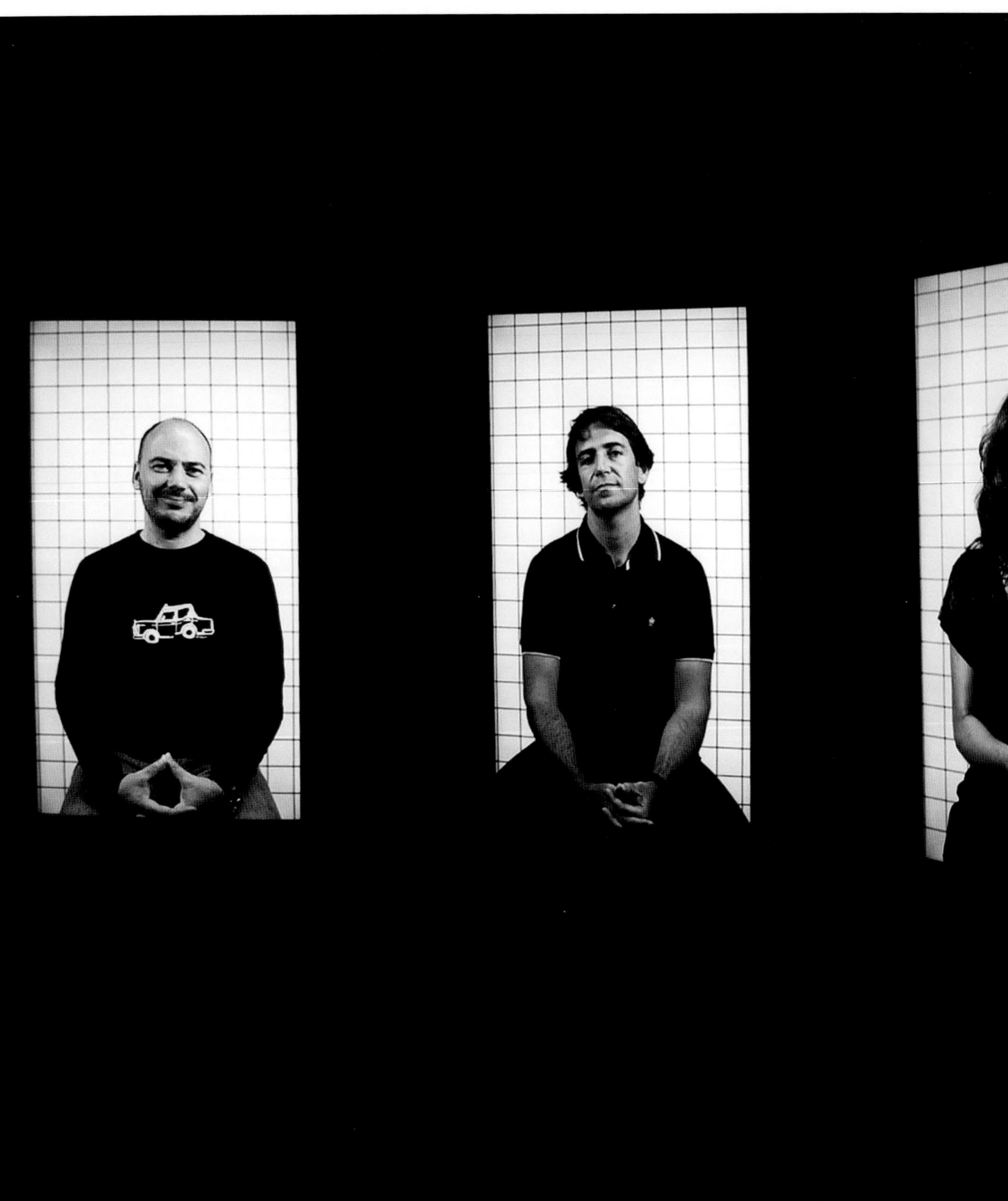

Seite | page 74–75:
Ausstellungsansicht | exhibition view Heiligenkreuzerhof, Wien, 2014

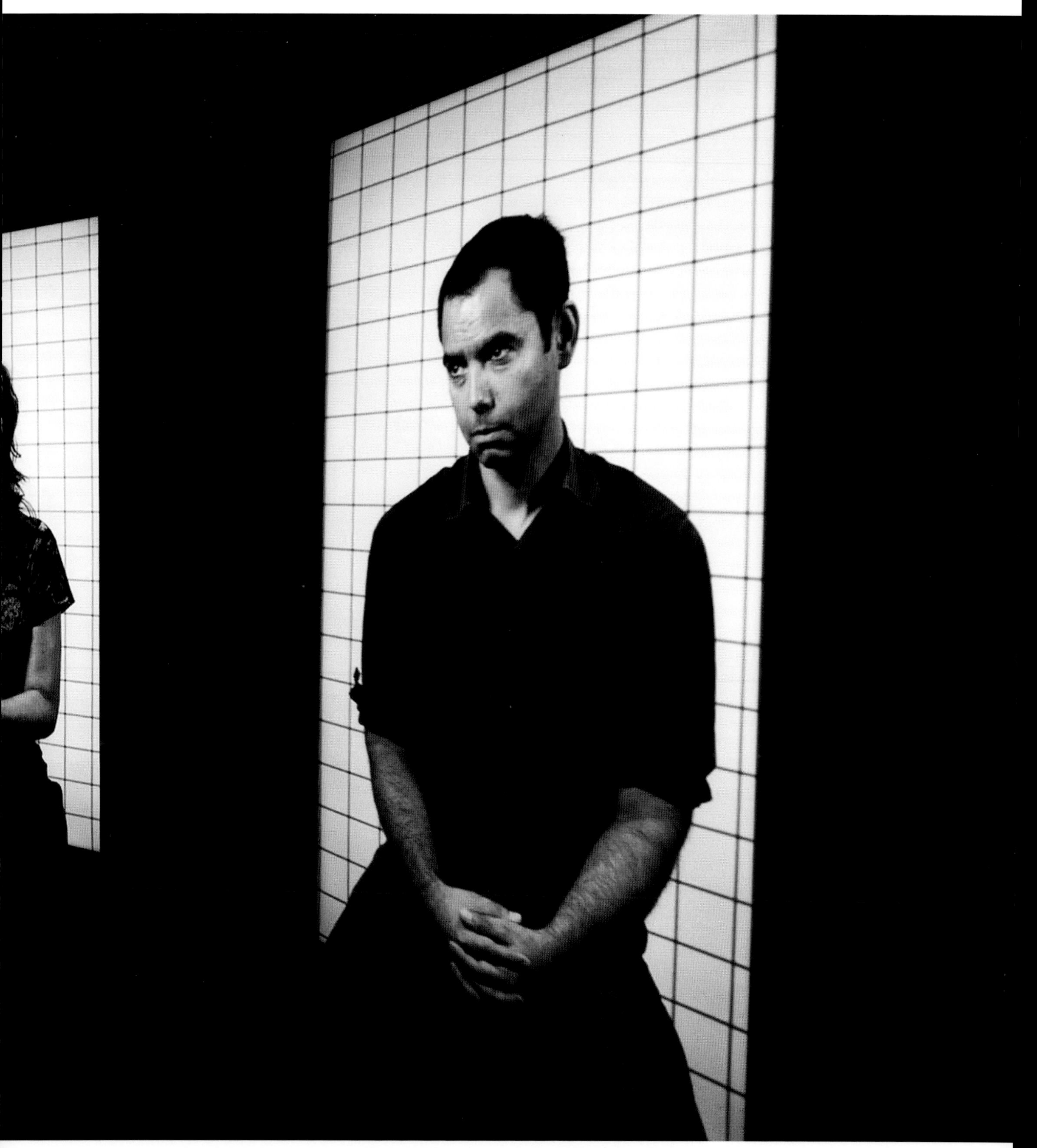

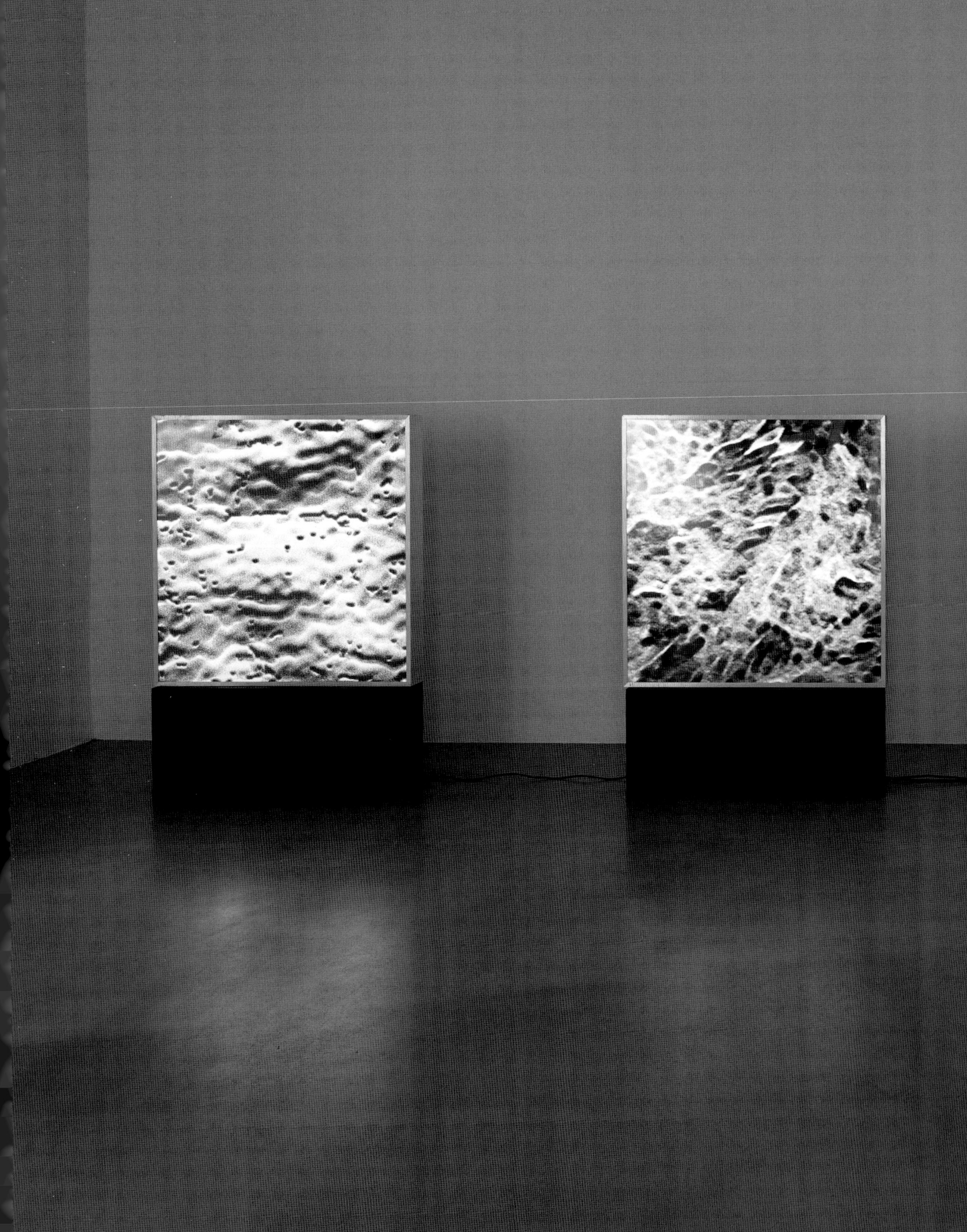

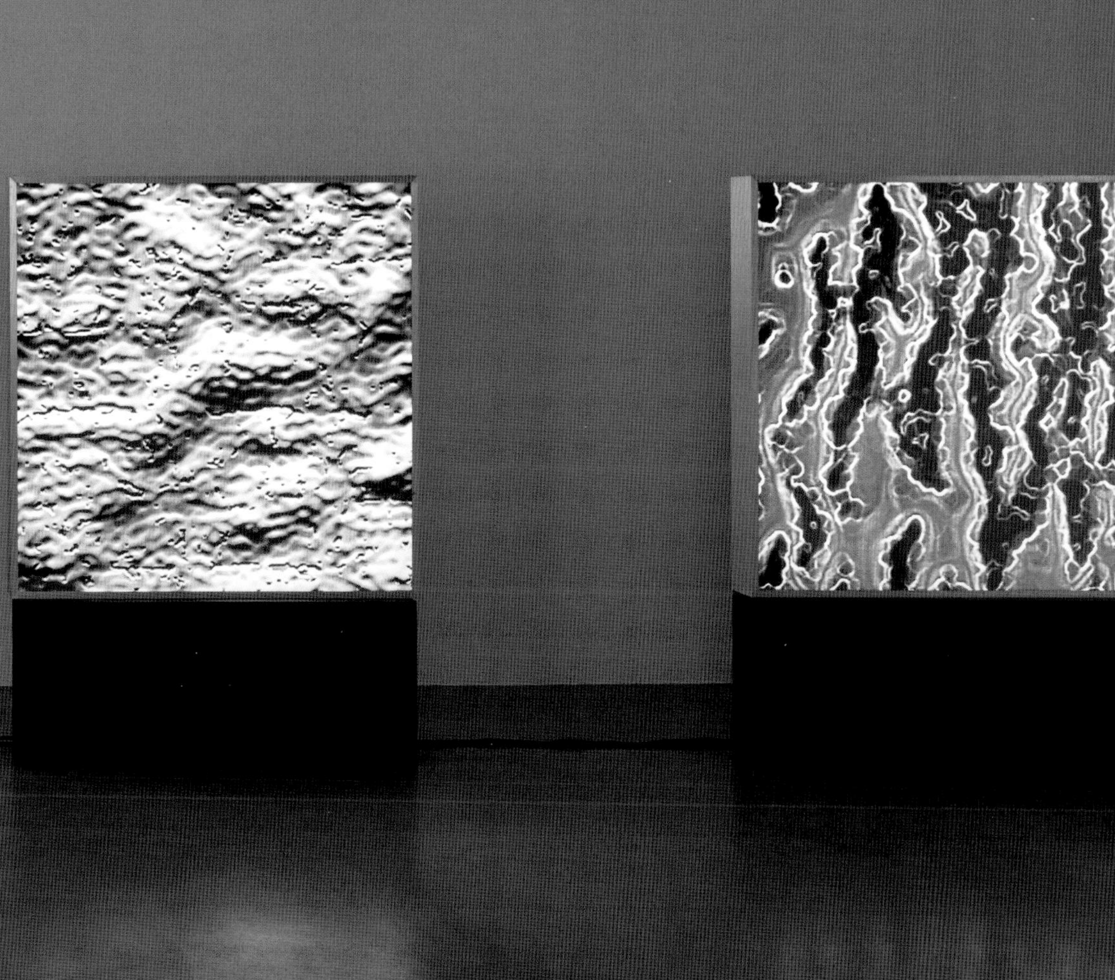

Herwig Turk mit | with Paulo Pereira, *referenceless photography*, 1998–2003
4 Duratrans in Leuchtkästen | 4 Duratrans in light boxes, je | each 100 x 100 x 15 cm, Wandtext | text on the wall

Seite | page 78/79, 81:
Ausstellungsansicht | exhibition view Museum Moderner Kunst Kärnten, 2016

referenceless

Ein Projekt von Herwig Turk in Zusammenarbeit mit Paulo Pereira.
1998 –2003

Das Ausgangsmaterial der Serie sind Bilder, die im Programm „Adobe Photoshop"
ausschließlich aus algorithmischen Filtern generiert wurden. Die Filter wurden auf eine
leere Bildfläche angewandt. Die daraus resultierenden Bilddateien wurden gemeinsam
mit Paolo Pereira, einem Molekularbiologen am Institut IBILI im portugiesischen Coimbra, an sechs BiologInnen und ExpertInnen für Elektronenmikroskopie weltweit ver-
sandt. Die ExpertInnen bekamen die Aufgabe, zu beschreiben, was auf den Bildern zu
sehen ist.

Einige Bildmerkmale wurden von fast allen ähnlich beschrieben. Dies bestätigt die
Geschlossenheit und Konsistenz jener Kommunikationskodes, die für die Naturwissenschaften so typisch sind. Alle Biologinnen und Biologen stimmten zum Beispiel darin
überein, dass die Bilder Mikrofotografien biologischer Gewebe oder mikroskopisch
vergrößerte Zellen seien.

Herwig Turk und Paulo Pereira sehen in den sechs Interpretationen einen Beleg für die
allgemeine Spannung zwischen konstruktiver und deskriptiver Wahrnehmung.

Beispiele aus den Bildbeschreibungen der internationalen Forscher
Bild: "referenceless 002_98"

Das Bild zeigt eine schwammartige Struktur mit relativ starken Dichtevariationen. Die
weiße bis graue Matrix scheint durch ein Netzwerk von Röhren und (schwarzen) Aus-
buchtungen durchzogen. Matrix und Zwischenräume wirken unorganisiert.
Ralf Dahm | Max Planck Institut für Entwicklungsbiologie | Tübingen

Mittel- bis Hochenergie-SEM-Mikrographie desselben Ausschnitts wie in NADA 1 (referenceless photography 001_98) und NADA 3 (referenceless photography 003_98)
nach Postfixation mit OsO4 und Ansicht im Rückstreuungsmodus.
Deutlich ist, dass die Caveolae und die Abgrenzungen der Epithelzellen schwächere
Rückstreuungseigenschaften besitzen als die Basallamina und die darunter liegende
Zellmembran. Dies könnte darauf hinweisen, dass die Caveolae aus Phospholipiden
eines stärker gesättigten Typs bestehen und Os daher schlechter binden.
Gijs Vrensen | The Netherlands Ophthalmic Research Institute | Amsterdam

Weitere Informationen auf http://www.herwigturk.net

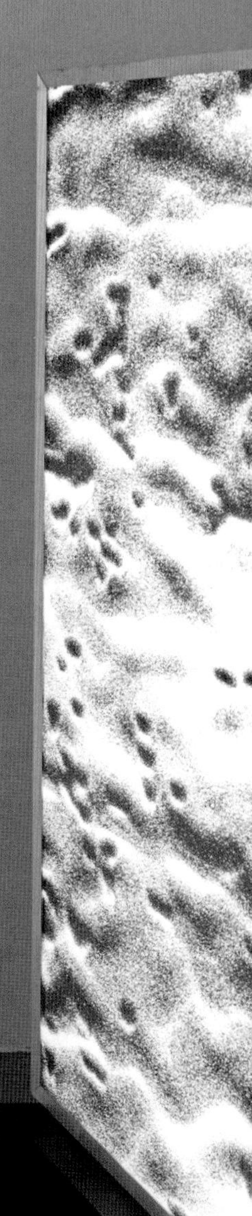

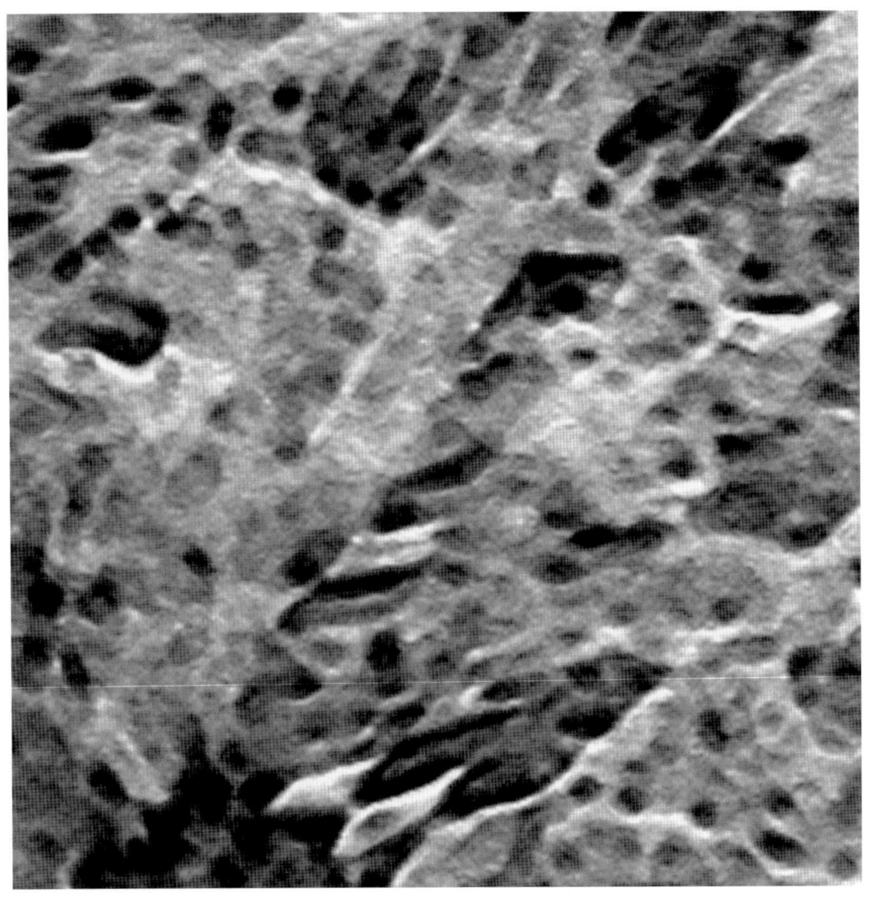

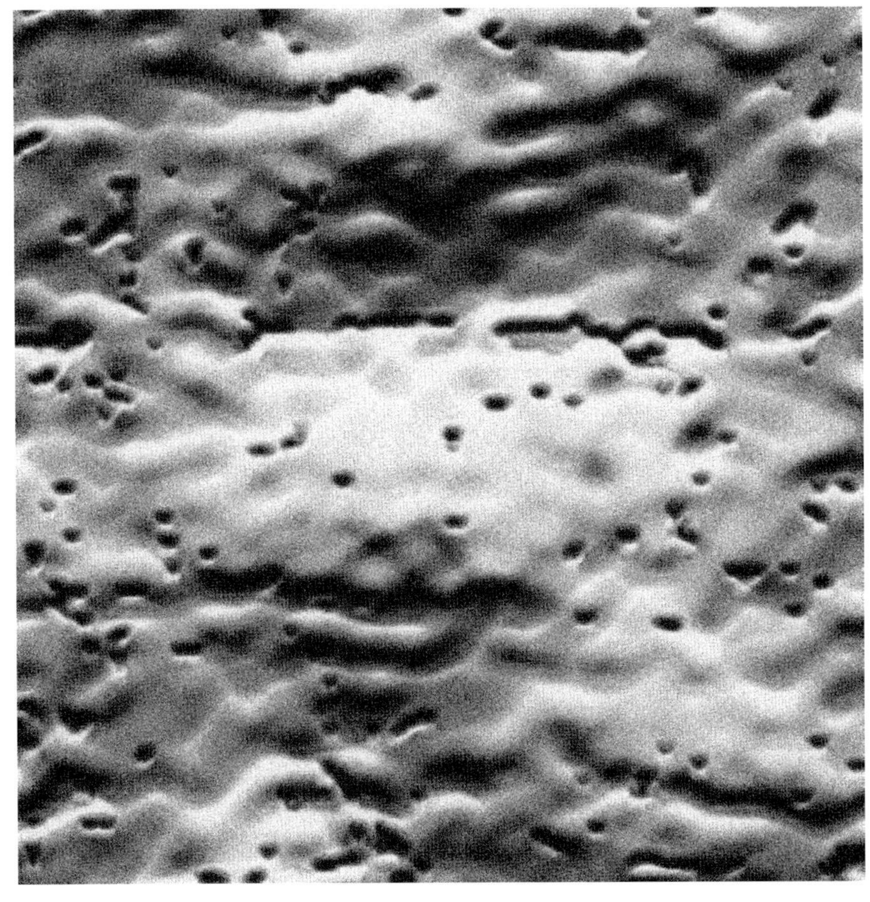

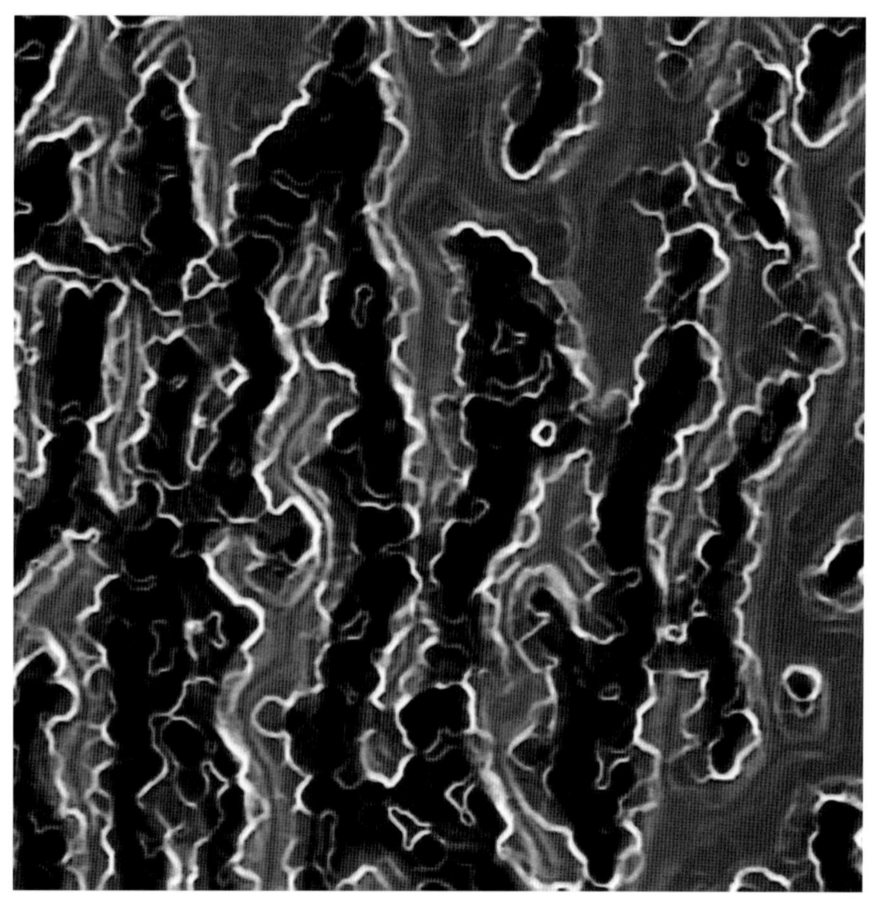

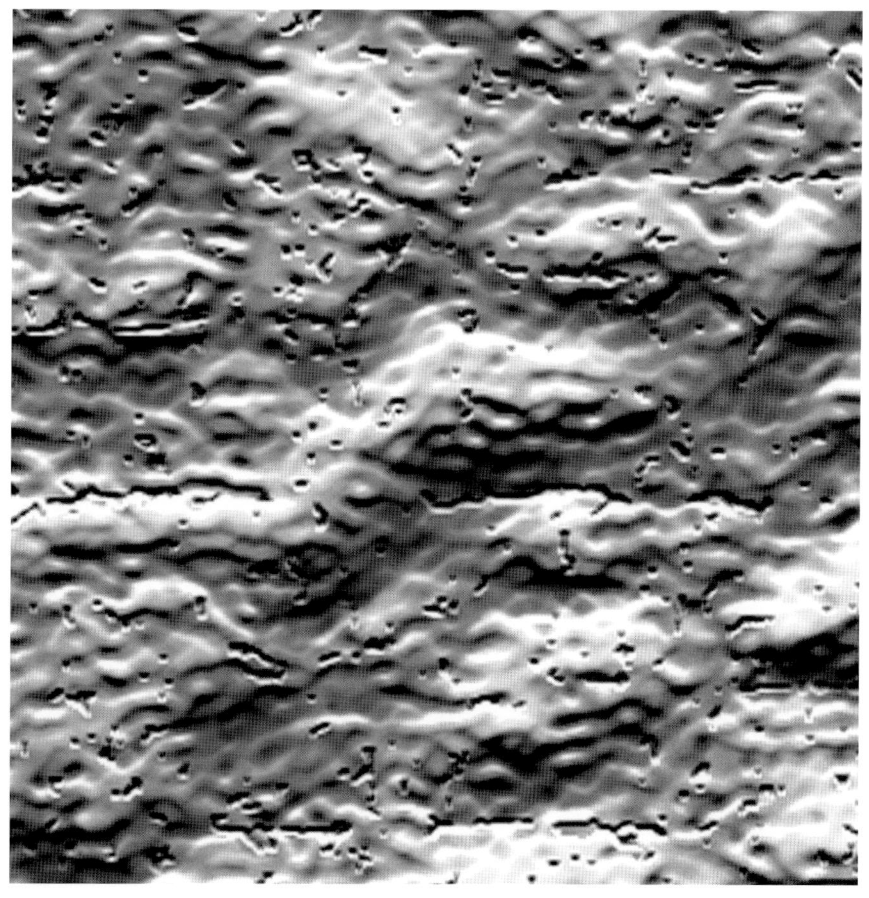

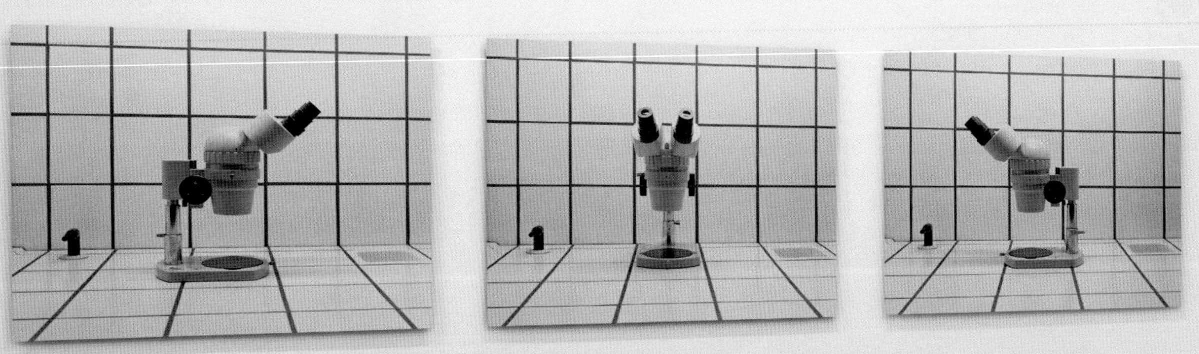

Herwig Turk mit | with Paulo Pereira, *agents*, 2007; *labscape 05*, 2011
Ausstellungsansicht | exhibition view Museum Moderner Kunst Kärnten, 2016

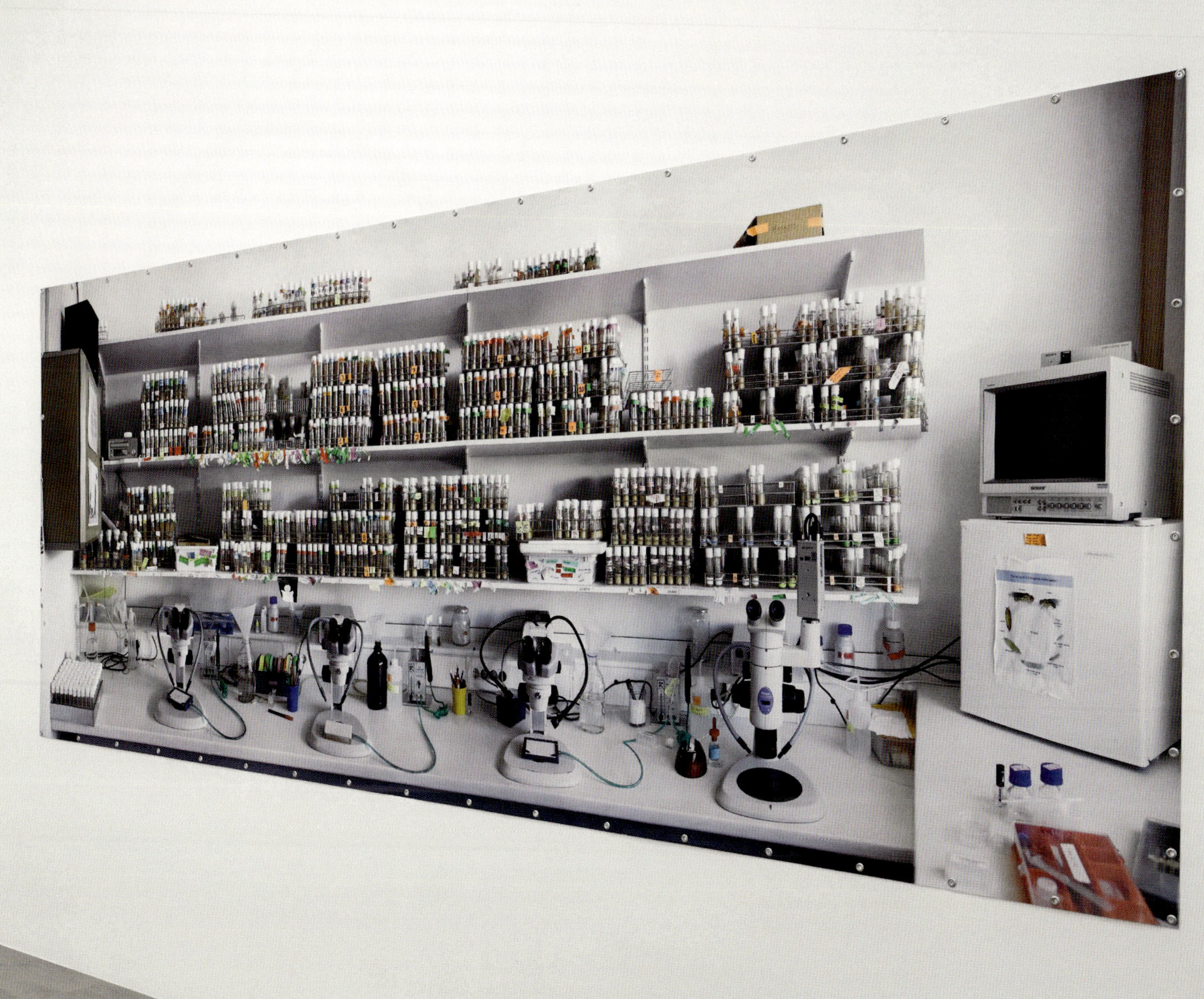

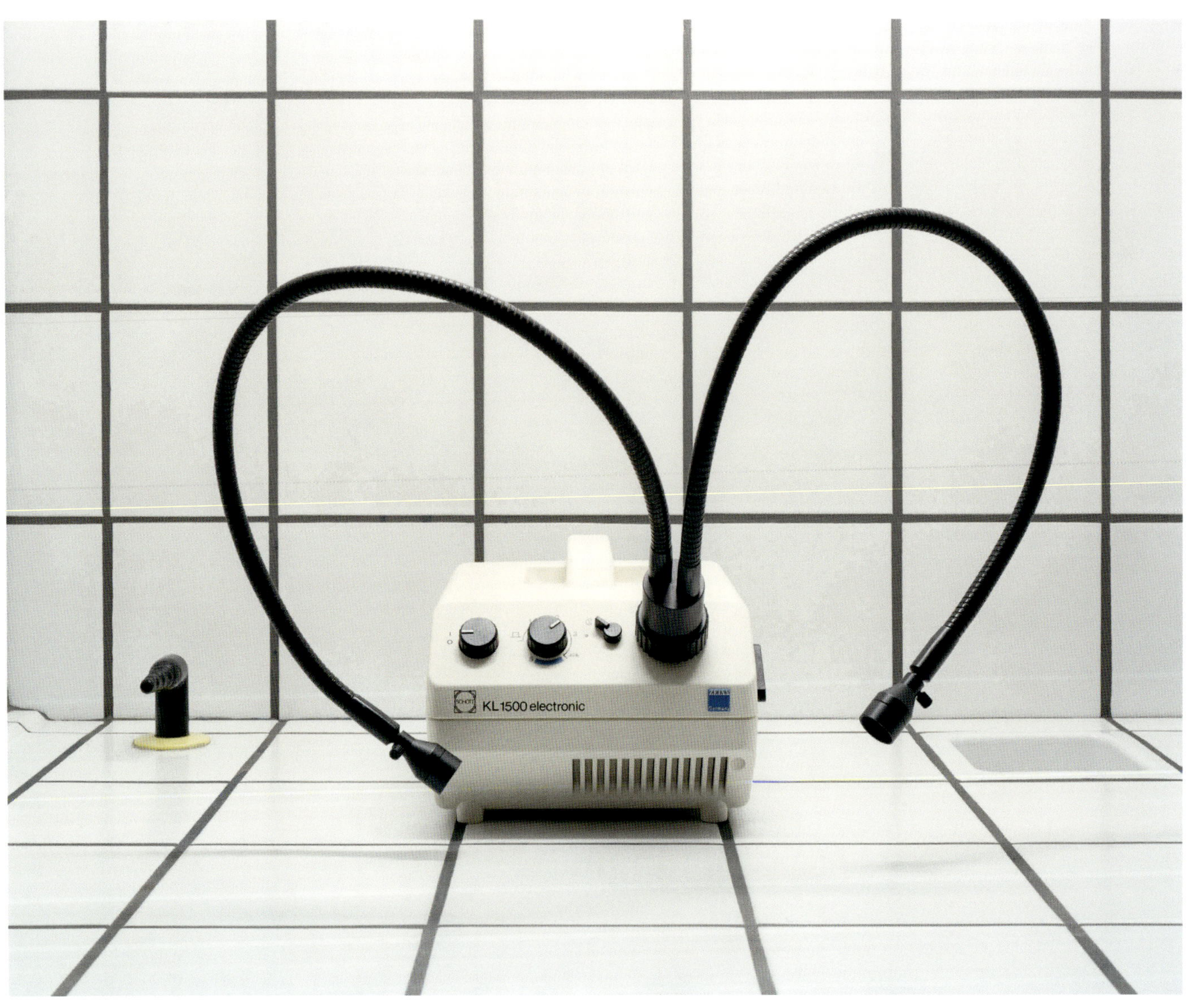

KL1500 electronic

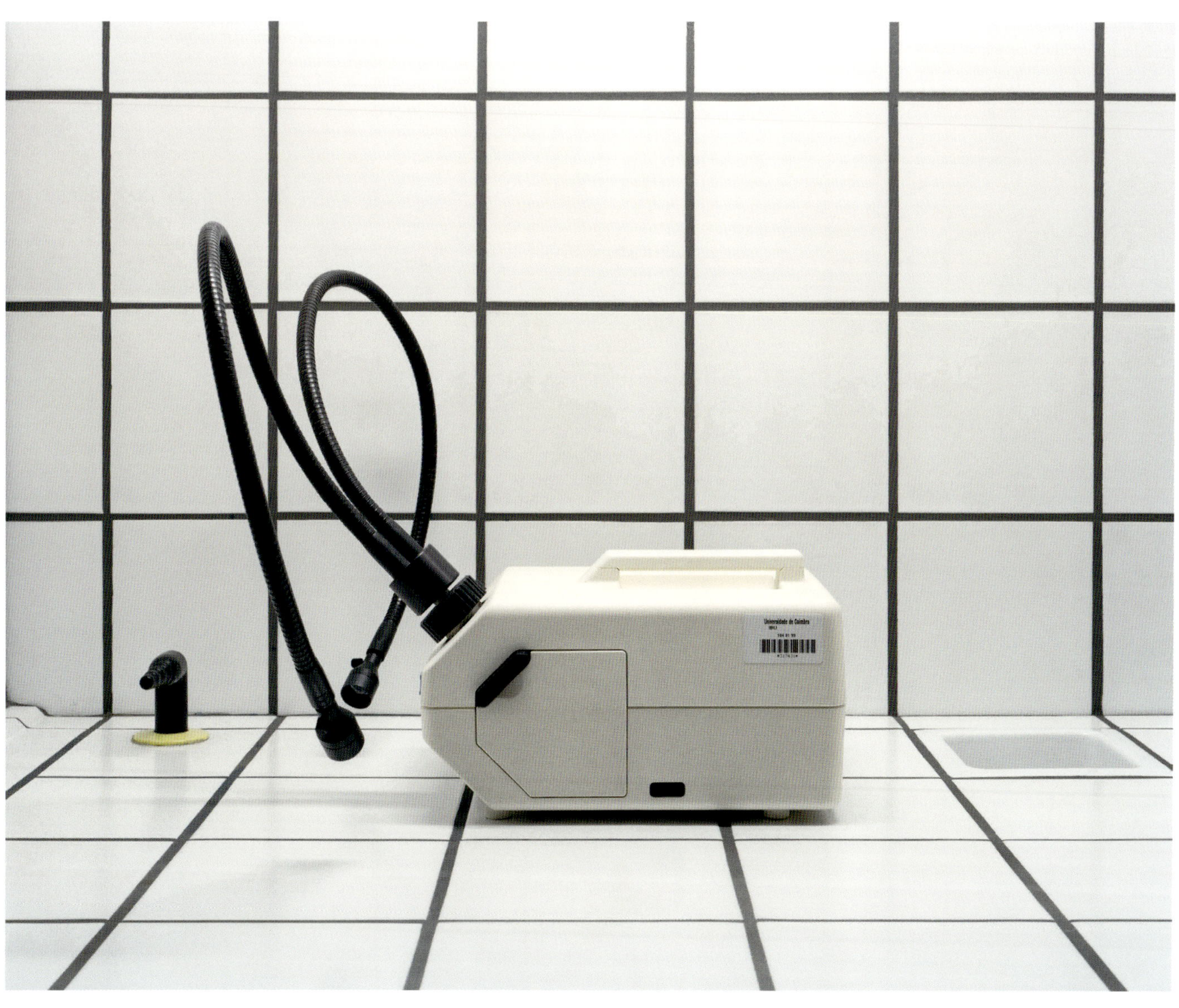

Herwig Turk mit | with Paulo Pereira, *agents,* 2007
Lambdaprint auf Alu kaschiert | Lambda print laminated on aluminium, je | each 82 x 100 cm

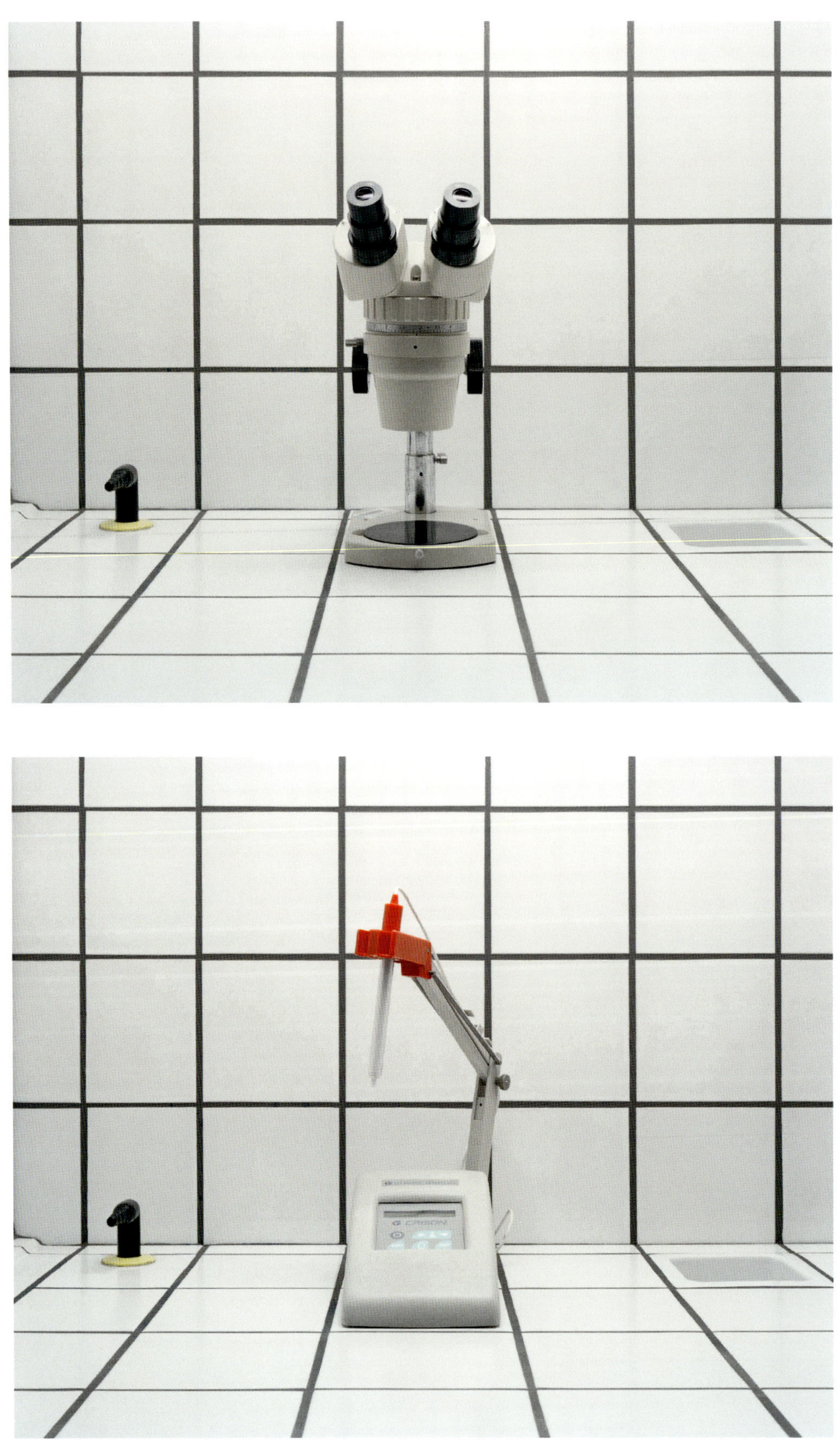

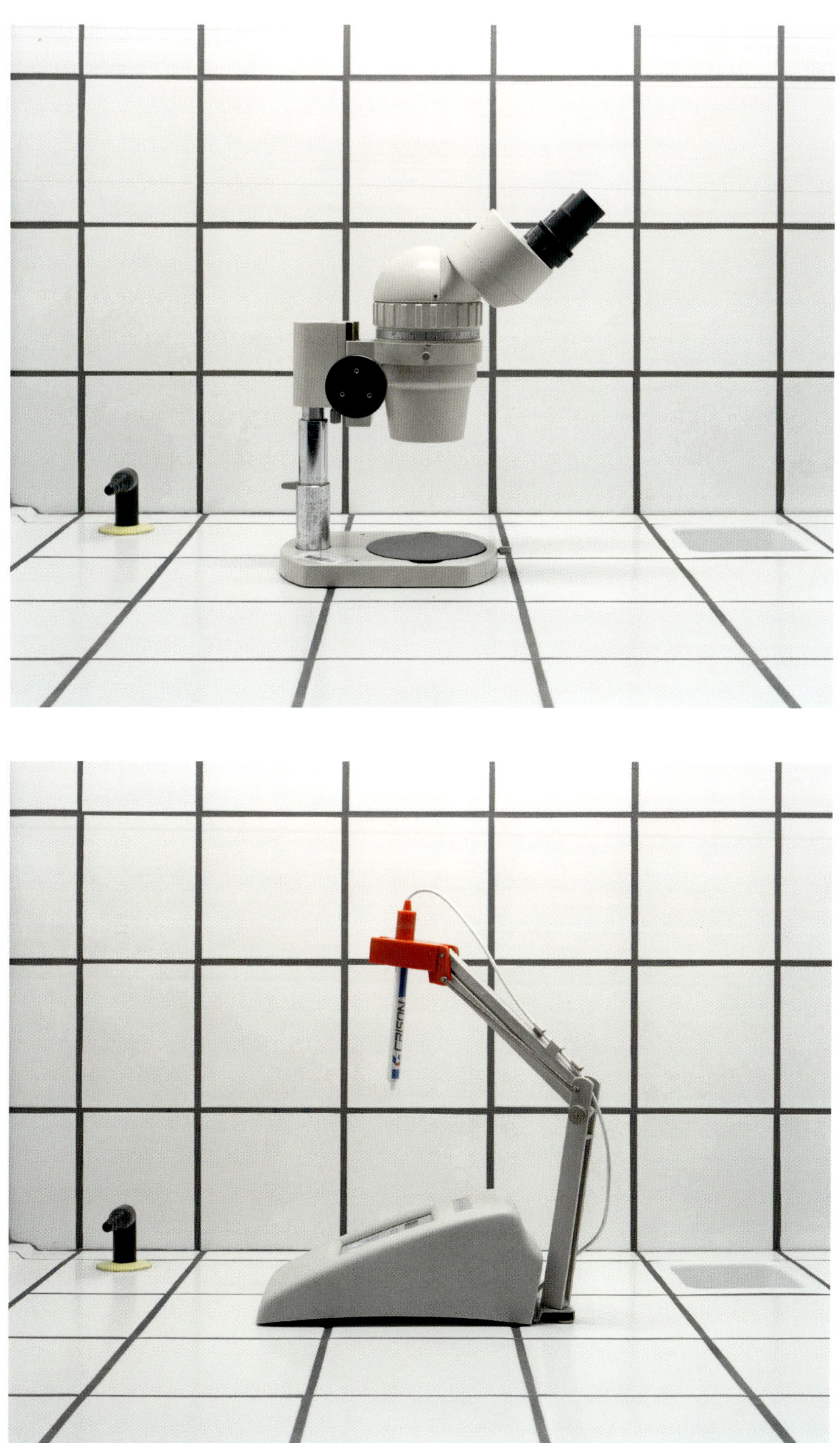

Herwig Turk mit | with Paulo Pereira, *agents,* 2007
Lambdaprint auf Alu kaschiert | Lambda print laminated on aluminium, je | each 82 x 100 cm

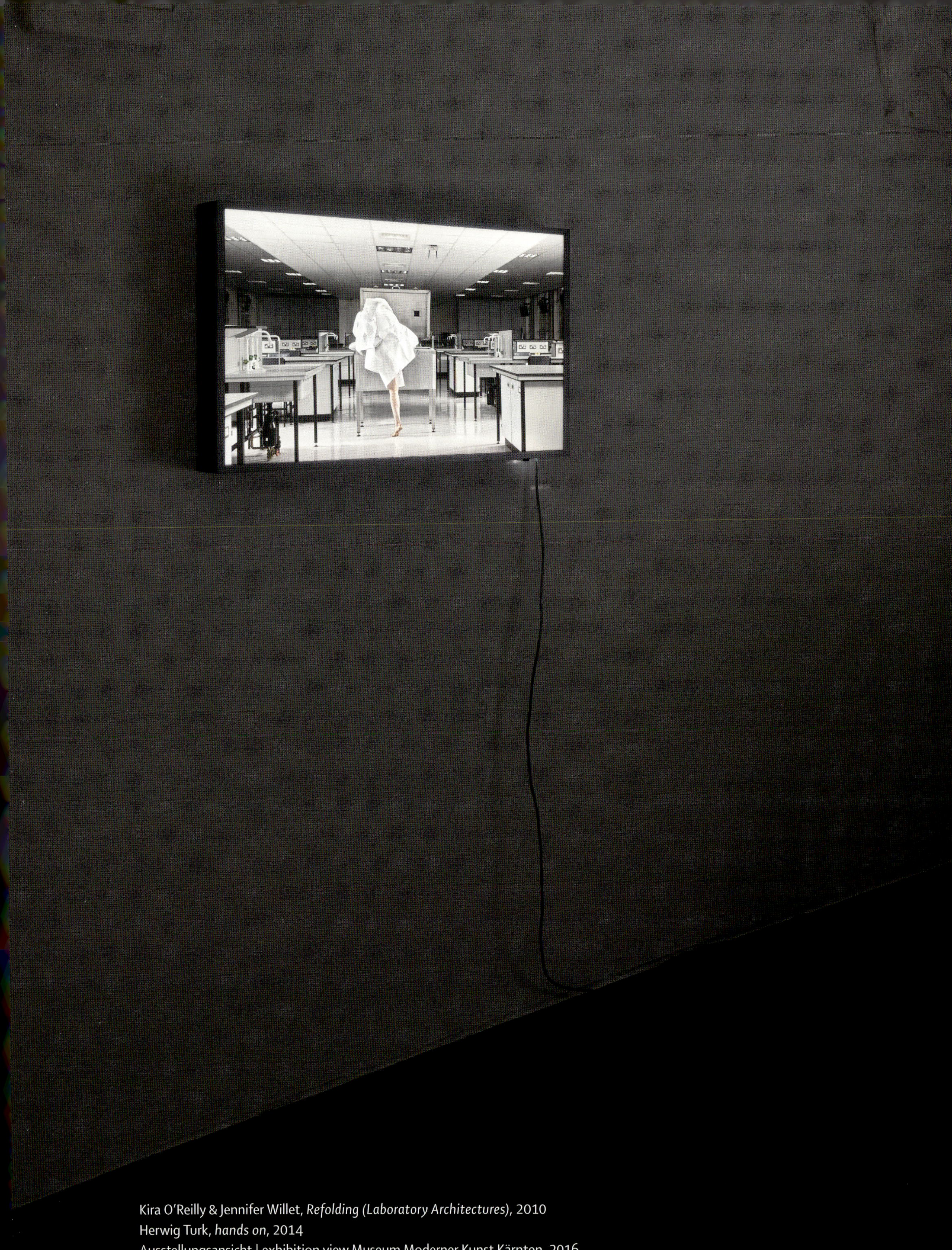

Kira O'Reilly & Jennifer Willet, *Refolding (Laboratory Architectures)*, 2010
Herwig Turk, *hands on*, 2014
Ausstellungsansicht | exhibition view Museum Moderner Kunst Kärnten, 2016

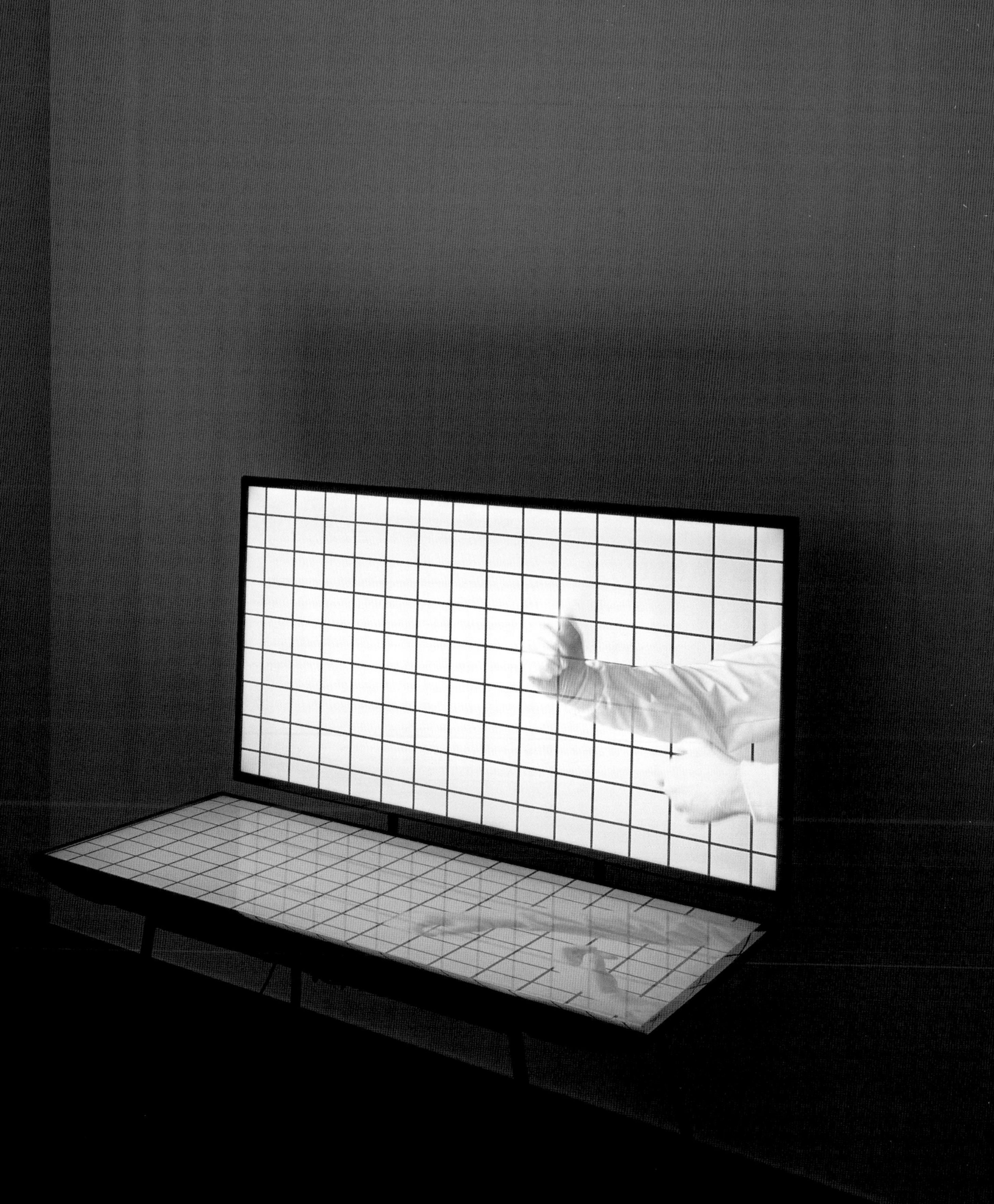

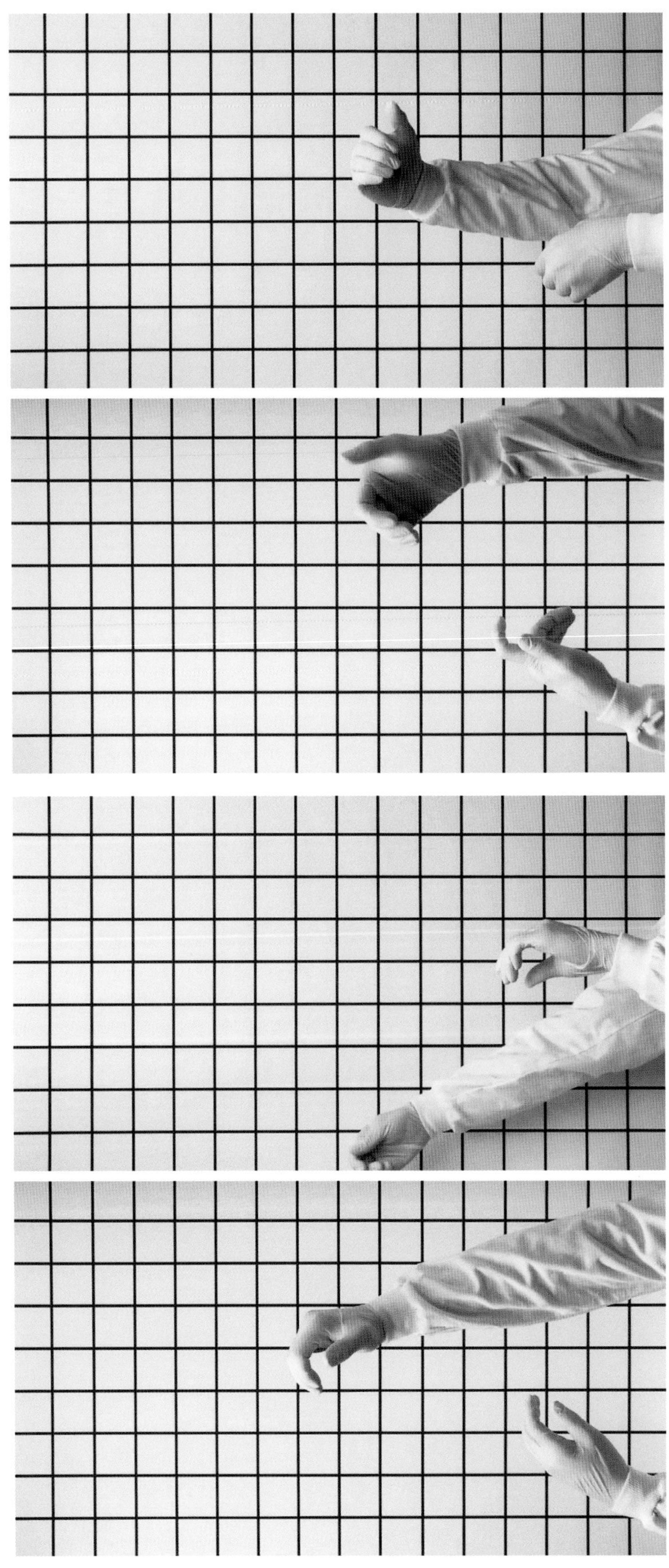

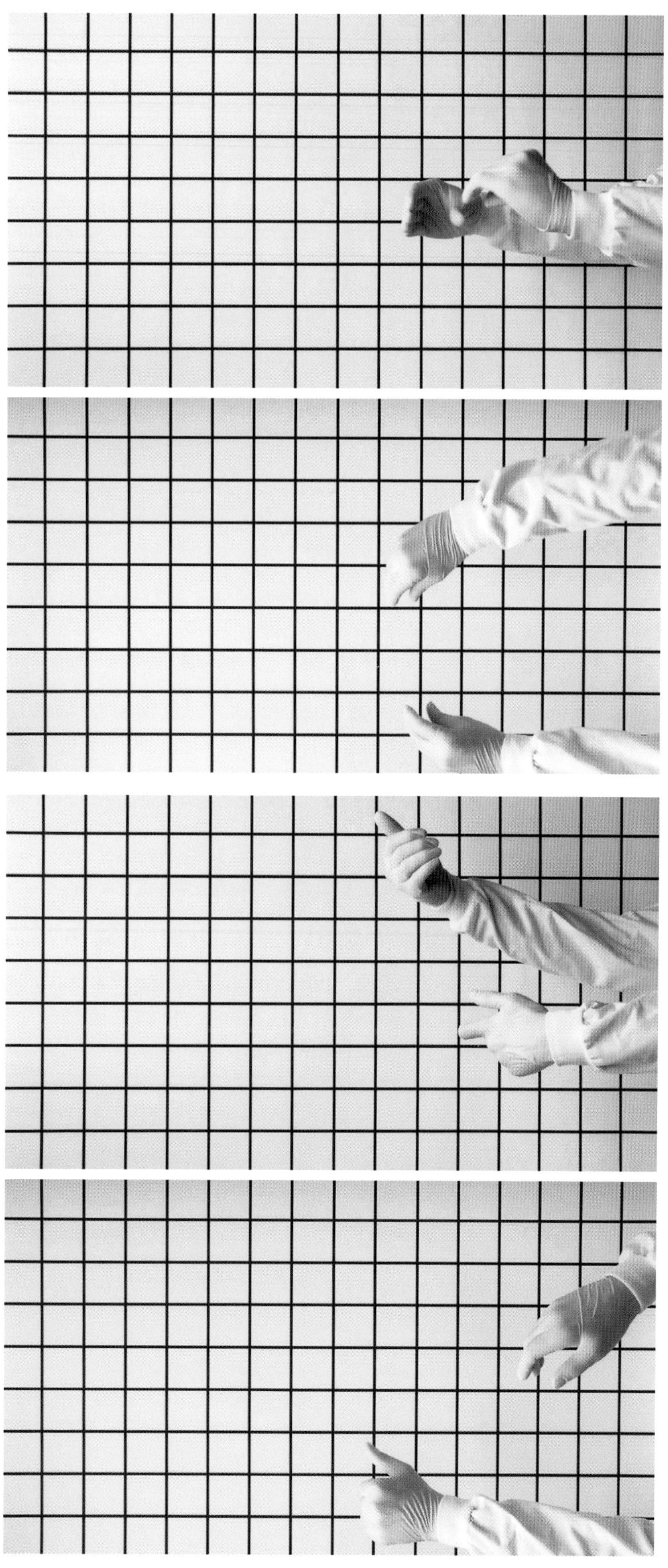

hands on, 2014, Zweikanal-Videoinstallation ohne Ton
two-channel video installation without sound, 06′ 17′′, video stills

Christine Wetzlinger-Grundnig

Herwig Turk
Die Wirksamkeit der Bilder im Spannungsfeld von Wissenschaft und Kunst

In der künstlerischen Arbeit von Herwig Turk geht es zentral um eine zeitgenössische Bild- und Medienkritik, um die Hinterfragung des Bildes als Mittel der Generierung und Vermittlung von Wissen sowie als Instrument der Kommunikation. Eine Auseinandersetzung, die im Zeitalter der „digitalen Bilderflut", die unsere Gegenwart zutiefst kennzeichnet und verändert hat, und in dem die „Macht der Bilder" (instrumentalisiert von Politik, Wissenschaft und Wirtschaft) unvergleichlich zugenommen hat, von höchster Brisanz ist. Bilder spielen heute nicht nur im medial bestimmten Alltag eine herausragende Rolle, sondern sind auch in der Wissenschaft von allergrößter Bedeutung. Es verlangt nach einem verantwortungsvollen, aufgeklärten und bewussten Umgang mit Bildern – besonders in Anbetracht dessen, dass dem Bild gegenüber dem Text, wider jeden Wissens, allgemein immer noch größte Glaubwürdigkeit zugesprochen wird, obzwar es hinlänglich bekannt sein sollte, dass die Bildlogik im Gegensatz zur Textlogik assoziativ verläuft. Das heißt, Bilder sind über ihre Suggestionskraft und nicht über Argumente wirksam, und sie sind immer mit Emotionen verbunden, diese leiten die Inhalte und Qualitäten der Perzeption. Dennoch glaubt der Mensch, was er sieht. Die Welt wird verstanden, wie sie in Bildern erscheint. Bilder sind für das menschliche Wesen – evolutionär bedingt – gesicherte Wirklichkeiten. Dem gilt es innerhalb einer kritischen Reflexion differenzierend entgegen zu wirken.

Die modernen Möglichkeiten der Bilderzeugung, beginnend mit der Fotografie, haben aber durchaus auch zu positiven Entwicklungen geführt. Es erschließen sich z. B. ganz neue Chancen der Wahrnehmung von Wirklichkeit, in der Medizin, in den Wissenschaften oder auch im herkömmlichen Alltag, die der Mensch zu seinem Vorteil nutzen kann. Zwischen diesen Polen von Bedrohung und Versprechen entwickelt sich die künstlerische Arbeit von Herwig Turk in den vergangenen zweieinhalb Jahrzehnten. (Die nicht allein in einem kritischen Aneignungsprozess analytisch vorgeht, sondern zugleich ihrerseits neue Bilder hervorbringt und damit ebenso neue Wirklichkeiten konstruiert.)

Herwig Turk nähert sich seinen Thematiken im Feld von Wissenschaft und Kunst – obzwar jeweils in einem Dialog der Disziplinen – immer vom Standpunkt des Künstlers aus und versucht, innerhalb seines Faches neue Methoden zu entwickeln. Die Wissenschaft wird mit den Augen der Kunst betrachtet und die Kunst mit jenen der Wissenschaft. Das vernunftorientierte Handeln wird nicht seinem Ergebnis nach beurteilt, sondern vielmehr rücken die formalen und ästhetischen Aspekte der Abläufe der Wissenserzeugung und ihrer Rahmenbedingungen in den Vordergrund. Andererseits wird die künstlerische Methodik zum rational-analytischen Instrument, das intellektuelle Erkenntnisse herstellt. Die Wissenschaft liefert das sinnlich-ästhetische Material, und die Kunst generiert daraus Wahrheit – in Umkehrung der klassischen Zuschreibungen. Und insgesamt ist abschließend alles eine Frage der Wahrnehmung und ihrer Modi, die in der Arbeit von Herwig Turk ebenfalls als zentrales Thema zur Disposition gestellt werden.

Auf diese Art gelingt es dem Künstler, den Wirkungskreis der künstlerischen Arbeit grenzüberschreitend auszudehnen. Seine Untersuchungen, die sich durch ungewöhnliche und unkonventionelle Blickwinkel, gänzlich neue Fragestellungen, neue Deutungs- und Bewertungsmuster auszeichnen, liefern neue Betrachtungsweisen und Ergebnisse in Bezug auf beide Materien. Diese können als wertvolle Impulse in Hinblick auf die Reflexion des jeweils eigenen, disziplinspezifischen Handelns erachtet werden. Sie zeigen aber auch das Verhältnis der zwei Ressorts zueinander, ihre Differenz, aber auch ihre Nähe in Zielen, Methoden und Ergebnissen und beweisen, wie spannend, produktiv und fruchtbar die Überschneidung beider Fakultäten, der Wissenschaft und der Kunst, sein kann.

Durch die Beschäftigung mit visuellen Strategien der digitalen Kunst ist Herwig Turk bereits in den 1990er-Jahren auf die bildgebenden Verfahren der Naturwissenschaften und der Medizin aufmerksam geworden und hat Zugang zu den wissenschaftlichen Forschungseinrichtungen erhalten. Heute befasst sich der Künstler schwerpunktmäßig mit den Bedingungen und Tätigkeiten, mit der Wissensherstellung in molekularbiologischen Labors. Diese vermitteln sich durch den Blick des Künstlers als Wissenschaftslandschaften mit ganz spezifischen Merkmalen und Eigenschaften, die Herwig Turk uns in seinen Arbeiten, durch Interventionen mit diversen künstlerischen Strategien und Praktiken, wenn schon nicht endgültig verständlich, so zumindest zugänglich macht. Mit dieser Arbeit nähert sich Herwig Turk einem zeitgenössisch virulenten, gesellschaftsrelevanten Prozess an, in dem sich die gravierenden Auswirkungen der enormen Fortschritte der *Life Sciences*, insbesondere von Medizin, Molekularbiologie und Biotechnologie, auf Mensch, Gesellschaft und Lebenswelten zeitigen.

In unmittelbarem Zusammenhang damit ist parallel ein weiterer Werkblock entstanden, in dem Herwig Turk seine Untersuchungen auf reale Landschaften ausdehnt, die sich aufgrund ihrer Historie, ihrer spezifischen Nutzung für unterschiedliche Versuchszwecke und Experimente, dem Künstler sozusagen als Freiluftlabors darstellen, in die sich die Forschung verbreitert hat. Der Begriff des Labors wird auf die Landschaft übertragen und vom Künstler auf seine diesbezügliche Tragfähigkeit geprüft.

Herwig Turk beschäftigt sich u. a. seit dem Jahr 2005 in vertiefter und vielfältiger Weise mit der signifikanten Landschaft der Großen Salzwüste im US-Bundesstaat Utah, einem Gebiet von über 10.000 km^2 Fläche, das grundsätzlich unbewohnt ist, lediglich von einem Highway und einer parallel verlaufenden Bahnlinie durchquert wird und in dem die US-Army und die Air Force großflächige Übungsplätze und Versuchsfelder sowie eine Militärsiedlung unterhalten.
Den Künstler interessieren die markanten Konnotationen der beeindruckend weitläufigen, ebenen Wüstenlandschaft und der schier unbegrenzte Raum sowie das Verhältnis des Menschen dazu, die Wahrnehmung von Zeit und Raum in dieser unbeschreiblich extremen Umgebung; die naturgegebenen Erscheinungsformen, insbesondere die ungewöhnlichen Farbspiele von Salzflächen und Algengebieten, sowie jene, die sich ihr durch die eigentümliche Nutzung durch den Menschen eingeprägt haben, die der Künstler immer wieder in der Werkgruppe

the bonneville laboratory in unterschiedlichen Serien in Film- und Fotoprojekten vermisst. Die ursprüngliche, natürliche Landschaft ist gleichsam zu einem Versuchsfeld ökonomischer und politischer Strategien geworden, die sich unmittelbar und direkt in sie einschreiben. Durch intensive militärische Erprobungen, die auch chemische und physikalische Experimente umfassen, ist die Landschaft zum Testgelände mutiert und die Natur ist künstlich überformt.

Nebenbei verweist Herwig Turk auf die unmittelbare geografische Nähe der *Spiral Jetty*, die Robert Smithson 1970 als eines der bekanntesten Land Art-Projekte am Rande des Großen Salzsees gebaut hat, und stellt es in unmittelbare Beziehung zu den örtlichen, politisch und ökonomisch bedingten Landschaftsveränderungen (die, am Rande bemerkt, ebenso wie die Spirale nur durch die Vogelperspektive bzw. durch entsprechende Bilder erkennbar sind) – gleichsam als ein Kommentar, der bislang in der Interpretation der Werke unberücksichtigt blieb und der die Arbeiten der Land Art in einem ganz neuen Bezugsrahmen zur Diskussion stellt.

Durch die analytische Betrachtung des Künstlers werden die Spuren der politischen, militärischen, wirtschaftlichen, wissenschaftlichen und im Falle der Spirale auch der künstlerischen Okkupation der Landschaft erst in einem größeren Zusammenhang fassbar. Sie werden von Herwig Turk in künstlerischen Werken befragt und offengelegt. Dabei geht es jedoch nicht um eine bloße kritische Darstellung bzw. bildliche Berichterstattung, sondern es geht dem Künstler vielmehr darum, die Logik zu erfassen, nach der die Bilder Wirksamkeit entfalten. Bild- und Wahrnehmungsstrategien spielen gravierende Rollen, beeinflusst durch die jeweiligen medialen Möglichkeiten, die Bedingungen der Bilderzeugung und -verarbeitung, durch den Kontext der Darstellung und die damit verbundene Deutung. Diese exemplifiziert Herwig Turk anhand der eigenen bildnerischen Methoden.

Klassische Formen der Bildgenerierung und -darstellung in Bezug auf das Sujet Landschaft werden künstlerisch reflektiert. Der Landschaftsbegriff wird grundsätzlich einer Befragung unterzogen.
Die Relevanz der Fotografie bzw. der Abbildungsmodalitäten in Zusammenhang mit der kulturellen Konstruktion von Landschaft wird offensichtlich. Zugleich wird die Referenz der Bilder zur Wirklichkeit – ihre Authentizität – in Frage gestellt. Und natürlich wird auch ihr manipulatives Potential vorgeführt.

Als Resultate der künstlerischen Recherchen entstehen in allen Werkbereichen neue bildnerische Ergebnisse, die nicht nur inhaltlich höchst interessante Aspekte zutage fördern und Diskussionen in Gang setzen, sondern die auch, nach ihren formal-ästhetischen Gesichtspunkten beurteilt, als außergewöhnliche Erzeugnisse innerhalb der zeitgenössischen künstlerischen Bilderproduktion erscheinen. Es handelt sich um ungewöhnliche, radikale Bilder großer poetischer Qualitäten, die sich auf überraschende Weise, trotz eines komplexen, intellektuellkonzeptuellen Anspruchs, durch ein hohes Maß an Sinnlichkeit auszeichnen. Seien es nun die beeindruckenden, fremden Landschaften

oder die Apparate der naturwissenschaftlichen Labors – gleich, welches Sujet der Künstler wählt, es sind immer der spezielle Fokus und die besondere Perspektive der Betrachtung, mit denen Herwig Turk auf seine Motive zugeht und Phänomene jenseits herkömmlicher Zuschreibungen zutage fördert. Die künstlerische Umsetzung zeichnet sich durch formale Reduktion, eine beinahe minimalistische Strenge aus, die den Arbeiten Klarheit, statuarische Ruhe und eine überwältigende inhaltliche Tiefe verleihen.

Christine Wetzlinger-Grundnig, geboren 1966 in Klagenfurt, studierte Ethnologie und Kunstgeschichte in Wien und Graz, war von 1995 bis 2002 an der Kärntner Landesgalerie im wissenschaftlichen Dienst tätig, von 1996 bis 2002 stellvertretende Leiterin der Kärntner Landesgalerie, von 2003 bis 2010 Leiterin der Kunstsammlung des Landes Kärnten, seit 2010 Direktorin des Museums Moderner Kunst Kärnten. Von 2004 bis 2013 Mitglied des Kärntner Kulturgremiums.

Christine Wetzlinger-Grundnig

Herwig Turk
The efficacy of images within the field of tension between science and art

Herwig Turk's work focuses on contemporary image and media critique, questioning pictures as a means of generating and conveying knowledge, as well as acting as an instrument of communication – a highly charged topic, in this age of „digital image flooding", which has deeply marked and altered our present day, and in which the „power of images" (instrumentalised by politics, science and economy) has gained incomparable momentum. Images not only play an prominent role in everyday life, dominated as it is by the media, but they are also of enormous significance in science. Images must be treated with clarity, responsibility and awareness – particularly taking into consideration that the image, as opposed to text, generally (even against our better judgement) enjoys higher credibility than text – although we should bear in mind that image logic, as opposed to text logic, works through association. This means that images are effective through suggestive power, not through argumentation, and they are always linked with emotions, which guide the content and qualities of perception. Nevertheless, people believe what they see. The world is understood as it appears in images. For mankind, determined by evolution, images constitute ascertained realities. The aim is to counteract this in a context of critical reflexion.

The modern possibilities of image production, starting with photography, have also taken a positive direction. For instance, we have gained access to completely new opportunities for perceiving reality – in medicine, in the sciences and in everyday life – which we can use to our advantage.
Herwig Turk's work over the past two and a half decades has developed between these poles of threat and promise – work which has not only proceeded analytically in a critical process of acquisition, but at the same time has in turn produced new images, thus creating new realities.

Turk's approach to his topics in the fields of science and art – although in a dialogue between the respective disciplines – is always from the position of the artist, and he tries to develop new methods within his métier. Science is seen through the eyes of art, art through those of science. Reasonable actions are not judged according to results, but rather, the formal and aesthetic aspects of knowledge production processes and their circumstances are given priority. On the other hand, artistic method becomes a rational, analytical instrument for the production of intellectual findings. Science delivers the sensory aesthetic material, from which art generates truth – the classical attributions reversed. Ultimately, everything is a question of perception and its modes, which is also a central theme in Herwig Turk's work.

Thus the artist succeeds in overstepping boundaries as he widens his sphere of influence. His explorations, characterised by unusual and unconventional perspectives, completely new questions and new interpretation and evaluation patterns, also provide new approaches and results concerning both subject matters. These can be considered valuable impulses as regards reflection of the actions peculiar to each specific discipline. However, they also show the relation between the two fields, their difference, but also how close they are in respect of their

aims, methods and results, and prove how exciting, productive and fruitful it can be when science and art overlap.

As early as the 1990s, when dealing with visual strategies in digital art, Herwig Turk's attention was drawn to scientific and medical imaging processes, and he gained access to scientific research facilities. Today, he studies the conditions, operations and production of knowledge in molecular biology laboratories. Through the eyes of the artist, these are conveyed as scientific landscapes with specific characteristics and properties which Turk – by means of interventions using diverse artistic strategies and practices – renders, if not completely comprehensible, at least accessible. With this work, he comes close to a powerful contemporary, socially relevant process in which the critical effects of the enormous progress of *life sciences*, particularly in medicine, molecular biology and biotechnology, are brought to bear on human beings, society and living environments.

Directly connected and parallel with this is a further group of works in which Herwig Turk expands his explorations into real landscapes which, through their history and their specific exploitation for various experimental purposes, provide the artist with a kind of open-air laboratory where research has been widely established. The concept of the laboratory is transferred to the landscape, and scrutinised by the artist in respect of its fitness for purpose.
Since 2005, Herwig Turk has made a profound and diversified study of the significant landscape of the great salt desert in the US state of Utah, a basically uninhabited area of over 10,000 km², crossed only by a highway and a parallel railway. Here the US Army and Air Force maintain large training and testing grounds, as well as a military camp.

The artist is interested in the striking connotations of this impressively vast desert plane and its almost unlimited space, together with the relationship of people to it, and the perception of time and space in this indescribably extreme environment – the naturally occurring features, particularly the unusual colour effects of the expanses of salt and algae, as well as those resulting from the specific utilisation by man, which the artist repeatedly regrets in film and photo projects, in his group of works *the bonneville laboratory*. The original, natural landscape has become a kind of testing ground for economic and political strategies which are directly engraved upon it. Intensive military trials, including chemical and physical experiments, have transformed the landscape into a testing ground, artificially reshaping nature.

In addition, Herwig Turk points to the immediate proximity of the *Spiral Jetty*, one of the best-known Land Art projects, built in 1970 by Robert Smithson on the shore of the Great Salt Lake, and places it in direct relation to the changes in the landscape which result from political and economic circumstances – and which, incidentally, like the Spiral, are recognisable only from above, as shown in photographs – as a kind of commentary which has hitherto been disregarded in interpretations of the works and which puts the Land Art works up for discussion in an entirely new frame of reference.

Through the artist's analytical observations, traces of the political, military, economic, scientific and – in the Spiral – artificial occupation of the landscape become tangible only in a wider context. They are questioned and revealed in these works by Herwig Turk. His aim is not, however, merely to offer a critical representation or a photo documentation, but rather to establish the logic through which the images gain in efficacy. Strategies of image and perception play a major role, influenced by the respective media potential, the circumstances in which the photographs were taken and processed, the context of their display and the concomitant interpretation. Turk exemplifies these by mean of his own pictorial methods.

Classic forms of image generation and display as regards landscape are reflected from an artistic standpoint., and the concept of landscape is subjected to fundamental interrogation.
The relevance of photography and the modalities of reproduction in conjunction with the cultural construction of landscape is obvious. At the same time, the reference of the images to reality – their authenticity – are called in question, and of course, their manipulative potential demonstrated.

This artistic research results in new pictorial outcomes in all areas of the works, not only revealing highly interesting contentual aspects and raising points for discussion, but also – judging by their formal aesthetic points of view – emerging in the form of outstanding works within contemporary artistic image-production. These unusual, radical images of great poetic quality possess – surprisingly enough, despite the aspiration to complex intellectual and conceptual content – a high degree of sensuousness. Whether the impressive, alien landscapes or the apparatus in the natural-sciences laboratory – no matter which subject the artist chooses, it is always the specific focus and the special perspectives of his observation with which Herwig Turk approaches his motifs, that reveal phenomena going beyond traditional attributions. His artistic rendering is distinguished by formal reduction and an almost minimalist stringency that lend the works clarity, a statuary calm and an overwhelming contentual profundity.

Christine Wetzlinger-Grundnig, born in Klagenfurt, studied ethnology and art history in Vienna and Graz, worked for the Carinthian Landesgalerie research department from 1995–2002, associate director of the Carinthian Landesgalerie from 1996–2002, director of the art collection of the Province of Carinthia from 2003–10, director of the Carinthian Museum of Modern Art since 2010, a member of the Carinthian Arts and Culture Committee from 2004–13.

tacit knowledge experiment 2, 2011
Ausstellungsansicht | exhibition view Museum Moderner Kunst Kärnten, 2016

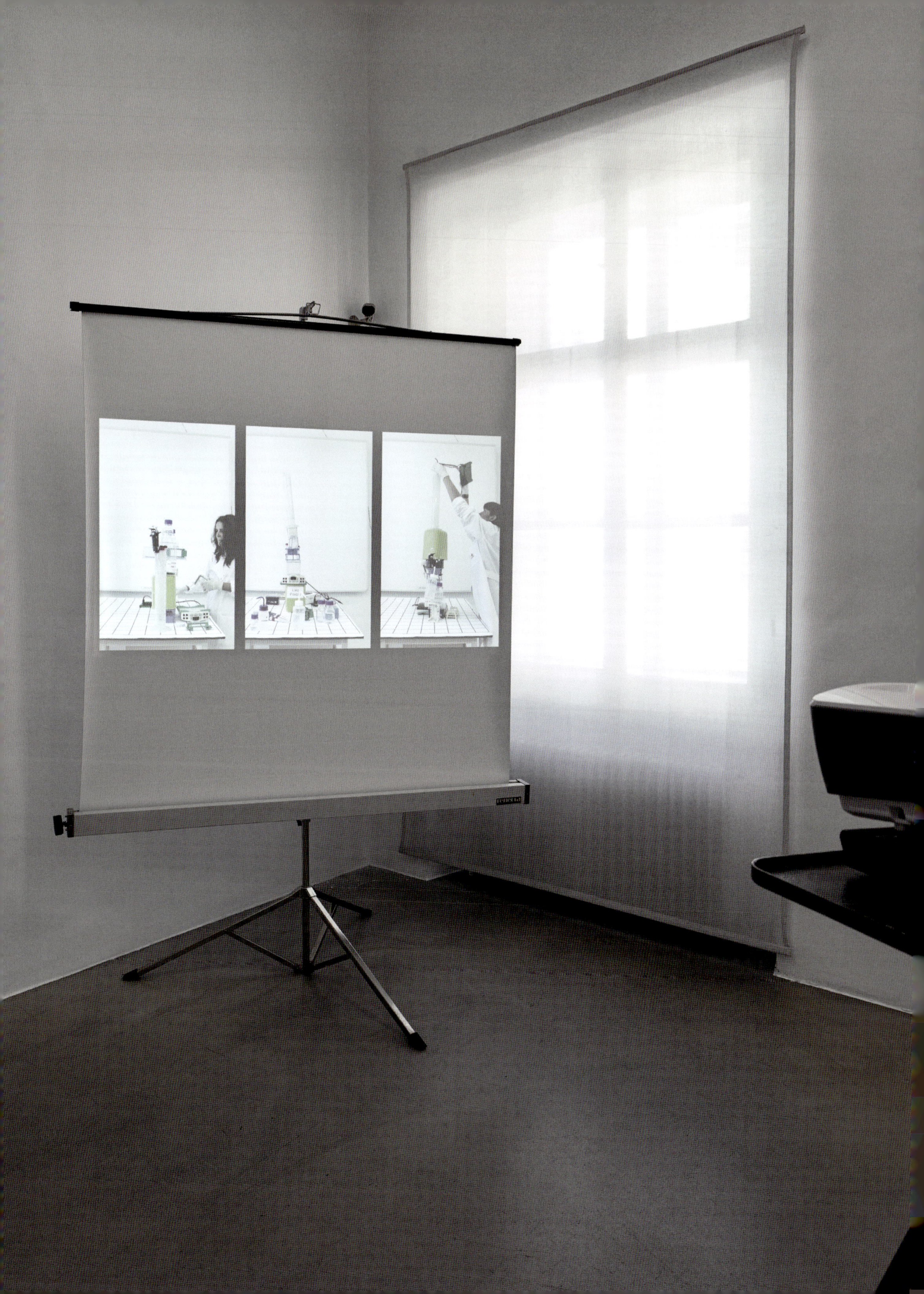

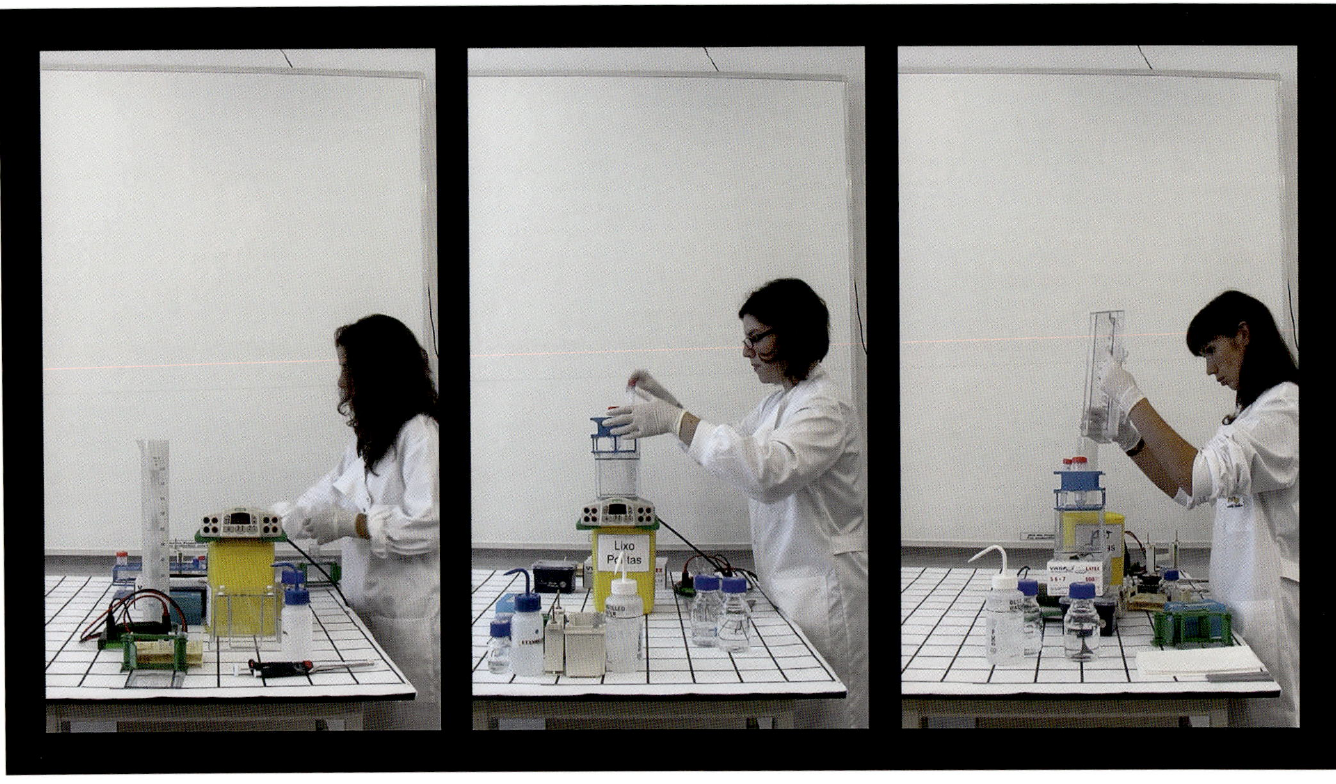

Lixo
Pontas

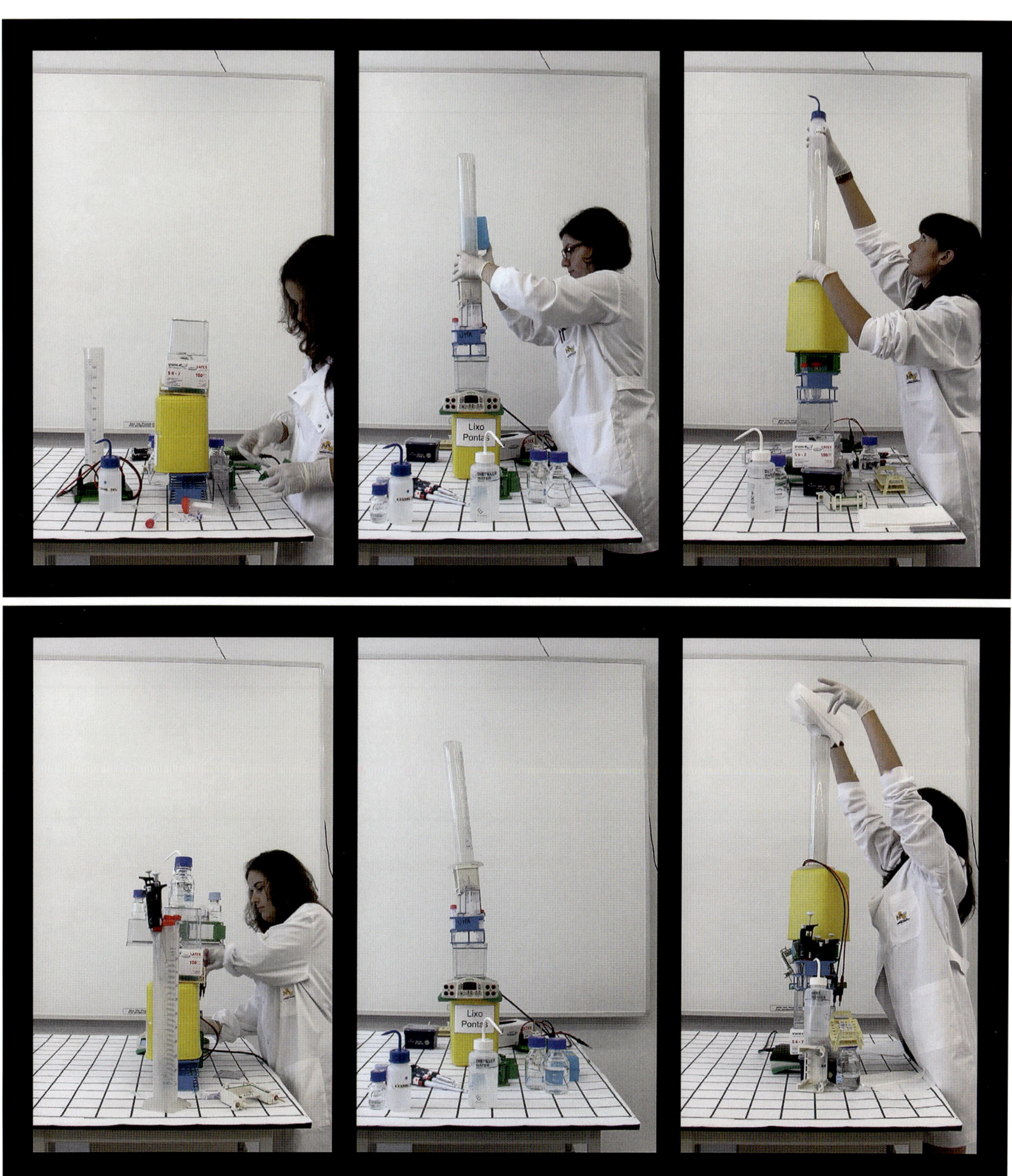

tacit knowledge experiment 2, 2011, Video ohne Ton | video without sound, 08′ 01′′, video stills

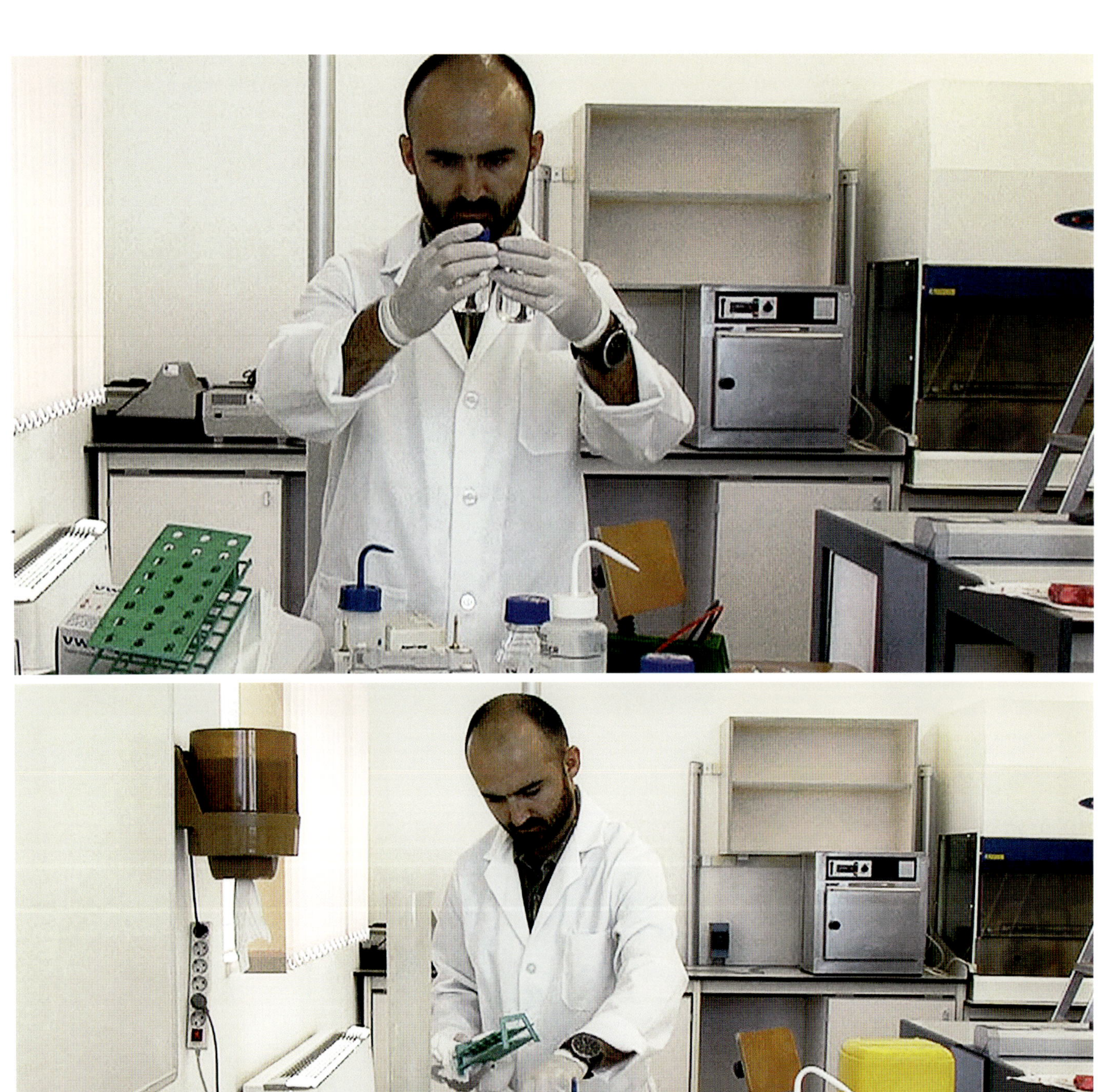

Pontas

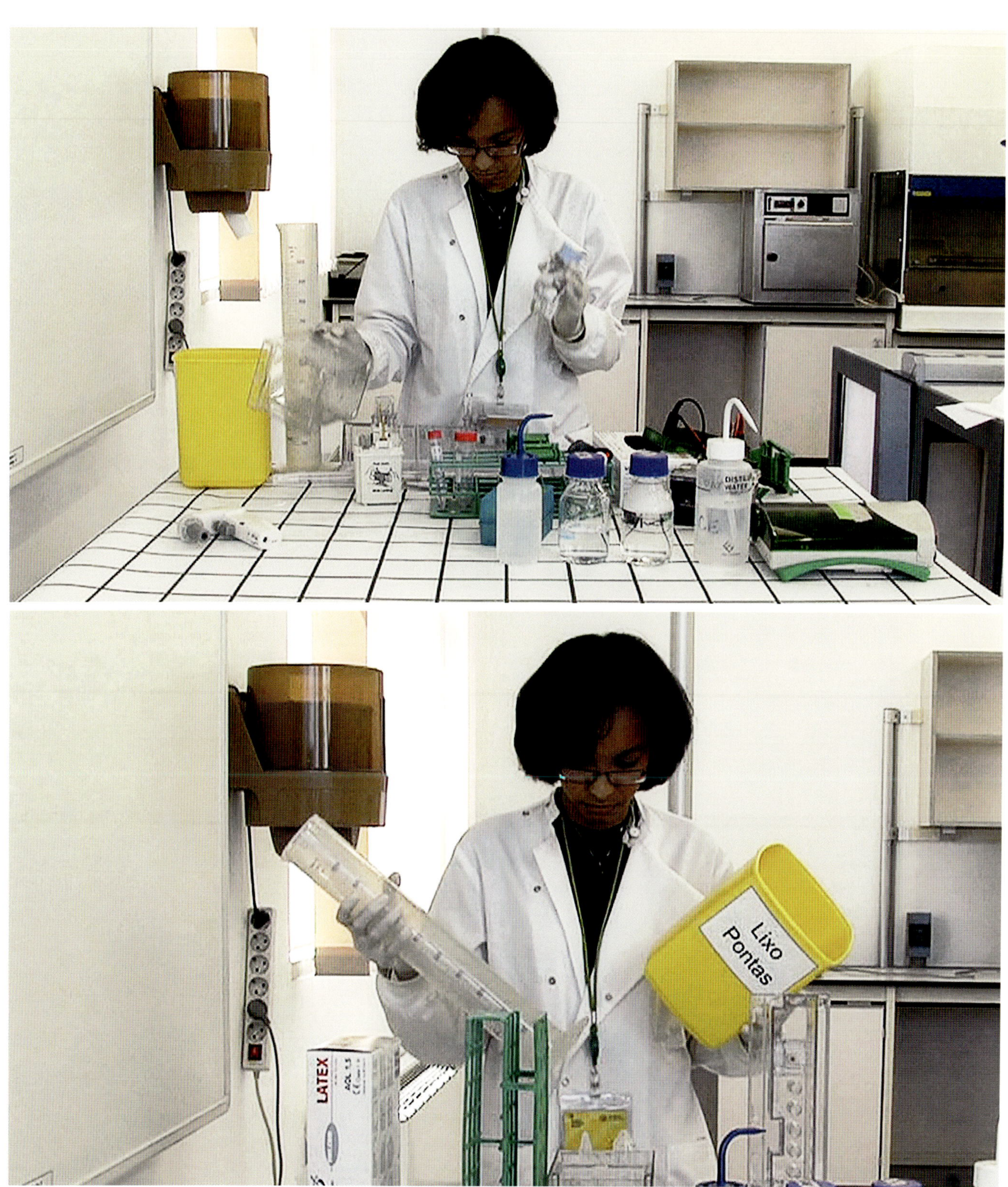

tacit knowledge experiment 1, 2011, Video mit Ton | video with sound, 04′ 04′′, video stills

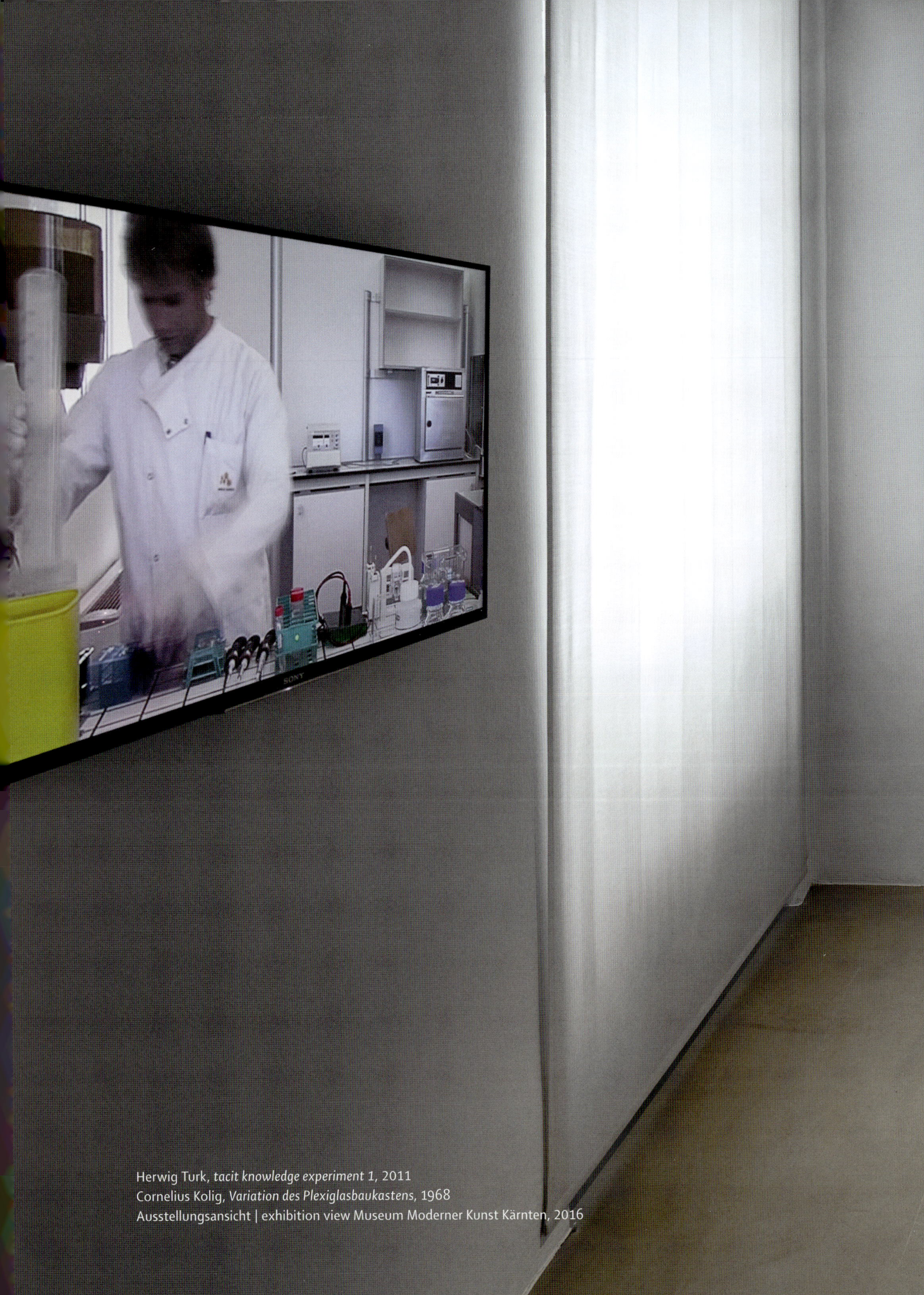

Herwig Turk, *tacit knowledge experiment 1*, 2011
Cornelius Kolig, *Variation des Plexiglasbaukastens*, 1968
Ausstellungsansicht | exhibition view Museum Moderner Kunst Kärnten, 2016

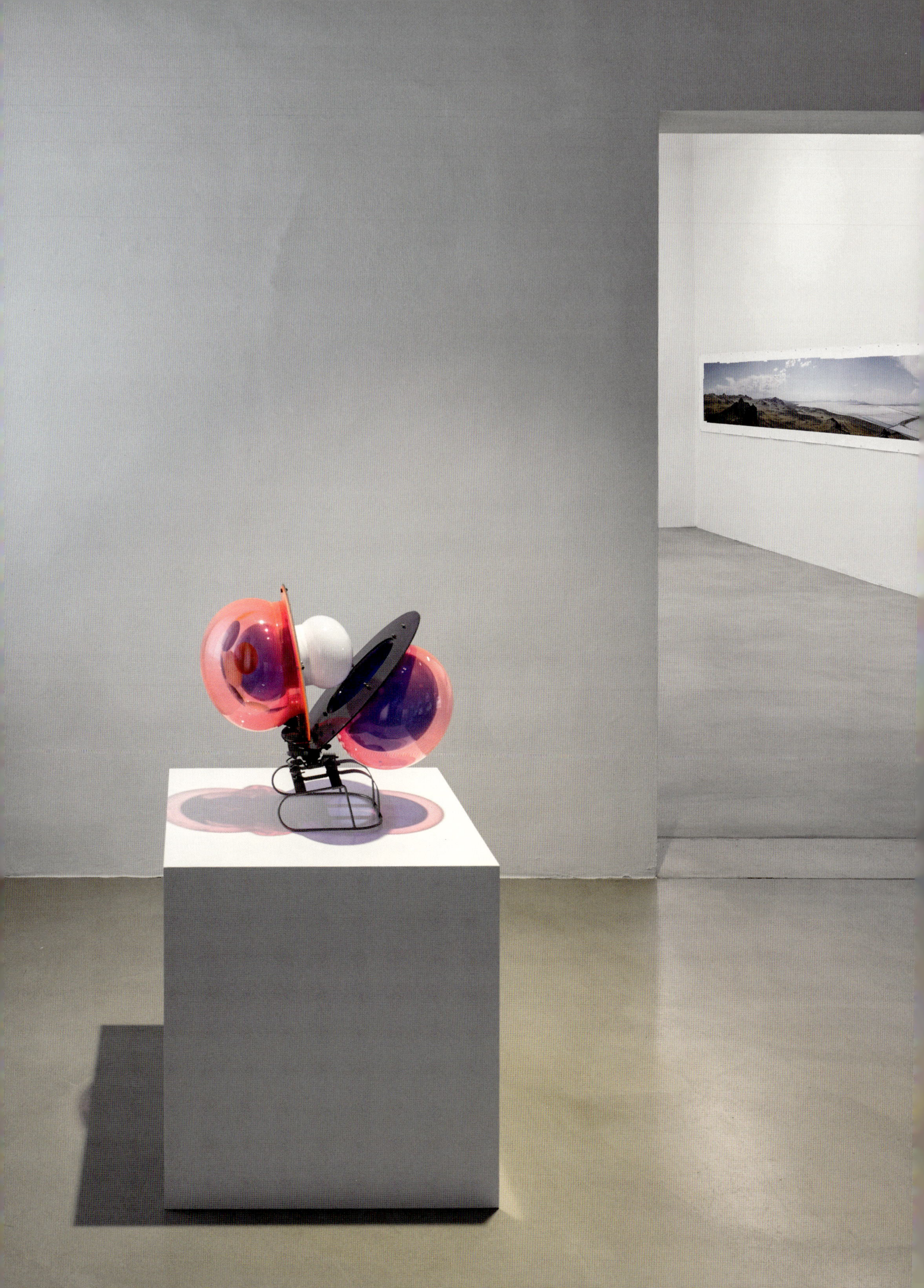

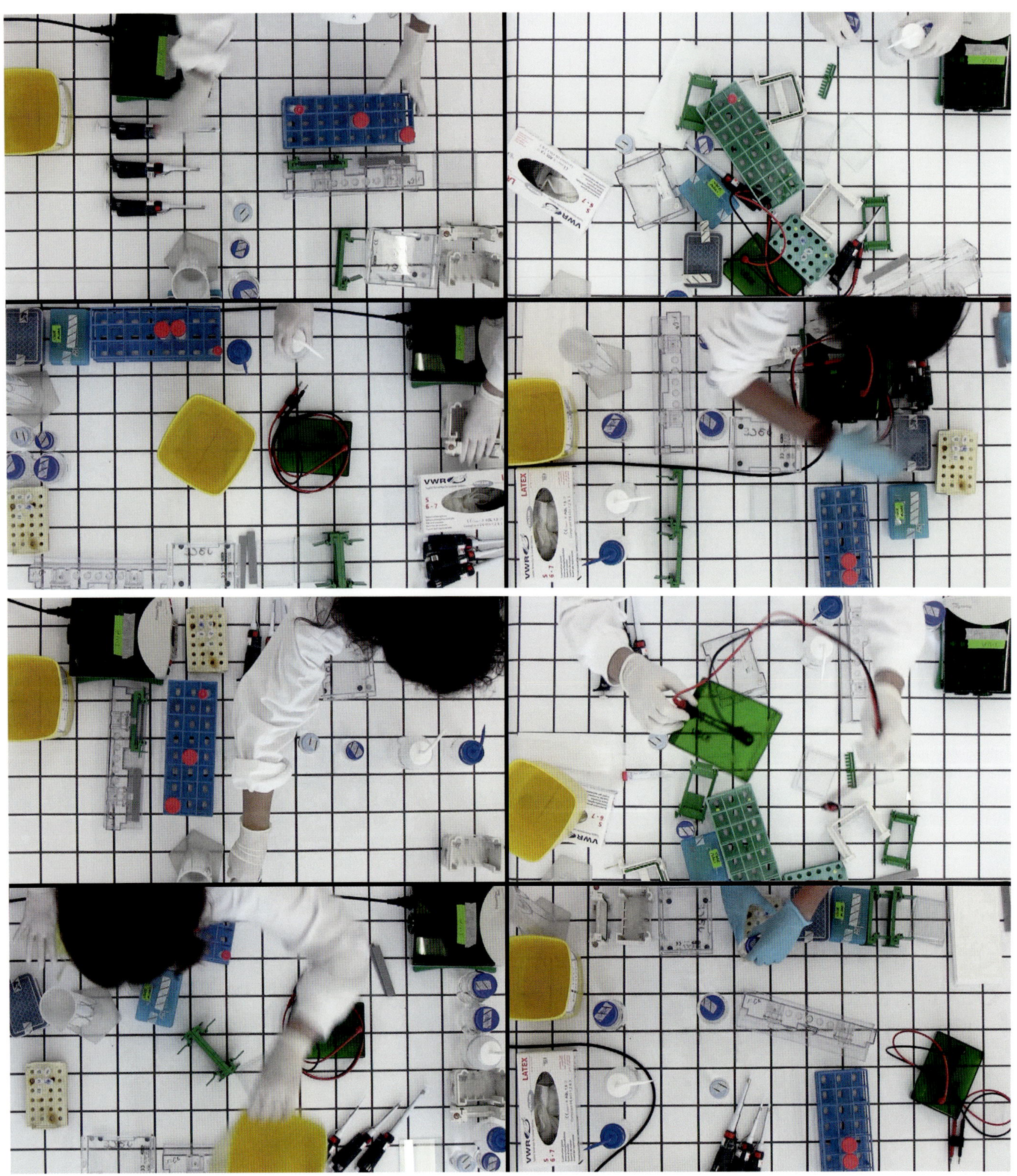

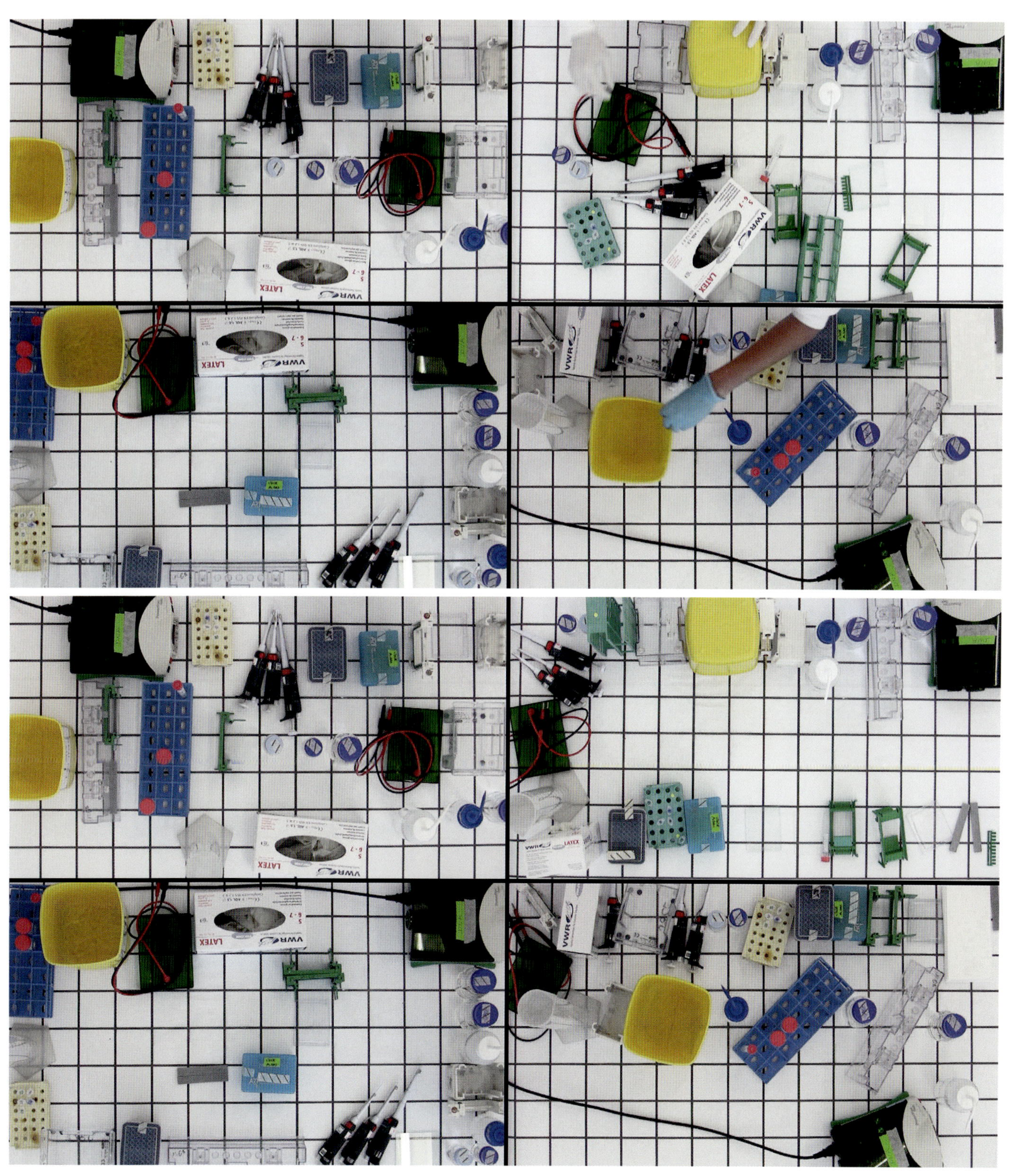

value / order, 2011, Einkanal-Videoinstallation ohne Ton | one-channel video installation without sound, 4' 35", video stills

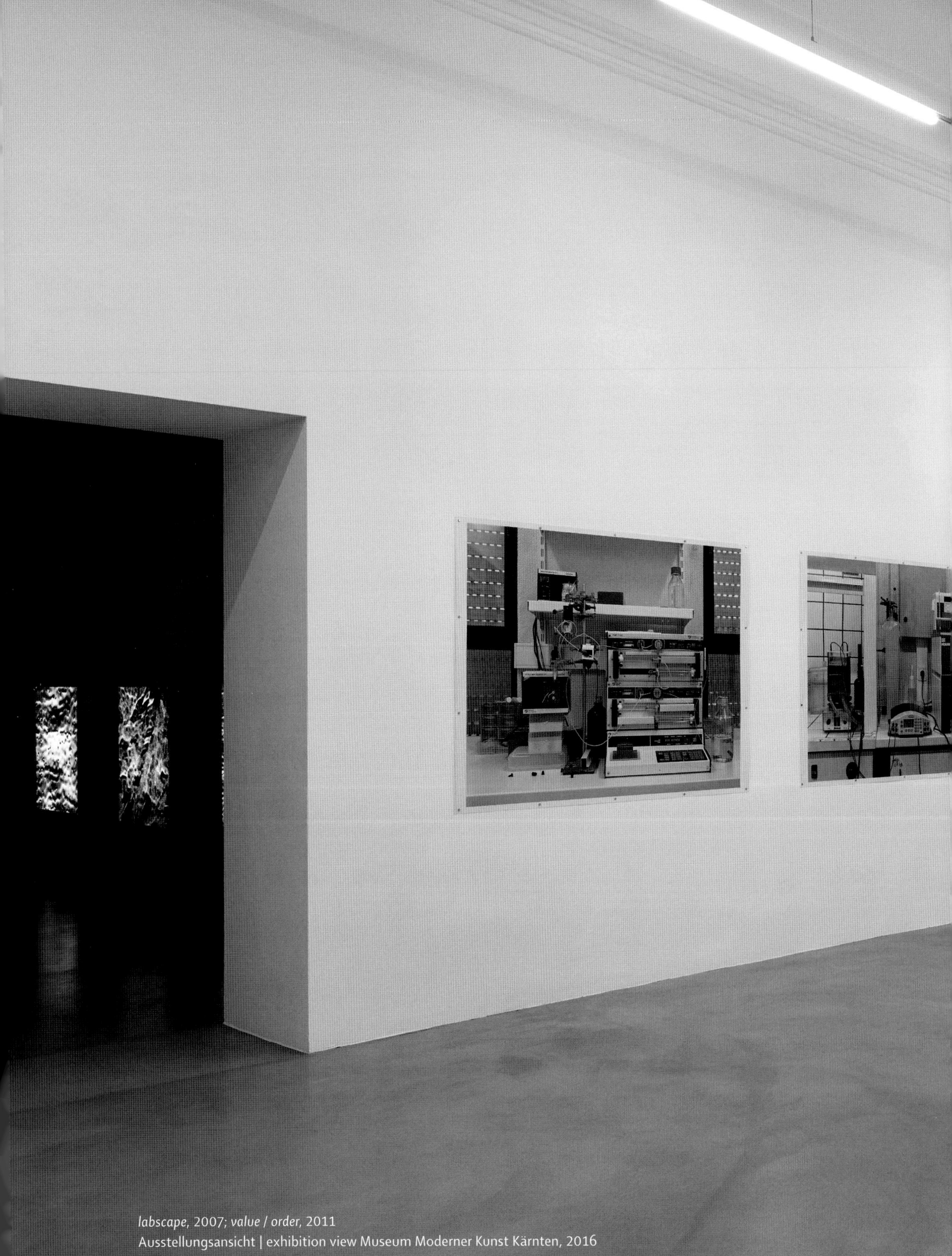

labscape, 2007; *value / order*, 2011
Ausstellungsansicht | exhibition view Museum Moderner Kunst Kärnten, 2016

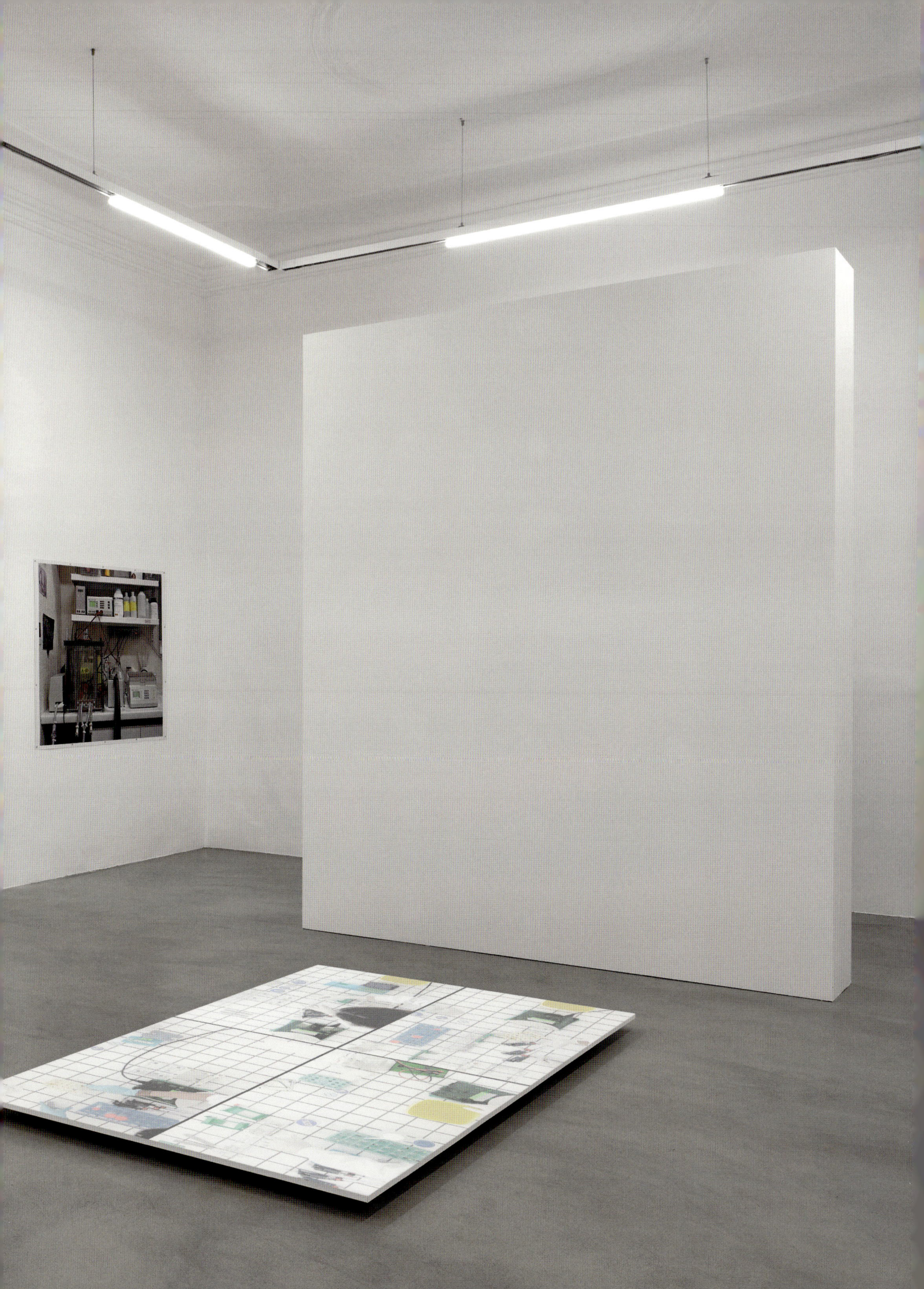

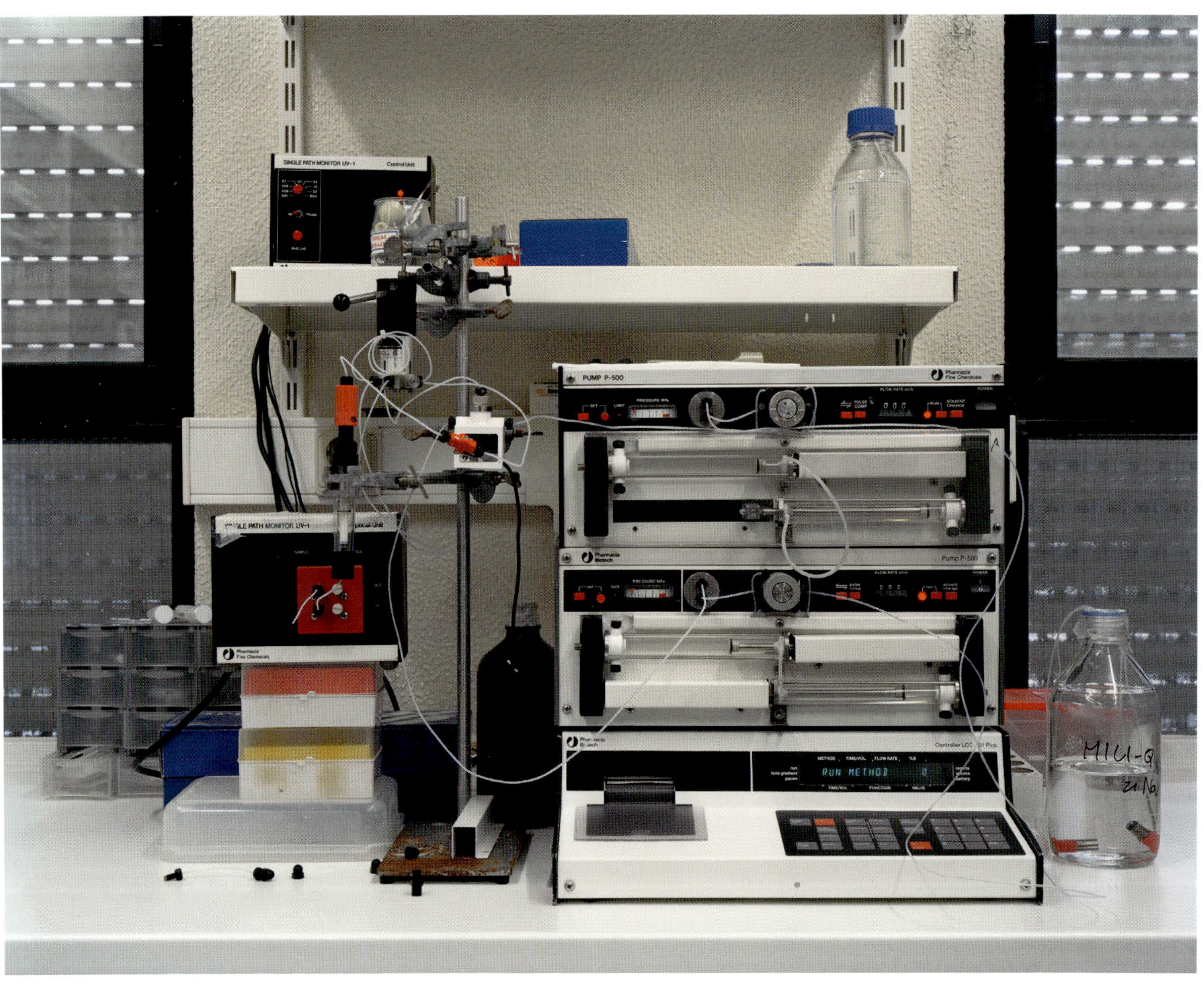

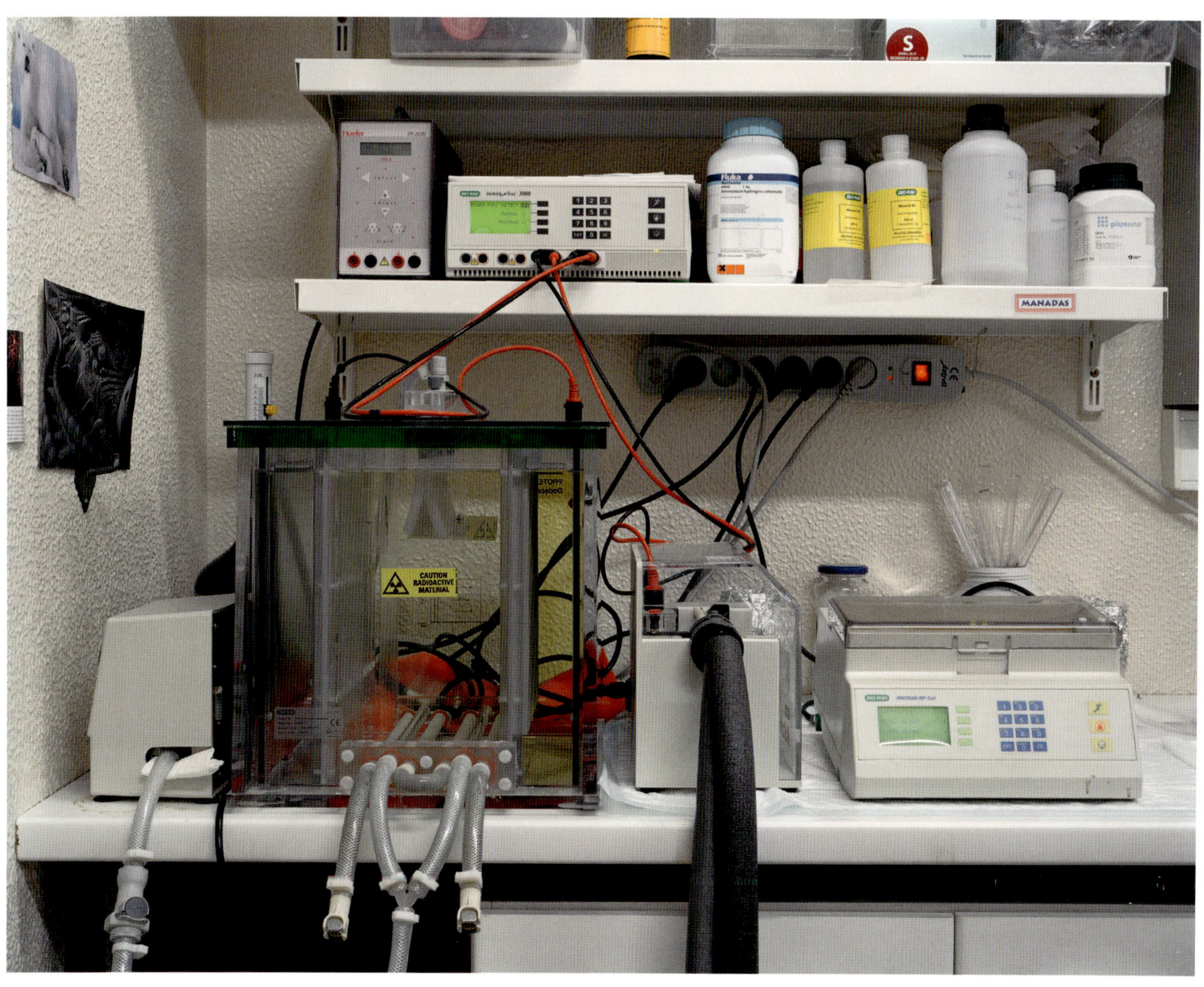

Herwig Turk mit | with Paulo Pereira, *labscape 1–4*, 2007, Lambdaprint | Lambda print, je | each 120 x 150 cm

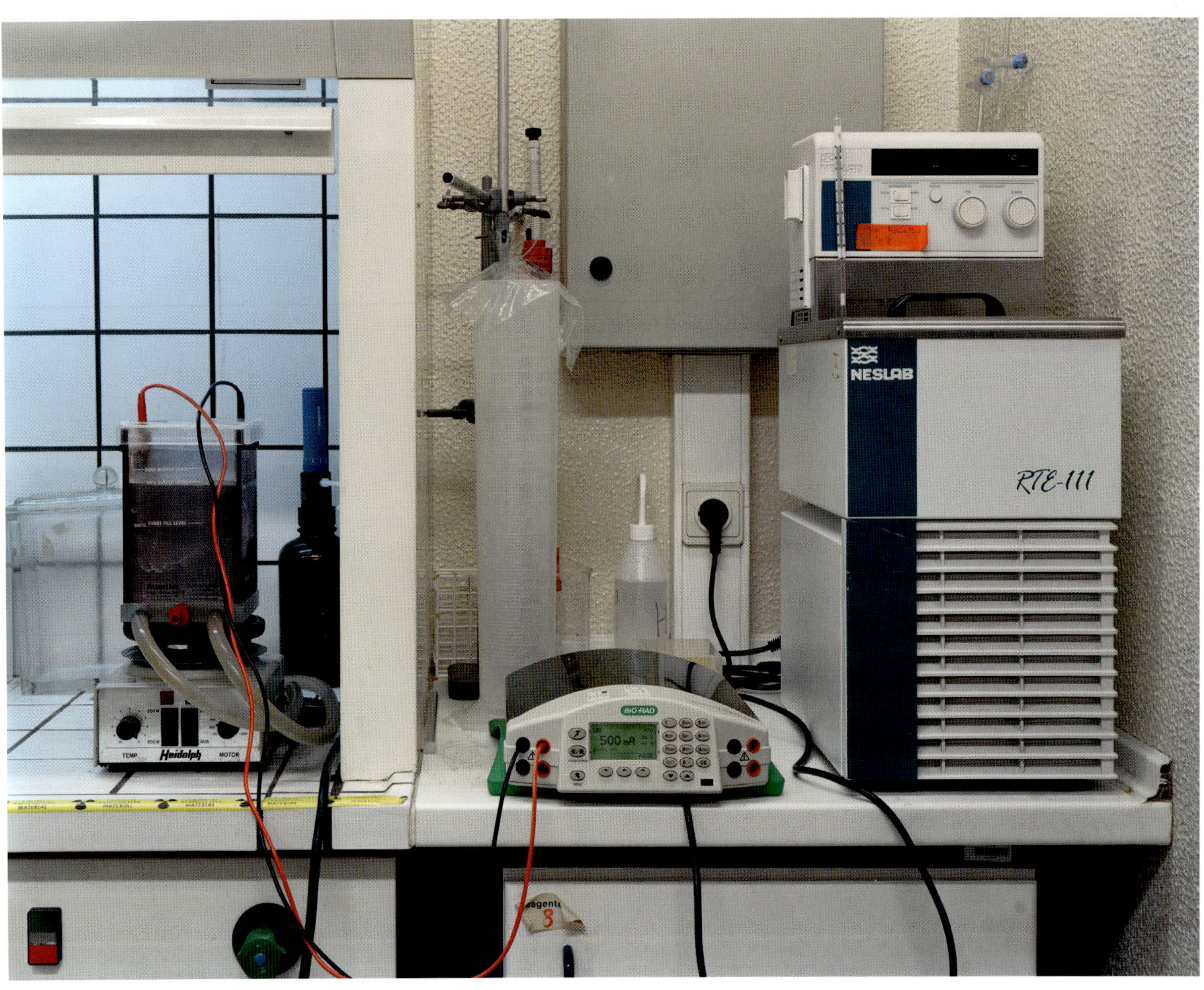

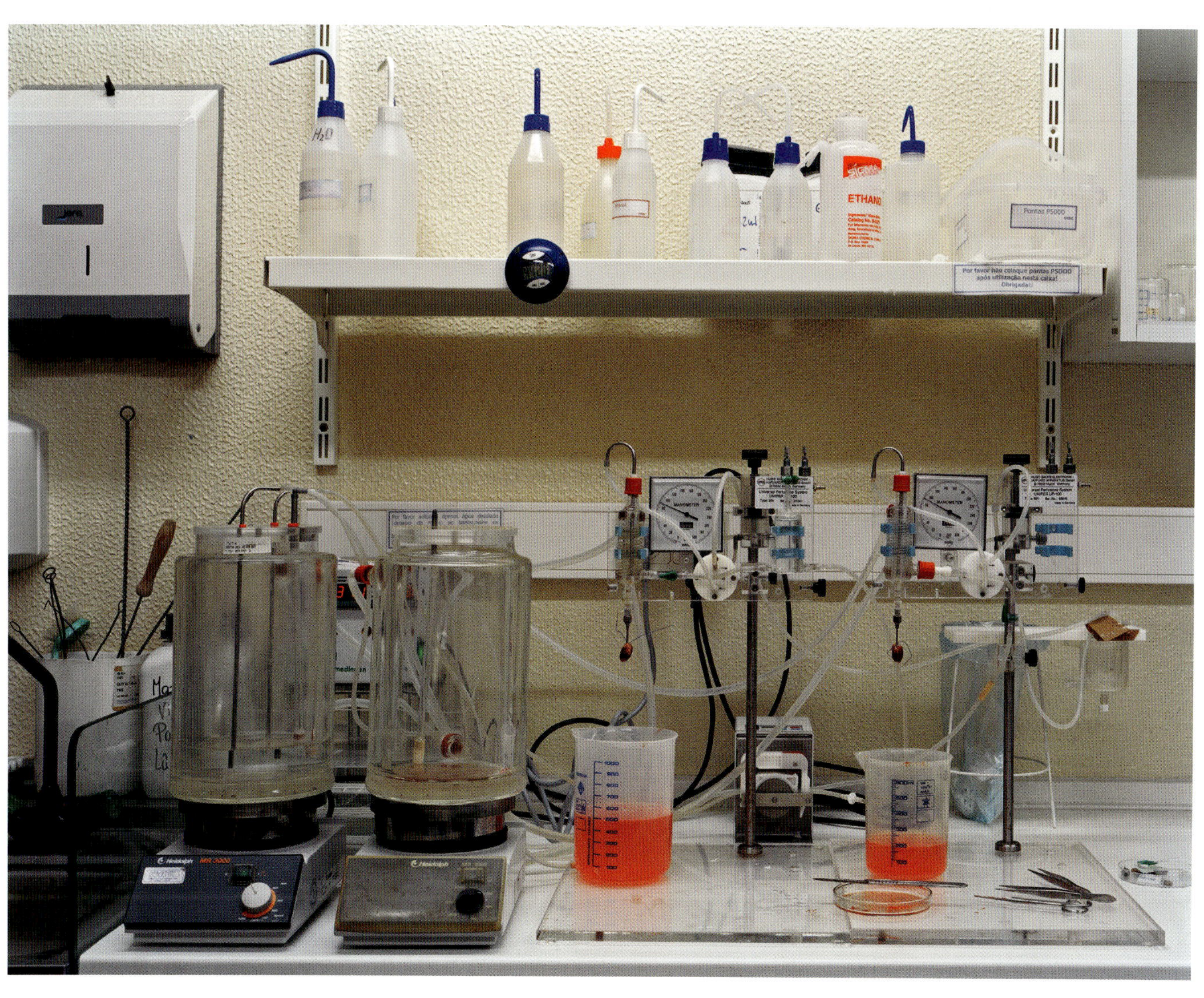

Herwig Turk mit | with Paulo Pereira, *labscape 1–4*, 2007, Lambdaprint | Lambda print, je | each 120 x 150 cm

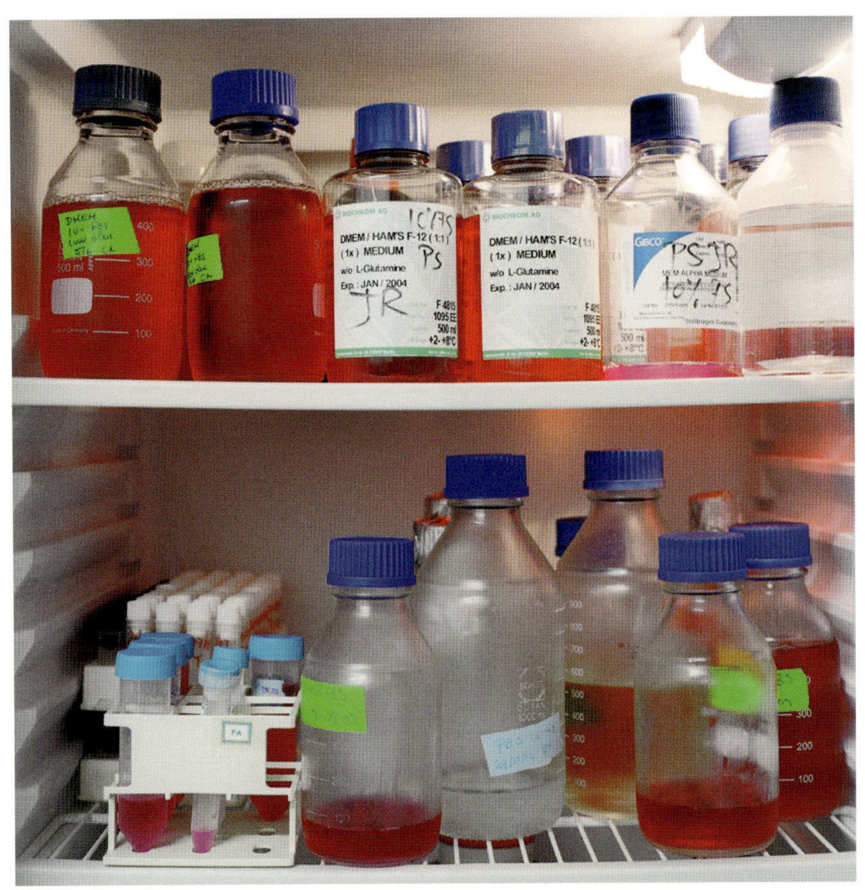

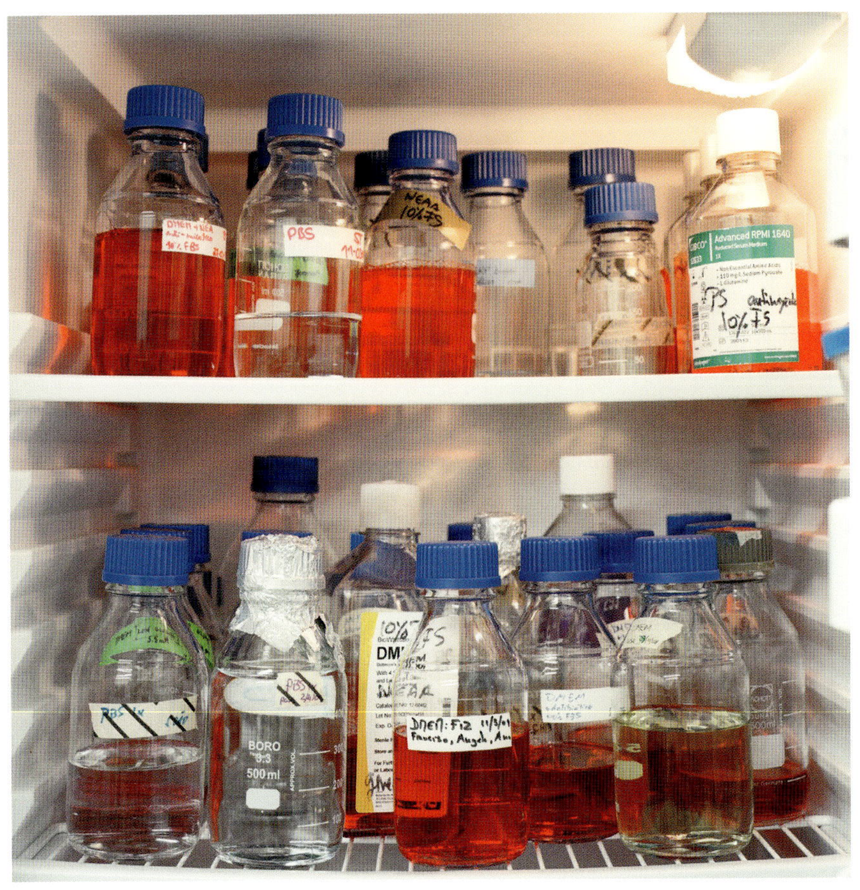

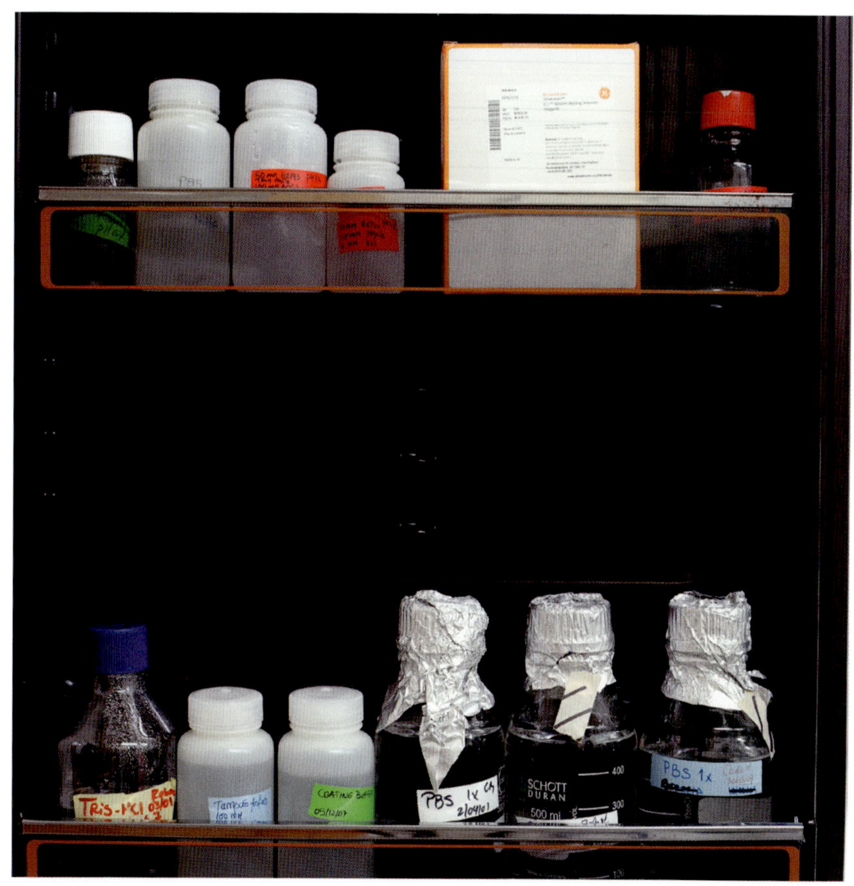

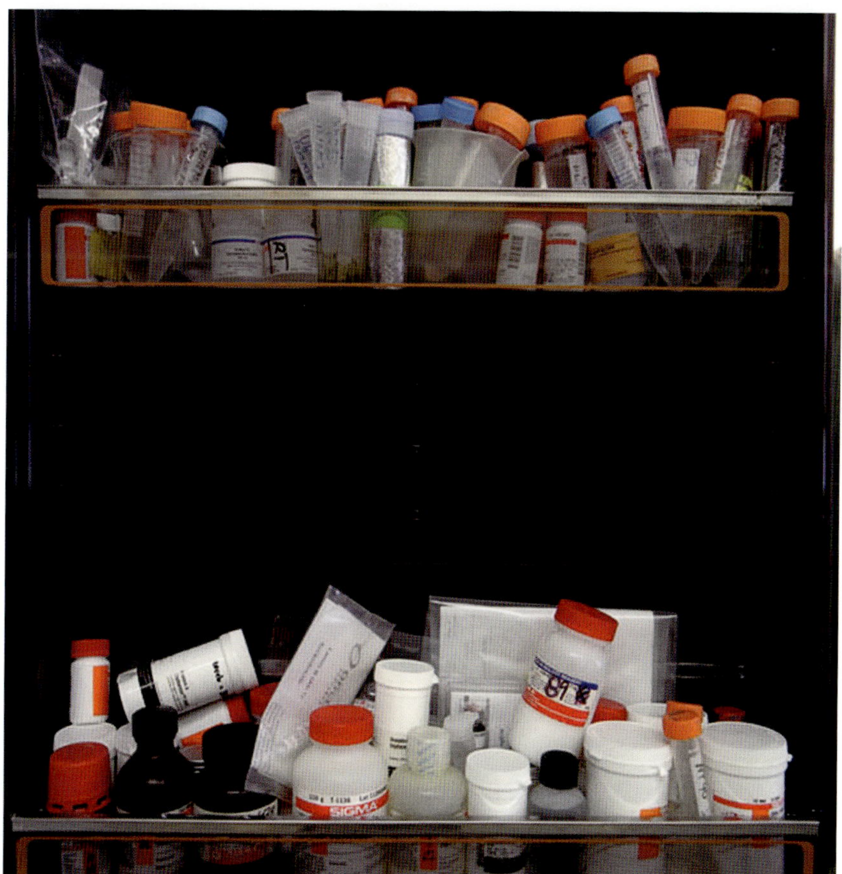

Herwig Turk mit | with Patricia Almeida, *agglomeration*, 2003–08
Lambdaprint auf Alu kaschiert | Lambda print on aluminium laminated, je | each 80 x 80 cm

Herwig Turk im Dialog mit | in dialogue with:

Herbert Boeckl (A)
Thomas Feuerstein (A)
Cornelius Kolig (A)
Gerhard Lang (D)
Sonia Leimer (I)
Kira O'Reilly (GB) & Jennifer Willet (CAN)
Hannes Rickli (CH)
Meina Schellander (A)
Nicole Six & Paul Petritsch (A)
The Center for Land Use Interpretation (US)
Gerhard Treml & Leo Calice (A)

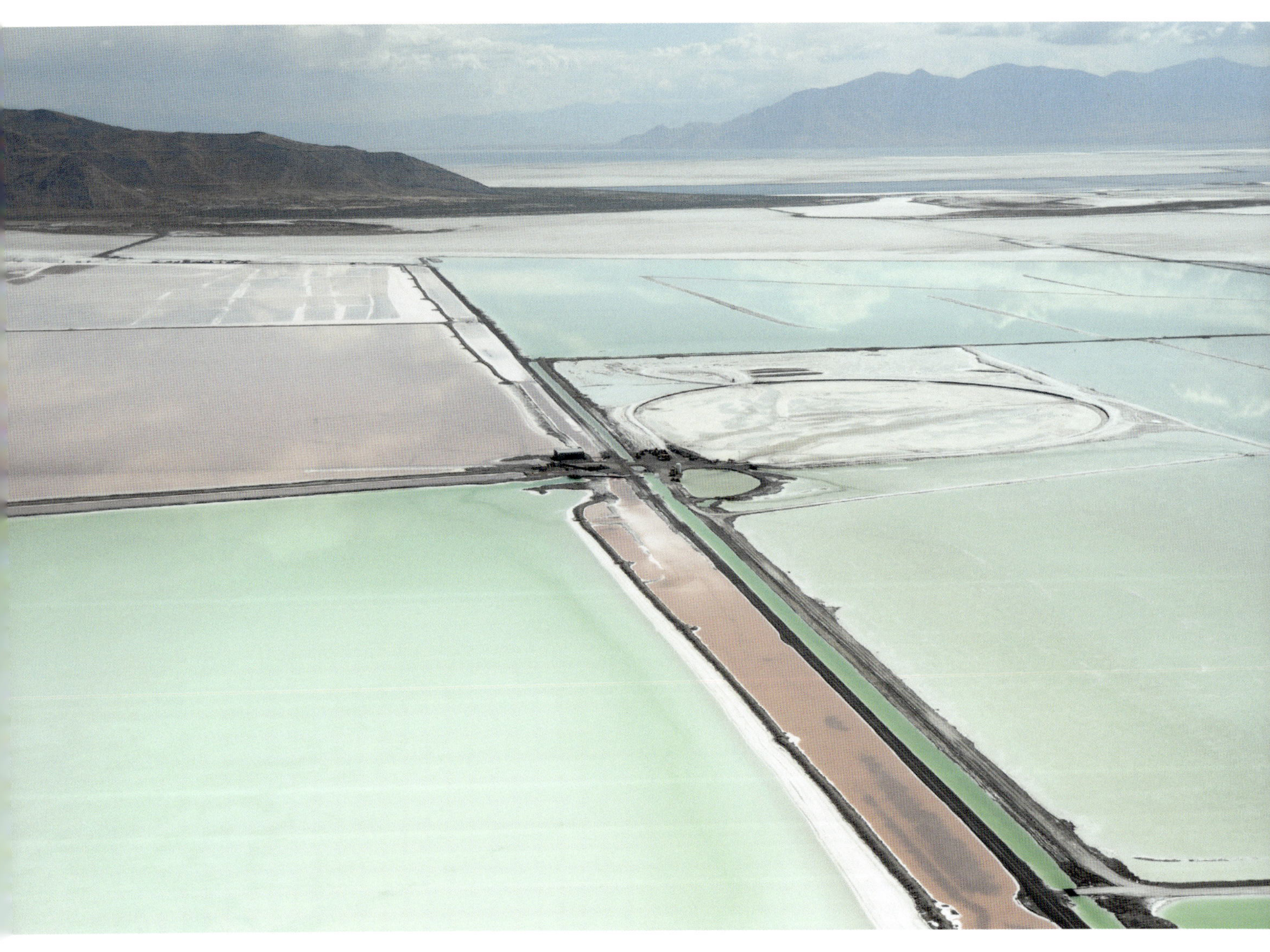

The Center for Land Use Interpretation, *Great Salt Lake Landscan*, 2013, HD Video mit Ton | HD video with sound, 19' 05''
Commissioned by the Utah Museum of Fine Arts, University of Utah, with funds from the Phyllis Cannon Wattis
Endowment for Modern and Contemporary Art

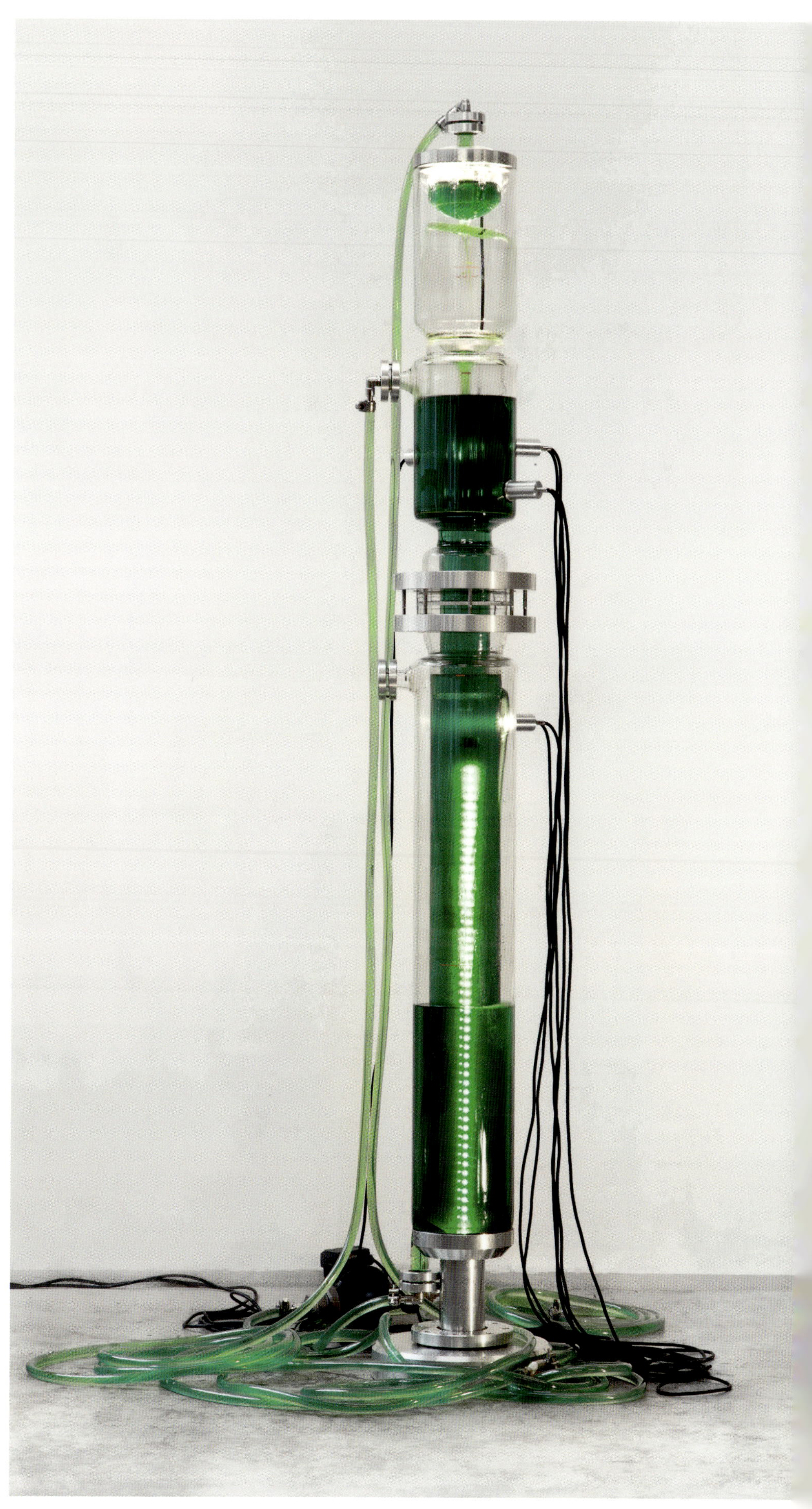

Thomas Feuerstein
NYMPHAE (MANNA SCULPTURE), 2016
Algen (Chlorella vulgaris),
Wasser, Glas, Aluminium, Leuchtmittel,
Pumpen | algae (chlorella vulgaris), water,
glass, aluminium, lighting, pumps
235 x 35 x 35 cm

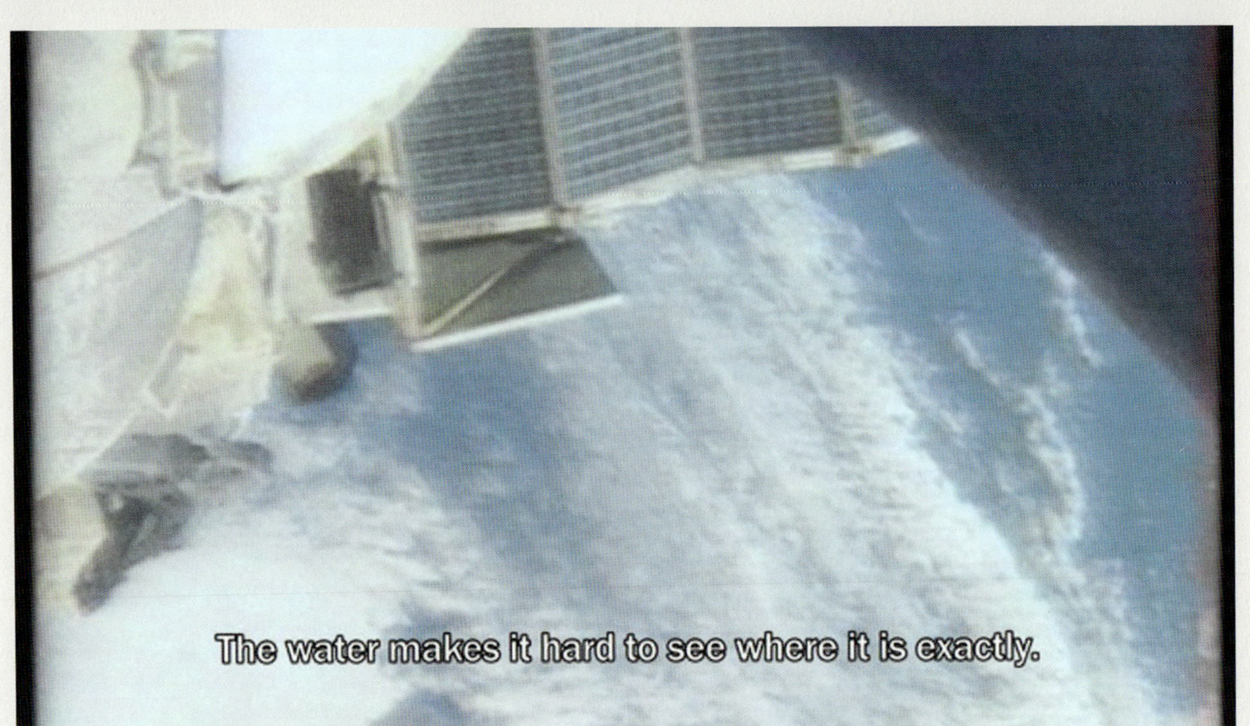

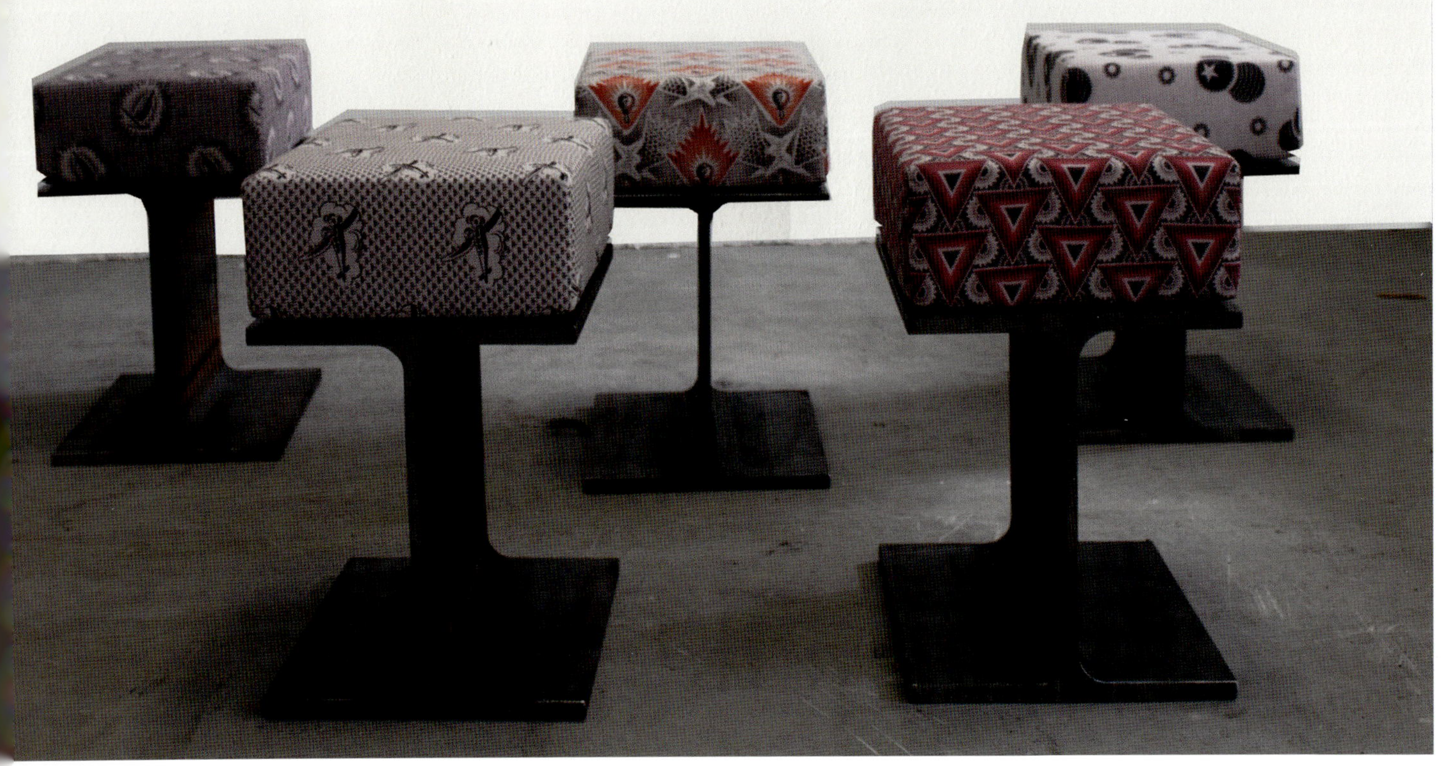

Sonia Leimer, *IWANOWO*, 2015
5 Hocker, Stahl, Schaumstoff, Sublimationsdruck auf Martindale
5 stools, steel, plastic foam, sublimation print on Martindale, je | each 49 x 46 x 30 cm
Above the Crocodiles, Video in Farbe | video in colour, 8' 18''

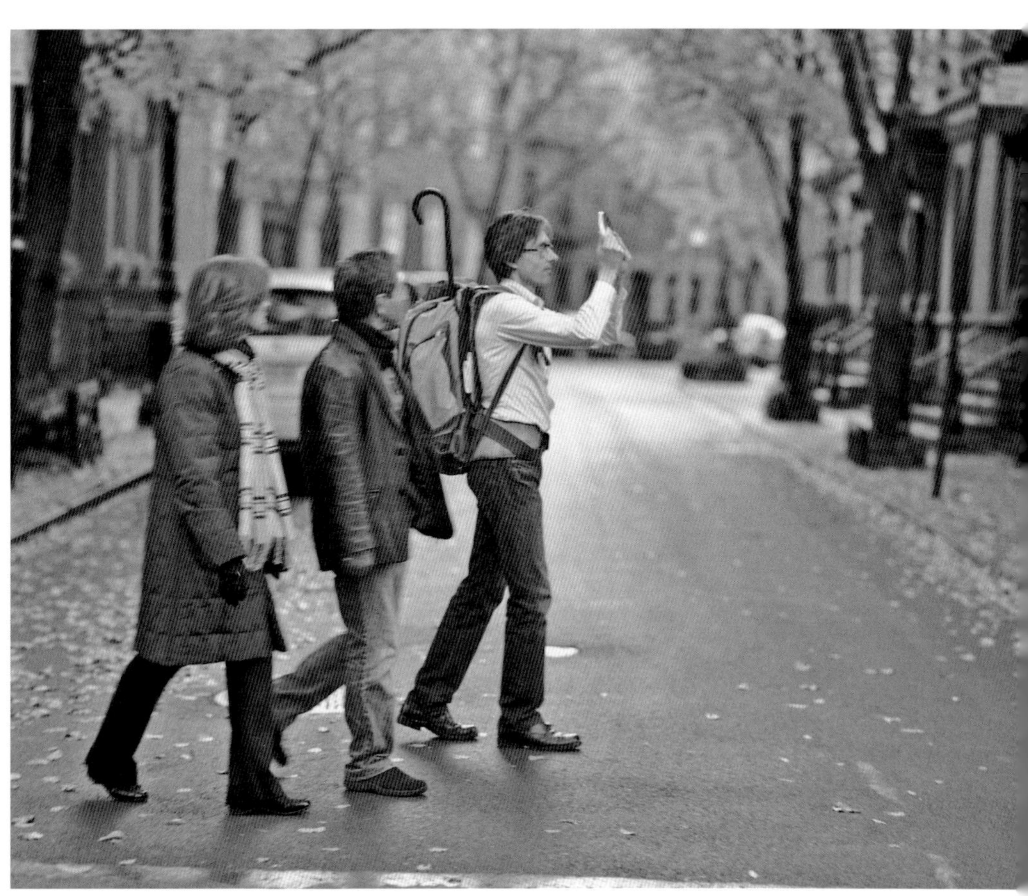

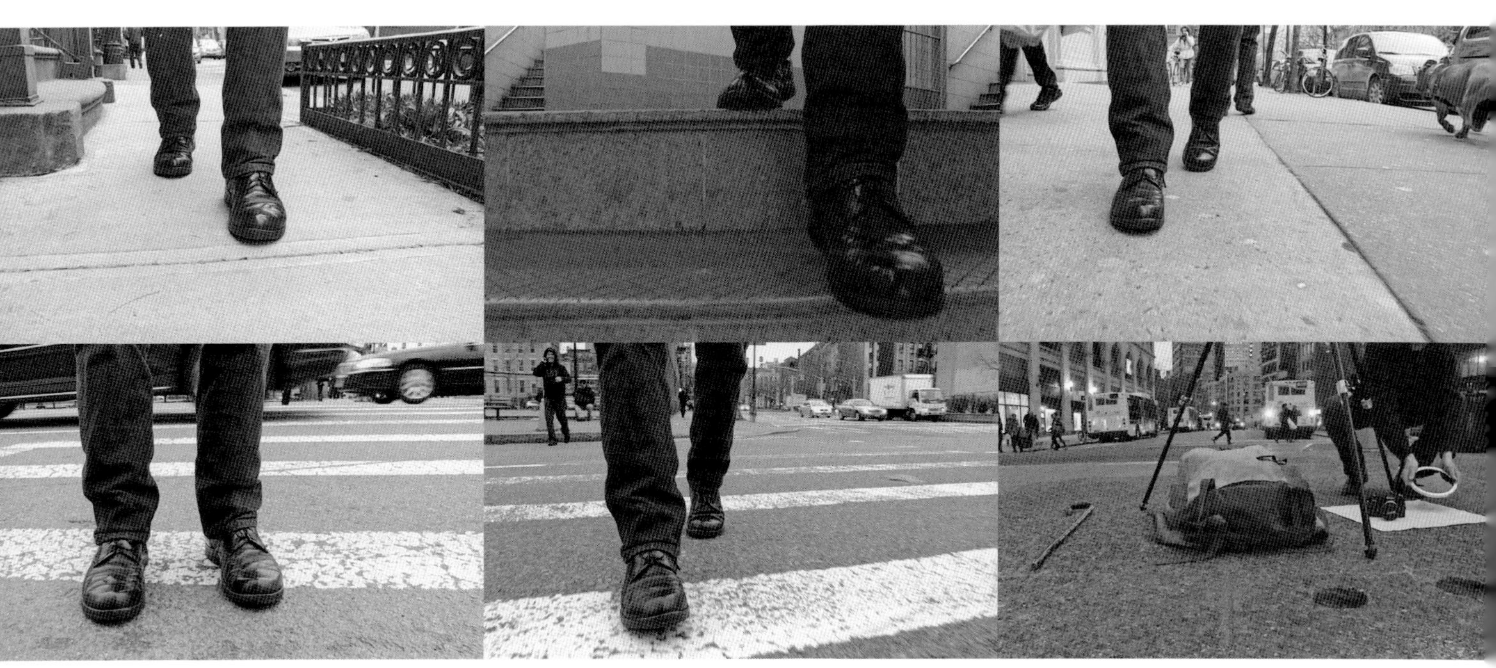

Gerhard Lang, *Through the Looking Glass II*, 2012, Video in Schwarz/Weiß | video in black and white, 78′, Kamera: Christina Lammer

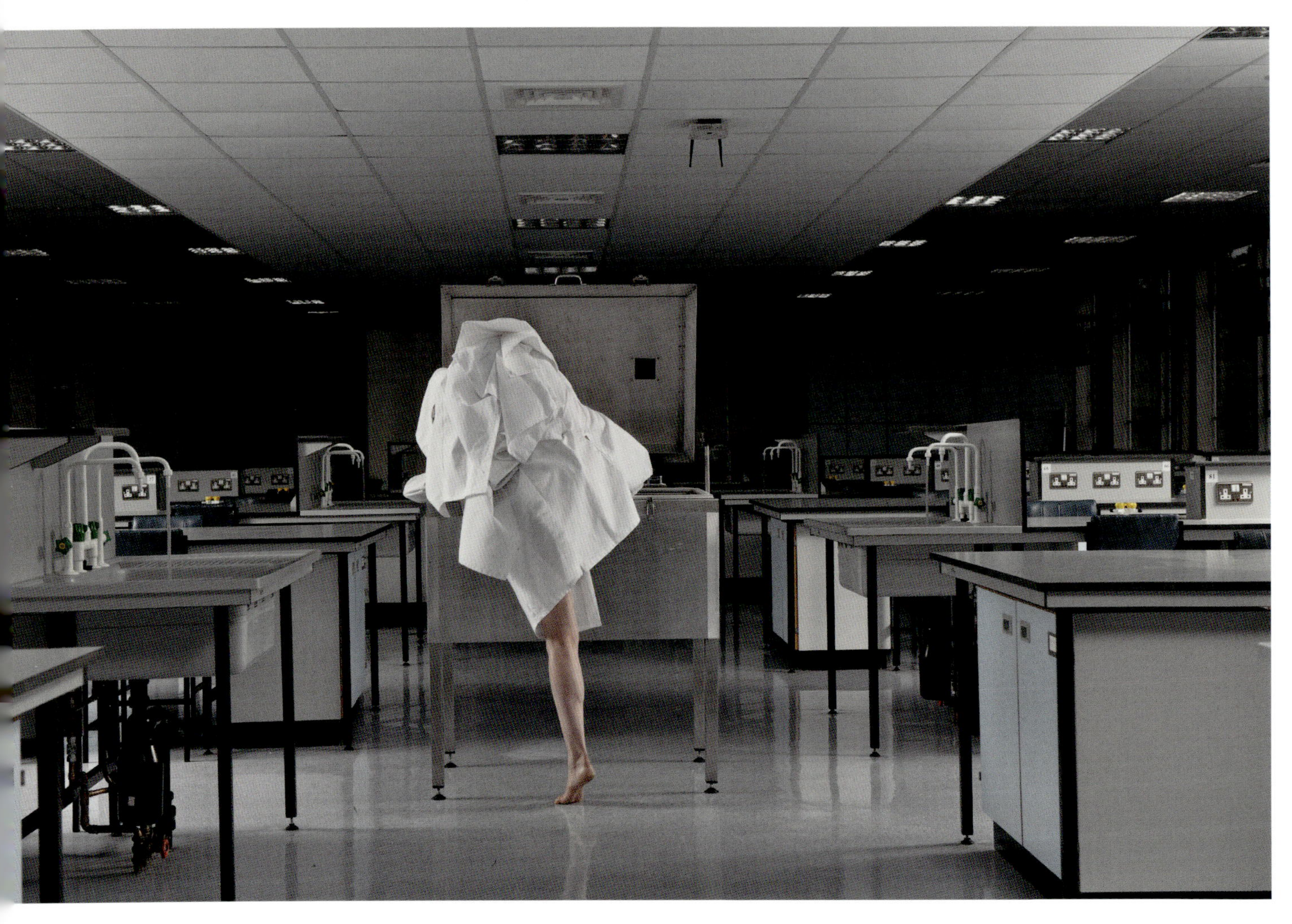

Kira O'Reilly & Jennifer Willet, *Refolding (Laboratory Architectures)*, 2010, Duratrans im Leuchtkasten | Duratrans in a light box, 50 x 75 cm

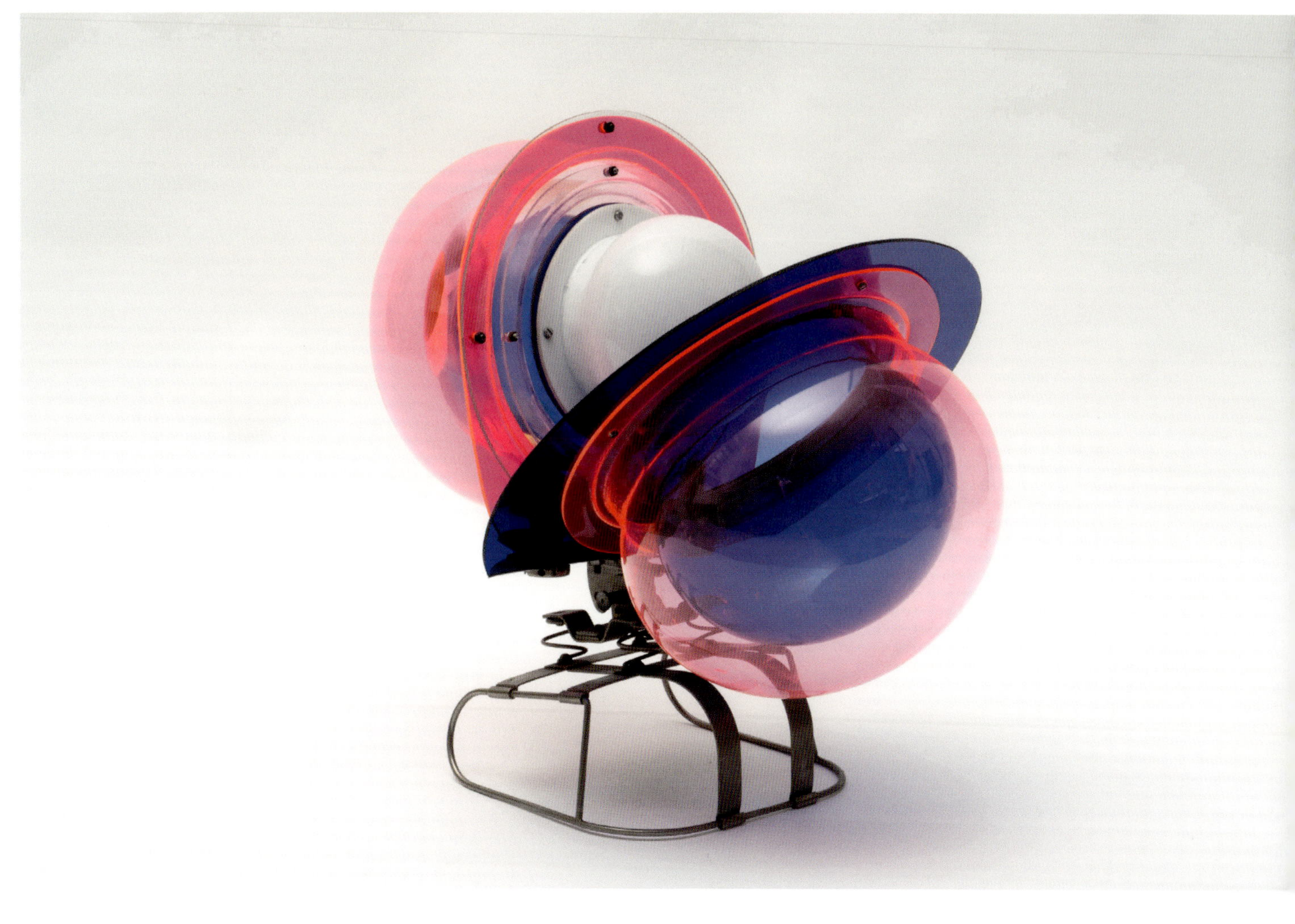

Cornelius Kolig, *Variation des Plexiglasbaukastens*, 1968
Polyester, Acrylglas und vernickeltes Eisen | polyester, acrylic glass and nickel-plated iron, 50 x 54 x 42 cm

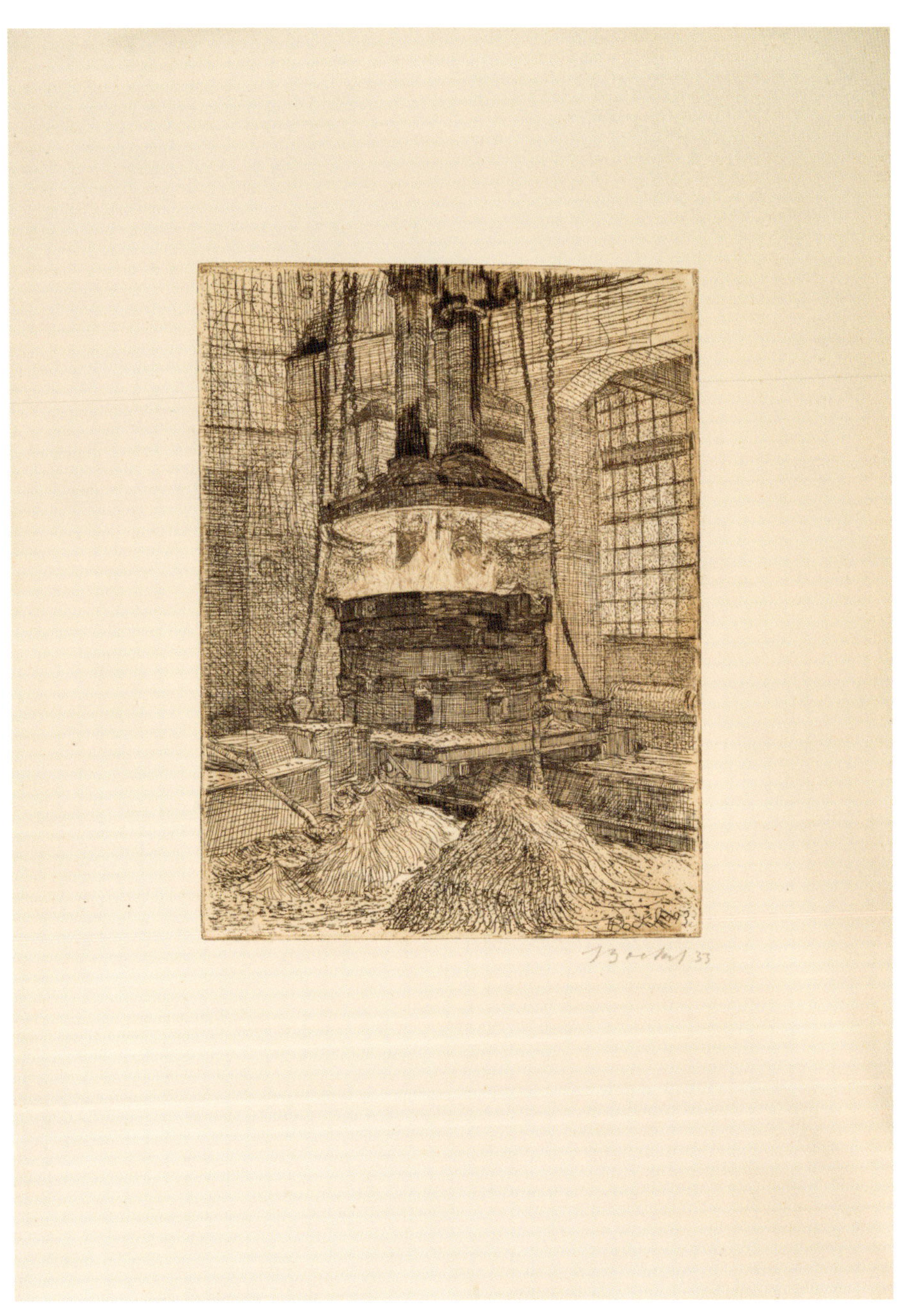

Herbert Boeckl, *Treibach Althofen, Hochofen*, 1933, Radierung auf Papier | engraving on paper, 51 x 35 cm

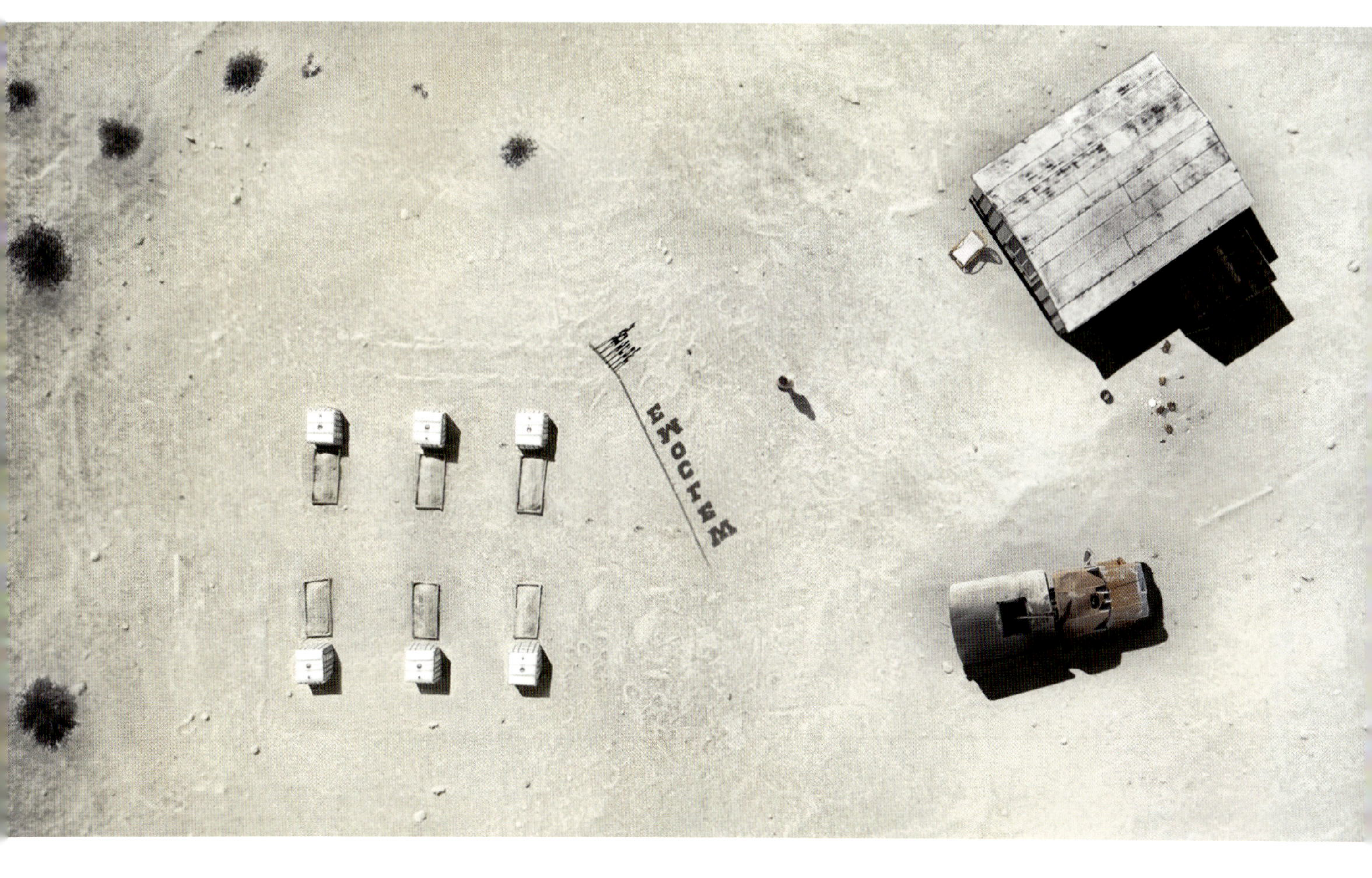

Gerhard Treml & Leo Calice, *Eden's Edge*, 2014
Videoinstallation | video installation, 18' 27'', vertikale Projektion auf Sandfläche
vertical projection on sandscreen, 157,5 x 280 cm, video still
Research: Christina Linortner, Elisabeth Marko, Edith Schwarzl

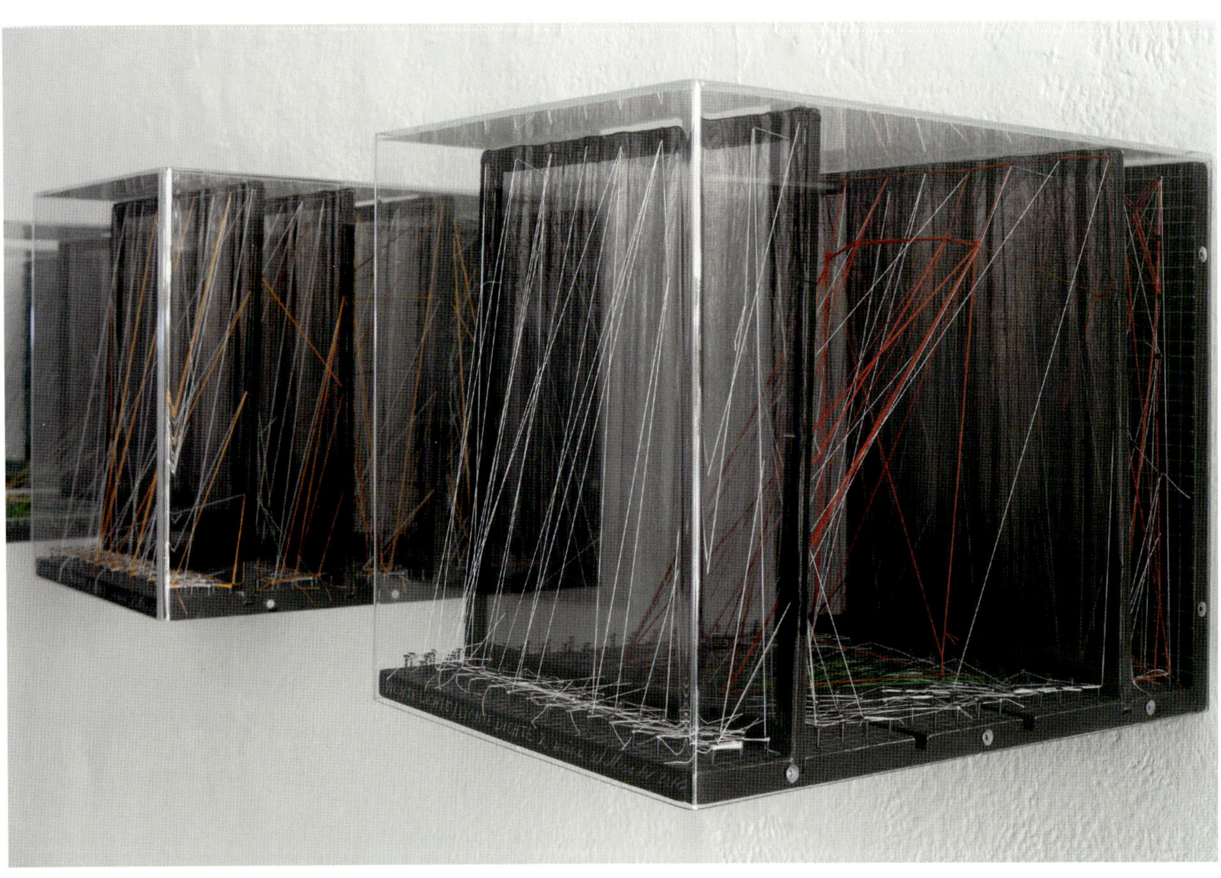

Meina Schellander, *Dichte Lichte/Lichte Dichte 2, 3*, 2010/11
aus einer Reihe von 10 Wandobjekten, Birkensperrholz, Holzleisten, Digitaldruck auf Voile, Acrylglas, Zwirn, Nägel, Buntstift, Dispersion
from a series of 10 wall-objects, birch plywood, wooden strips, digital print on voile, acrylic glass, yarn, nails, metal pin, emulsion paint,
je | each 37,4 x 33 x 47,4 cm

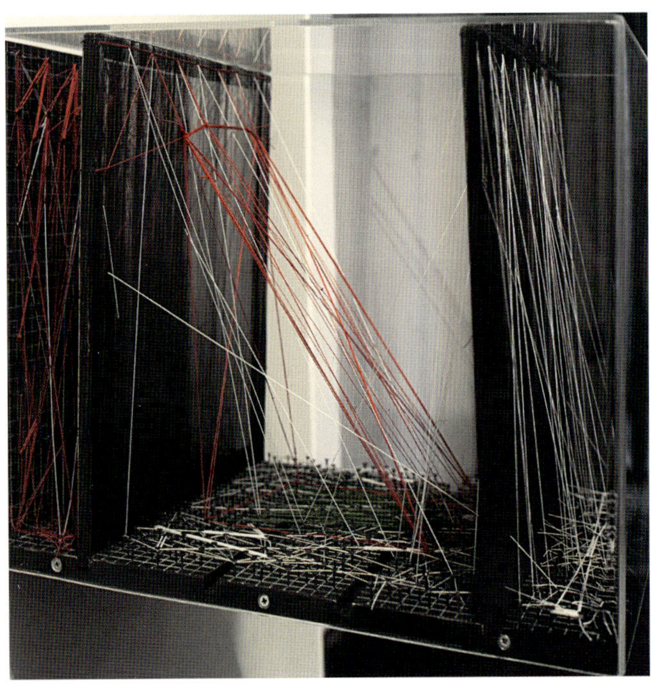

Meina Schellander, *Dichte Lichte/Lichte Dichte 2*, 2010

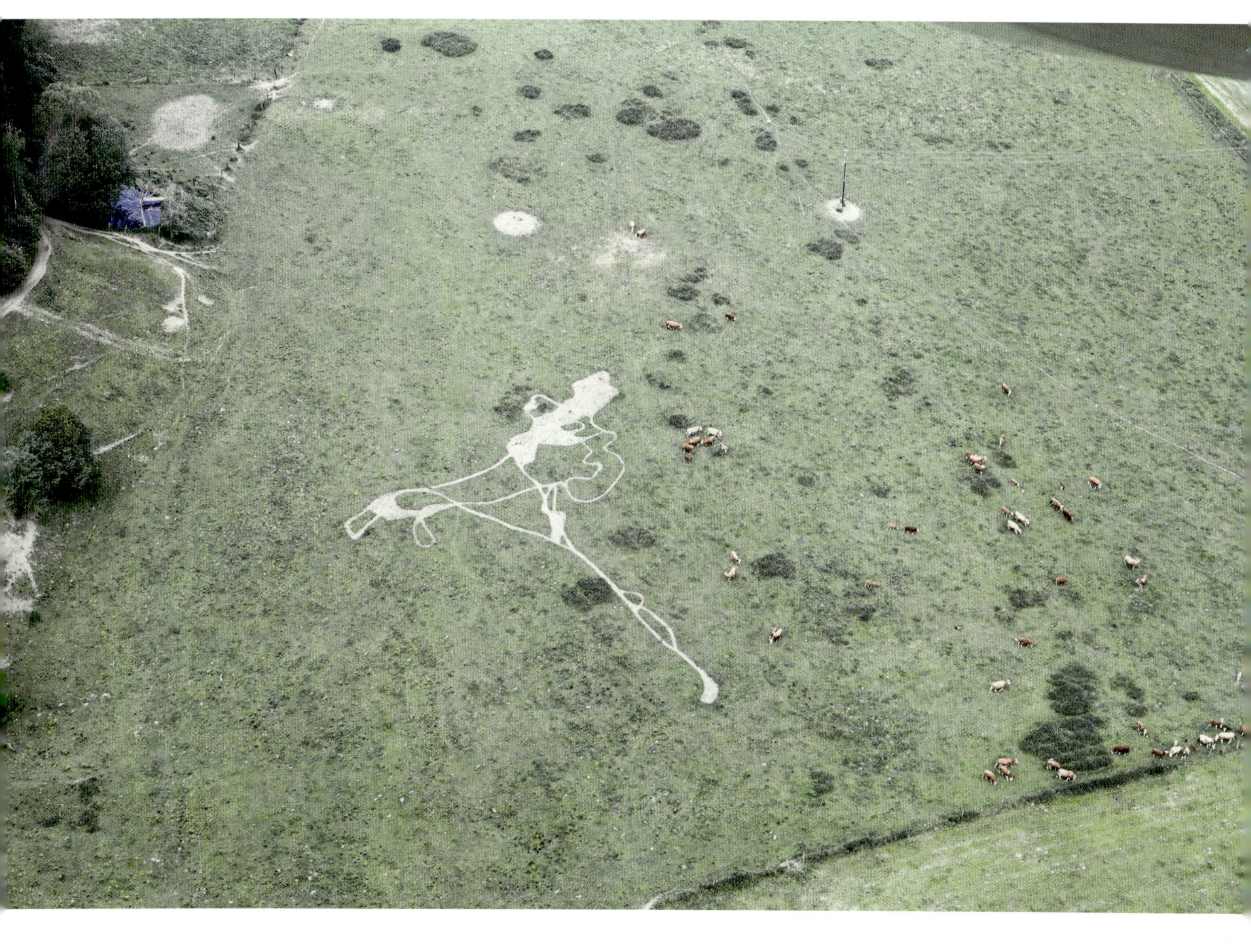

Nicole Six & Paul Petritsch, *Das Meer der Stille / The Sea of Tranquility*, 2014
Wiese, Grasnarbe umgebrochen | meadow, plowed turf, 5217 x 7128 cm

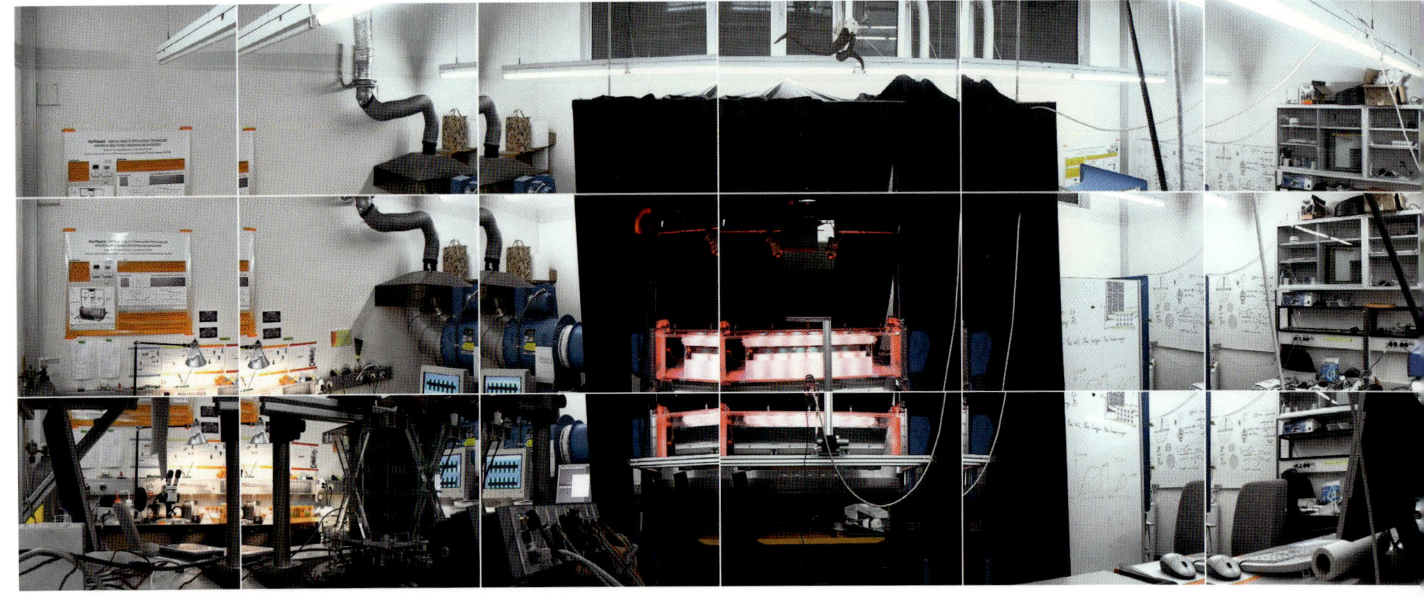

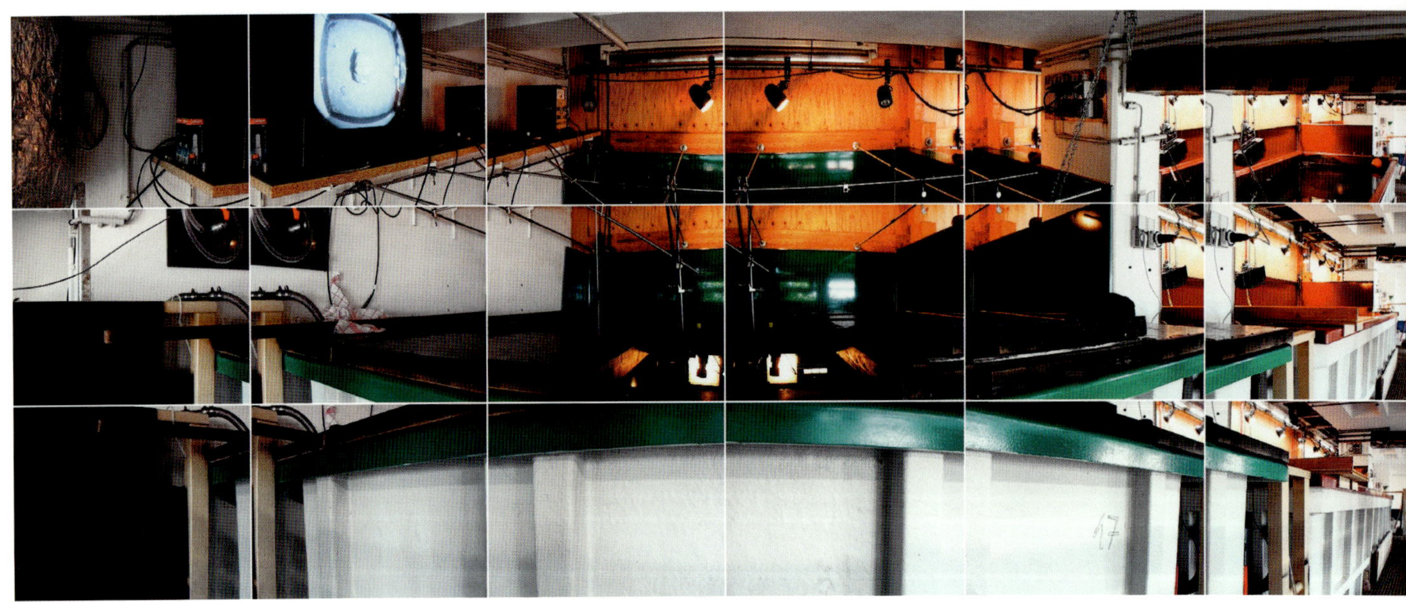

Hannes Rickli (mit | with Michael Guggenheim), *Labscan # 1–3, (das molekularbiologische Labor)*, 2009
Video in Farbe, ohne Ton | video in colour without sound, 27' 17'', loop

Einzelpanoramen:

Labscan # 1, Schwarzbäuchige Fruchtfliege
Flugsteuerung bei Drosophila melanogaster, 360°-Panorama Windkanal | flight control for drosophila melanogaster,
360°-panoramic wind tunnel, 5', loop, video stills

Labscan # 2.1, Roter Knurrhahn
Akustische Kommunikation bei Trigla lucerna, 360°-Panorama Aquarium, Hydrophon, Videokamera und Monitor
acoustic communication with trigla lucerna, 360°-panoramic aquarium, hydrophone, video camera and monitor, 5', loop, video stills

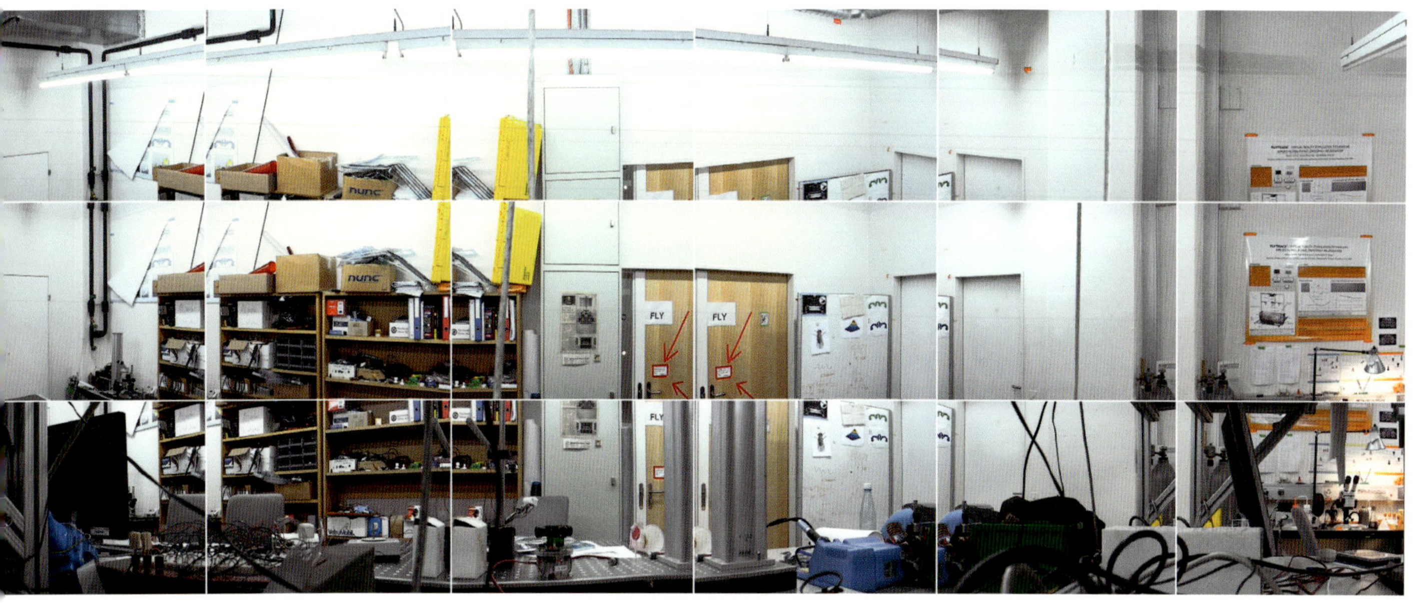

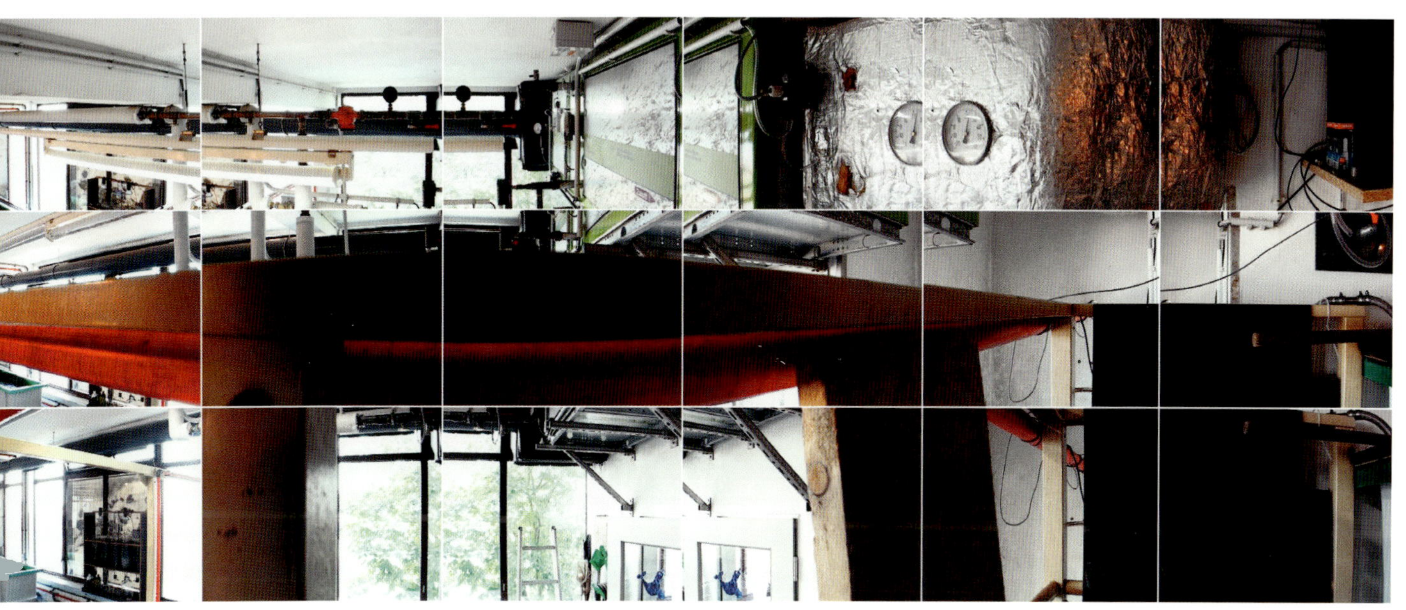

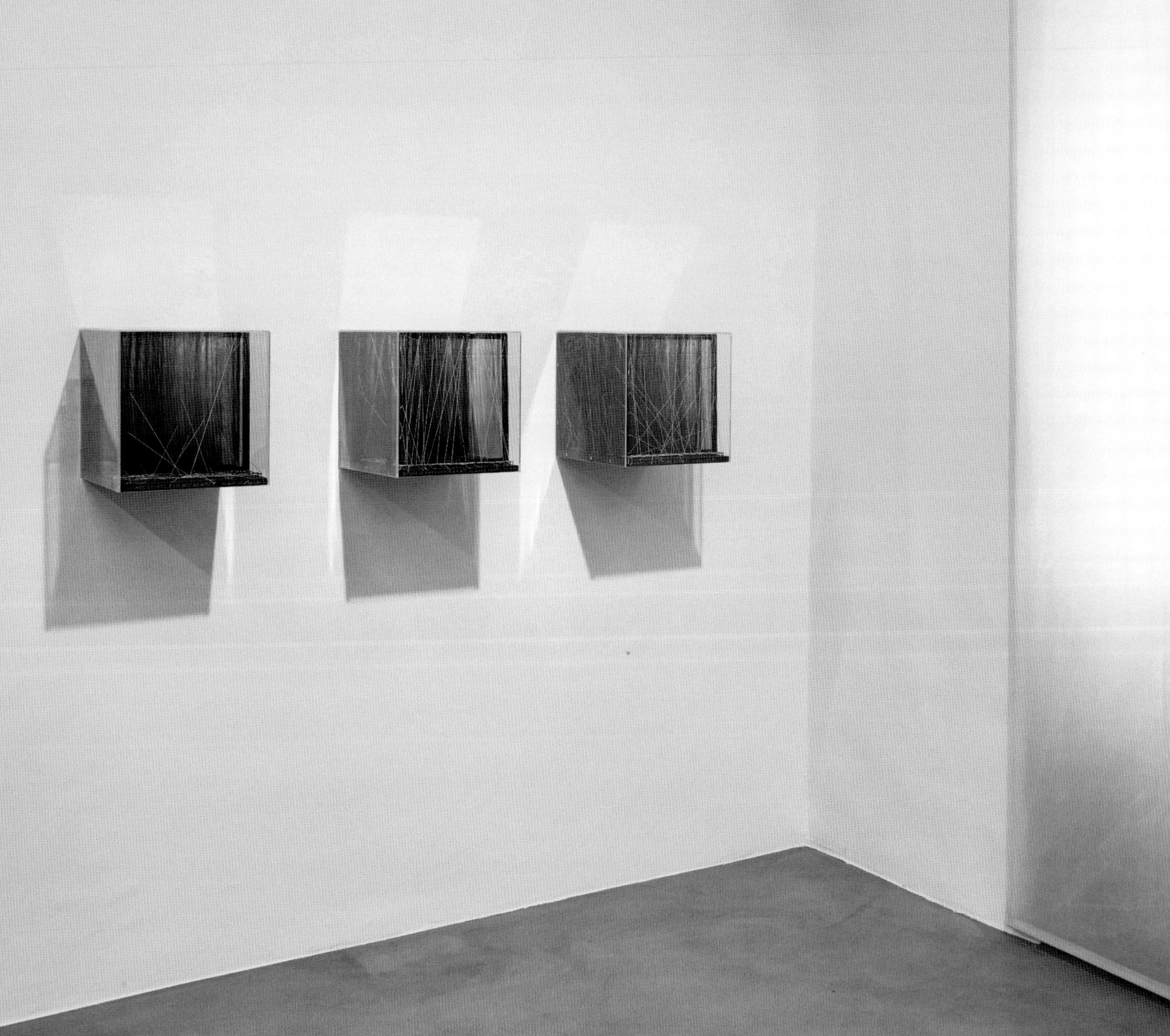

Meina Schellander, *Dichte Lichte/Lichte Dichte 1–3*, 2010–11
The Center for Land Use Interpretation, *Great Salt Lake Landscan*, 2013
Ausstellungsansicht | exhibition view Museum Moderner Kunst Kärnten, 2016

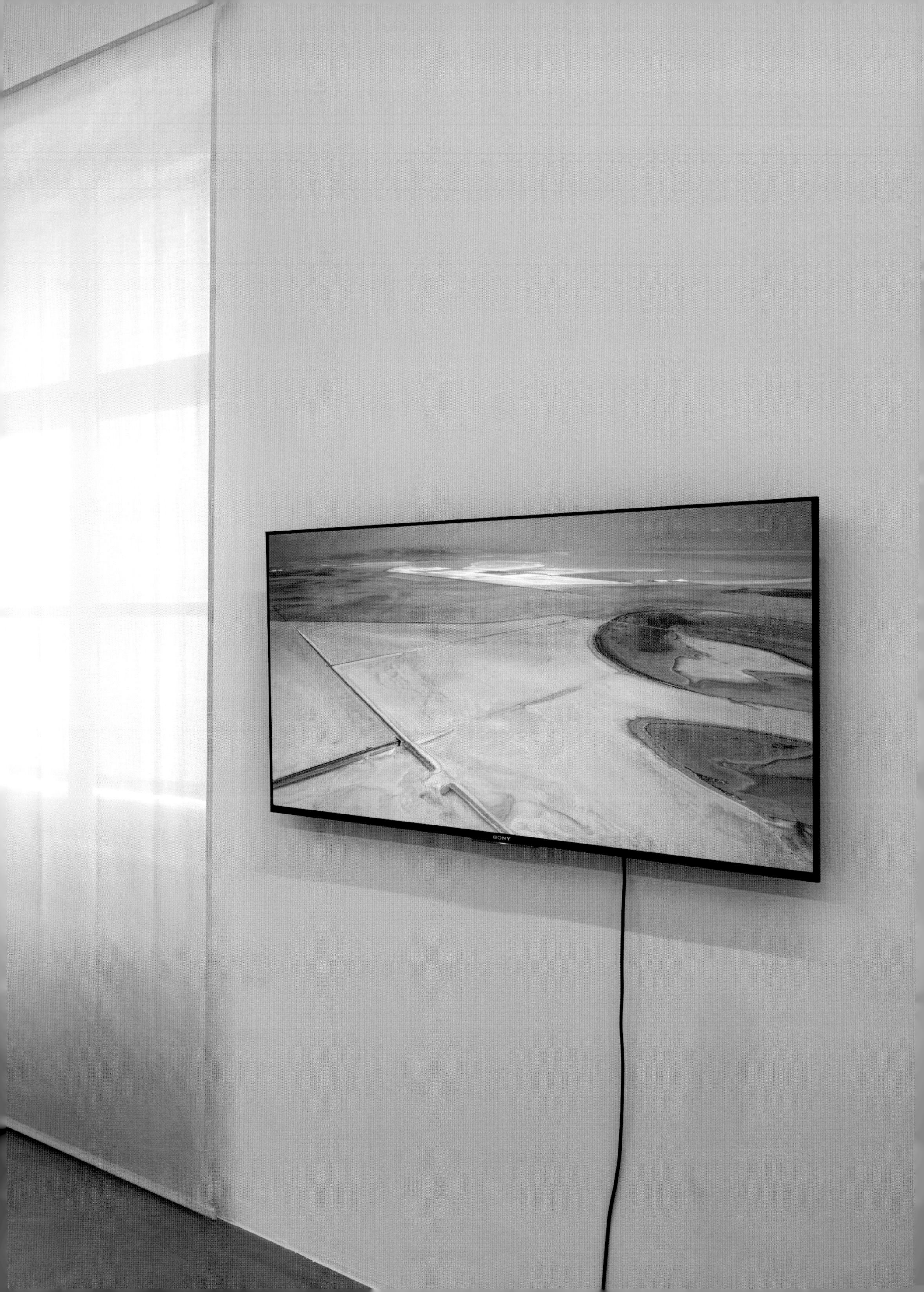

SONY

Ausgestellte Arbeiten | Exhibited Works

Herwig Turk

linescape, 2016
5 belichtete Siebdrucksiebe, 2 Documentprints auf Leinwand mit Holzstäben, Vitrine (Stahl, Holz, Glas), 3 Ausgaben des Magazins LIFE (24.
September 1945, 12. Februar 1951, 5. Mai 1952); Siebdrucksiebe: 215 x
170 cm, Documentprints: je 109 x 155 cm, Vitrine: 96 x 227 x 54 cm

5 exposed screen printing screens, 2 document prints on canvas with
wooden sticks, vitrine (steel, wood, glass), 3 issues of LIFE Magazine
(24 September 1945, 12 February 1951, 5 May 1952); screen printing
screens: 215 x 170 cm, document prints: 109 x 155 cm each, vitrine:
96 x 227 x 54 cm
Courtesy Galerie Georg Kargl Fine Arts, Wien

twin hills, 2015
Documentprint auf Leinwand | document print on canvas, 84,5 x 993 cm

bonneville salt flats e, 2014
Duratrans im Leuchtkasten | Duratrans in a light box, 35 x 284 x 10 cm

hands on, 2014
Zweikanal-Videoinstallation ohne Ton | two-channel video installation
without sound, 06' 17"

hogup pumping station, 2014
Video mit Ton | video with sound, 10' 27"

lincoln highway, 2014
Video mit Ton | video with sound, 13' 27"

uttr fence, 2014
Duratrans im Leuchtkasten | Duratrans in a light box, 35 x 214 x 10 cm

clymanbay, 2013
Documentprint auf Leinwand, 3 Feldbetten, 3 Holzplatten, Acrylglas
bedruckt, 45 x 570 x 73 cm | document print on canvas, 3 camp beds,
3 wood panels, print on acrylic glass, Wandtext | text on the wall
Kunstsammlung des Landes Kärnten/MMKK

the conversation that never took place, 2013
Vierkanal-Videoinstallation mit Ton, 4 Flachbildschirme je 42 Zoll,
Metallstativ, Höhe: 162 cm | four-channel video installation with sound,
4 screens, 42 inches each, metal supports, height: 162 cm, 33', loop

lakeside, 2011
Video mit Ton | video with sound, 06' 17"

tacit knowledge experiment 1, 2011
Video mit Ton | video with sound, 04' 04"

tacit knowledge experiment 2, 2011
Video ohne Ton | video without sound, 08' 01"

value / order, 2011
Einkanal-Videoinstallation ohne Ton | one-channel video installation
without sound, 4' 35"

Herwig Turk mit | with Paulo Pereira, *agents*, 2007
3 Lambdaprints auf Alu kaschiert | 3 Lambda prints on aluminium lami-
nated, je | each 82 x 100 cm

Herwig Turk mit | with Paulo Pereira, *labscape 1–4*, 2007
4 Lambdaprints | 4 Lambda prints, je | each 120 x 150 cm

labscape 05, 2011
Documentprint auf Leinwand | document print on canvas, 150 x 375 cm
Courtesy Artothek des Bundes, Wien

Herwig Turk mit | with Patricia Almeida, *agglomeration*, 2003–08
4 Lambdaprints auf Alu kaschiert | 4 Lambda prints on aluminium lami-
nated, je | each 80 x 80 cm

Herwig Turk mit | with Paulo Pereira, *referenceless photography*,
1998–2003, 4 Duratrans in Leuchtkästen | 4 Duratrans in light boxes,
je | each 100 x 100 x 15 cm, Wandtext | text on the wall

Herbert Boeckl

Treibach Althofen, Hochofen, 1933
Radierung auf Papier | engraving on paper, 51 x 53 cm
Kunstsammlung des Landes Kärnten/MMKK

Thomas Feuerstein

NYMPHAE (MANNA SCULPTURE), 2016
Algen (Chlorella vulgaris), Wasser, Glas, Aluminium, Leuchtmittel, Pum-
pen | algae (chlorella vulgaris), water, glass, aluminium, lighting,
pumps, 235 x 35 x 35 cm
Courtesy Galerie Elisabeth & Klaus Thoman Innsbruck/Wien

Cornelius Kolig

Variation des Plexiglasbaukastens, 1968
Polyester, Acrylglas und vernickeltes Eisen | polyester, acrylic glass and
nickel-plated iron, 50 x 54 x 42 cm
Kunstsammlung des Landes Kärnten/MMKK

Gerhard Lang

Through the Looking Glass II, 2012
Video in Schwarz/Weiß | video in black and white, 78'
Foto | photo: Manfred Reiff, Kamera | camera: Christina Lammer
Courtesy Gerhard Lang

Sonia Leimer

IWANOWO, 2015
5 Hocker, Stahl, Schaumstoff, Sublimationsdruck auf Martindale
5 stools, steel, plastic foam, sublimation print on Martindale, je | each
49 x 46 x 30 cm
Above the Crocodiles, Video in Farbe | video in colour, 8' 18"
Courtesy Galerie nächst St. Stefan, Rosemarie Schwarzwälder, Wien

Kira O'Reilly & Jennifer Willet

Refolding (Laboratory Architectures), 2010
Duratrans im Leuchtkasten | Duratrans in a light box, 50 x 75 cm
Foto | photo: Hugo Glendinning
Courtesy Kira O'Reilly & Jennifer Willet

Hannes Rickli

Labscan # 1–3, (das molekularbiologische Labor), 2009
Video in Farbe, ohne Ton | video in colour without sound, 27' 17", loop
Courtesy Hannes Rickli

Meina Schellander

Dichte Lichte/Lichte Dichte 1–3, 2010–11
aus einer Reihe von 10 Wandobjekten, Birkensperrholz, Holzleisten,
Digitaldruck auf Voile, Acrylglas, Zwirn, Nägel, Buntstift, Dispersion
from a series of 10 wall-objects, birch plywood, wooden strips, digital
print on voile, acrylic glass, yarn, nails, metal pin, emulsion paint
je | each 37,4 x 33 x 47,4 cm
Courtesy Meina Schellander

Nicole Six & Paul Petritsch

Das Meer der Stille / The Sea of Tranquility, 2014
Wiese, Grasnarbe umgebrochen | meadow, plowed turf
5217 x 7128 cm, C-Print | c-print, 52 x 78 cm
Handlungsanleitung, 2015
Poster | poster, 62 x 42 cm
Courtesy Nicole Six & Paul Petritsch

The Center for Land Use Interpretation

Great Salt Lake Landscan, 2013
HD Video mit Ton | HD video with sound, 19' 05"
Commissioned by the Utah Museum of Fine Arts, University of Utah,
with funds from the Phyllis Cannon Wattis Endowment for Modern and
Contemporary Art
Courtesy The Center for Land Use Interpretation

Gerhard Treml & Leo Calice

Eden´s Edge, 2014
Videoinstallation | video installation, 18' 27"
vertikale Projektion | vertical projection
Research: Christina Linortner, Elisabeth Marko, Edith Schwarzl
Courtesy Gerhard Treml & Leo Calice

Herwig Turk

Biografie

1964	geboren in St. Veit an der Glan, A
1983–90	Studium an der Universität für angewandte Kunst Wien bei Prof. Peter Weibel und Prof. Christian Reder, Wien, A
1993–96	Gründungsmitglied von HILUS – intermediale Projektforschung und Arbeit an verschiedenen Projekten, Wien, A
1996–99	Gründungsmitglied der *Neigungsgruppe vergessen*® und Arbeit an verschiedenen Projekten
2003–10	Zusammenarbeit mit Paulo Pereira, Leiter der Ophthalmologischen Abteilung von IBILI - Institute for Biomediacal Imaging and Life Sciences, Faculdade de Medicina, Universidade de Coimbra, P
2003–10	Gründungsmitglied von *theblindspot.org* mit Paulo Pereira u. Arbeit an interdisziplinärem Forschungsprojekt zum Thema Wahrnehmung
2010–13	Artist in Residence am IMM - Instituto da Medicina Molecular, Lissabon, P
Seit 2014	Senior Artist in der Abteilung Social Design an der Universität für angewandte Kunst Wien, Wien, A
	lebt und arbeitet in Wien, A

http://www.herwigturk.net

Preise und Auszeichnungen (Auswahl)

2014	Würdigungspreis für elektronische Medien, Fotografie und Film des Landes Kärnten
2009	Arbeitsstipendium „Rede de Residências Experimentação – Arte", Science and Technology Fund & DG Artes, P
1998	Förderungspreis für Bildende Kunst des Landes Kärnten
1996	Projektstipendium des Bundesministeriums für Wirtschaft und Verkehr für Prag, CZ
1995	Arbeitsstipendium des Bundesministeriums für Wissenschaft, Forschung und Kunst für einen Forschungsaufenthalt bei V2_Institute for the Unstable Media, Rotterdam, NL
	Förderungspreis für grenzüberschreitende Kunst des Bundesministeriums für Wissenschaft, Forschung und Kunst
1994	Staatsstipendium für Bildende Kunst des Bundesministeriums für Wissenschaft, Forschung und Kunst
1992	Ehrenpreis der Masaryk Akademie, Prag, CZ
1990	Entdeckungspreis, Römerquelle-Kunstwettbewerb

Biography

1964	born in St. Veit an der Glan, A
1983–90	studied at the University of Applied Arts Vienna, with Peter Weibel and Christian Reder, Vienna, A
1993–96	founding member of HILUS – intermedial project research and work on various projects, Vienna, A
1996–99	founding member of the special interest group vergessen® and work on various projects
2003–10	collaboration with Paulo Pereira, head of the ophthalmology department of IBILI - Institute for Biomediacal Imaging and Life Sciences, Faculdade de Medicina, Universidade de Coimbra, P
2003–10	founding member of theblindspot.org with Paulo Pereira and work on this interdisciplinary research project on the topic of perception
2010–13	Artist in Residence at the IMM - Instituto da Medicina Molecular, Lisbon, P
since 2014	Senior Artist in the department of Social Design at the University of Applied Arts Vienna, Vienna, A
	lives and works in Vienna, A

http://www.herwigturk.net

Prizes and Awards (selection)

2014	honorary prize from the Province of Carinthia for electronic media, photography and film
2009	working scholarship „Rede de Residências Experimentação – Arte", Science and Technology Fund & DG Artes, P
1998	promotion prize for fine arts from the Province of Carinthia
1996	project grant from the federal ministry of economy and transport to Prag, CZ
1995	working scholarship from the federal ministry of science, research and art for a research project at V2_Institute for the Unstable Media, Rotterdam, NL
	Promotion prize for transnational art from the federal ministry of science, research and art
1994	government scholarship for fine arts from the federal ministry of science, research and art
1992	honorary prize from the Masaryk Academy, Prag, CZ
1990	discovery award, Römerquelle-art competition

Einzelausstellungen (Auswahl) | **Personal Exhibitions** (selection)

2016 *Herwig Turk. Landschaft = Labor. Eine Werkschau im Kontext*, Museum Moderner Kunst Kärnten, Klagenfurt, A
       Herwig Turk. Linescape, Georg Kargl Box, Wien, A
2014 *Quasikristalle oder die Harmonie der Täuschung*, Ausstellungszentrum der Universität f. angewandte Kunst Wien, Heiligenkreuzerhof, Wien, A
       hands on (Vers.3), Museumsquartier, Quartier 21, Schauraum, Wien, A
       The conversation that never took place, Museu da Ciência da Universidade de Coimbra, Coimbra, P
2013 *The conversation that never took place*, Pavilhão do Conhecimento – Ciência Viva Parque das Nações, Lissabon, P
2012 *Mirror Systems*, Institut für Medien- und Kommunikationswissenschaften, Alpen-Adria-Universität Klagenfurt, Klagenfurt, A
2011 *Prototyp #1*, IMM Lisboa – Instituto da Medicina Molecular, Lissabon, P
2009 *The invisible Laboratory*, Museu da Ciência da Universidade de Coimbra, Coimbra, P (mit Paulo Pereira)
2008 *peripheral vision II*, KIBLA, Multimedia Art Center Maribor, Marburg, SLO (mit Paulo Pereira)
2007 *peripheral vision*, Museu das Comunicações, Lissabon, P (mit Paulo Pereira)
2006 *BLINDDATE*, TESLA – Berlins Labor für mediale Künste, Berlin, D (mit Günter Stöger und Paulo Pereira)
2005 *BLINDDATE*, MAK – Österreichisches Museum für angewandte Kunst/Gegenwartskunst, Wien, A (mit Günter Stöger und Paulo Pereira)
       paradise_paradox, Felsenhalle Kreuzbergl, Bergbaumuseum Klagenfurt, Klagenfurt, A (mit Günter Stöger)
2004 *Der Himmel ist nicht blau, er ist violett*, Medienwerkstatt Wien, Wien, A (mit Paulo Pereira)
2001 *can you see it?*, Ex Essiccatoio Bozzoli, San Vito al Tagliamento, I
2000 *immer ärger mit dem realen*, Galerie 60, Feldkirch, A
1997 *never age – never die – never live*, Operationssaal des LKH Wolfsberg, Wolfsberg, A
1996 *Deep freeze islands*, Ex Essiccatoio Bozzoli, San Vito al Tagliamento, I
       parallelaktion, im Rahmen von medien, medien apparate, kunst, Projektionsräume. Beispiele apparativer Kunst in Österreich, MAK – Österreichisches Museum für angewandte Kunst/Gegenwartskunst, Wien, A
1995 *SYNTETIKTM*, Rathausgalerie, St. Veit an der Glan, A
1994 *Superorgane*, Galerie Bois – Präsentationen im elektronischen Raum, Mailbox
1993 *The Street*, Straßengalerie Weyer - Galerie für zeitgenössische Fotografie und Medienkunst, Weyer, A
1990 *Herwig Turk*, Galerie am Institut für Kunstgeschichte der Karl-Franzens-Universität Graz, Graz, A
       Herwig Turk, Galerie auf der Stubenbastei, Wien, A
       INOUT, Galerie Arcade, Mödling, A

Gruppenausstellungen (Auswahl) | **Group Exhibition**s (selection)

2016 *Enhancement: Making Sense*, i3S Instituto de Investigação em Saúde - Universidade do Porto, Porto, P
2015 *TO DRAW A BOW TO BEND A LINE*, Fotogalerie Wien, Wien, A
       The Informed Body, NODE 15 Forum for Digital Arts – Exhibition, Künstlerhaus Mousonturm, Frankfurt am Main, D
2014 *Wirklichkeit & Konstruktion – Zeitgenössische Fotografie aus Kärnten*, Stadtgalerie Klagenfurt, Klagenfurt, A
       SUL / SOL, Verbeke Foundation, Kemzeke, B
2013 *ELECTRIC PARADE*, Galerie Freihausgasse/Galerie der Stadt Villach, Villach, A
       Fakturen, Kunstraum der Leuphana Universität Lüneburg, Lüneburg, D
       On the Road. Arbeiten von FLUSS-Mitgliedern, Stadtmuseum St. Pölten, St. Pölten, A
       SUL / SOL, Biblioteca Municipal José Saramago de Odemira, Odemira, P
       SUL / SOL, 2013, Cultivamos Cultura, São Luis, P
       Fotos. Österreichische Fotografien von den 1930ern bis heute, 21er Haus, Wien, A
       MACHINARIUM, Oi Futuro Ipanema Kunstzentrum, Rio de Janeiro, BRA
2012 *Infektiös*, Helmholtz-Zentrum für Infektionsforschung | Haus der Wissenschaft Braunschweig, Braunschweig, D
       DIA EXTRA NO SÃO LUÍZ – A Arte de fazer Ciência, Teatro São Luiz, Lissabon, P
       Ich & ich. Selbstporträts aus der Sammlung, Museum der Moderne, Salzburg, A
       fokus sammlung 03. LANDSCHAFT, Museum Moderner Kunst Kärnten, Klagenfurt, A (mit Günter Stöger)
2010 *Téléthèque*, Institut Franco-Portugais, Lissabon, P
2009 *Rewind, Fast Forward. Videoart from the Neue Galerie Graz Collection*, Neue Galerie am Landesmuseum Joanneum, Graz, A
       20 Jahre FLUSS, Forum Schloss Wolkersdorf, Wolkersdorf, A
       Fotofestival09, Lodz, PL
2008 *TURN AND WIDEN*, The 5th Seoul International Media Art Biennale, Seoul Museum of Art, Seoul, COR (mit Paulo Pereira)
       K08 – Emanzipation und Konfrontation. Kunst aus Kärnten 1945 bis heute, Kunstverein Kärnten, Künstlerhaus, Klagenfurt, A (mit P. Pereira)
       Tiefenrausch, Strom des Vergessens, OK Offenes Kulturhaus Oberösterreich. Zentrum für zeitgenössische Kunst, Linz, A
2007 *This is happening*, Galerie Georg Kargl Fine Arts, Wien, A (mit Günter Stöger, Paulo Pereira)
       SAY IT ISN'T SO, Art trains its sights on THE NATURAL SCIENCES, Neues Museum Weserburg, Bremen, D (mit Günter Stöger, Beatriz Cantinho, Paulo Pereira)

transmediale/07 – unfinished!, Akademie der Bildenden Künste, Berlin, D (mit Günter Stöger, Beatriz Cantinho, Paulo Pereira)
UN SPACE, paraflows 07, Festival für digitale Kunst und Kulturen, MAK Gegenwartskunstdepot Gefechtsturm Arenbergpark, Wien, A (mit Günter Stöger, Beatriz Cantinho, Paulo Pereira)
Blickwechsel Nr. 03, Museum Moderner Kunst Kärnten, Klagenfurt, A

2006   *paradise_paradox screening*, Numero Festival 06, Cinema São Jorge, Lissabon, P (mit Günter Stöger)
blinddate, Installation im Rahmen der Steirischen Landesausstellung 2006, Bruck an der Mur, A (mit Günter Stöger und Paulo Pereira)
I still love the 20th century, Galerie Georg Kargl Fine Arts, Wien, A (mit Günter Stöger)
Simultan. Zwei Sammlungen österreichischer Fotografie, Fotomuseum Winterthur, Winterthur, CH
körperchen. interdisciplinary presentation, symposium und video screening, Medienwerkstatt Wien, Wien, A
paradise_paradox. screening, Diagonale – Festival des Österreichischen Films, Graz, A (mit Günter Stöger)

2005   *Simultan. Zwei Sammlungen österreichischer Fotografie*, Museum der Moderne, Salzburg, A

2004   *nachbar[in] – susedka. Zeitgenössische Fotografie aus Österreich*, Dom fotografie, Galéria P. M. Bohúna, Poprad, SLW (mit Patricia Almeida)

2003   *BLINDDATE*, Videolisboa international/Videofestival, Lissabon, P (mit Patricia Almeida, Dreli Robnik, Peter Hörmanseder)

2002   *thanatotronics - ein praktikum zur medienarchäologie*, Galerie Minimum, Duisburg, D (mit Gebhard Sengmüller und monochrom)

2001   *Sollbruchstellen. Elf Standorte in Unterkärnten: GELD (Installation: Herwig Turk)*, UNIKUM, Alpen-Adria-Universität Klagenfurt, Klagenfurt, A

2000   *Körper II*, Fotogalerie Wien, Wien, A
New Austrian Spotlight, Marmara Universität, Istanbul, TRK
Der Anagrammatische Körper, ZKM – Zentrum für Kunst und Medien, Karlsruhe, D

1999   *translocation (new) media/art*, Generali Foundation, Wien, A
Fin de Siècle, Grazer Stadtmuseum, Graz, A
Punkt – Linie – Fläche – Raum. Fotoprofile, WUK – Verein zur Schaffung offener Kultur- und Werkstättenhäuser, Projektraum, Wien, A
Blood is 95 % Emotion, im Rahmen von INTRACORP, Santa Clara Krankenhaus, Rotterdam, NL
25 Jahre für die Kunst, NÖ Dokumentationszentrum für Moderne Kunst, St.Pölten, A
Anonym, 1. Triennale der Photographie, Hamburg, D
Der Anagrammatische Körper, Kunsthaus Mürzzuschlag, Mürzzuschlag, A
Zeit/Los – Zur Kunstgeschichte der Zeit, Kunsthalle Krems, Krems an der Donau, A
digiArt, FLUSS – NÖ Initiative für Foto- und Medienkunst, Wolkersdorf, A
pantograf, Center for Contemporary Art, Plasy, CZ

1998   *Das Phänomen des Flüchtigen*, Galerie an der Brücke, Lienz, A | Artforum Meran, I

1997   *Una vision real/Eine reale Vision*, Centro de la Imagen, Mexico City, MEX | Künstlerhaus Wien, Wien, A
Jenseits von Kunst, Ludwig Kortárs Művészeti Múzeum, Budapest, H | Neue Galerie am Landesmuseum Joanneum, Graz, A
Symptoms and Homeremedies, Dům umění města Brna, Brünn, CZ

1996   *Tinsel Tower. Multiple*, Clocktower Gallery, New York, US (mit Olga Egerova, Russland)
MirrorPage, IV. St. Petersburg Biennale, St. Petersburg, R
HYBRID, Forum Stadtpark, Graz, A
Version 2.2, Saint-Gervais de Genève, Genf, CH
Happy End: Zukunfts- und 90er Jahre der Endzeitvisionen, Kunsthalle Düsseldorf, Düsseldorf, D
Künstlerpech – Junge Szene 96, Wiener Secession, Wien, A

1995   *privat plot*, 4rooms, Wien, A
Transmission from Austria, The Aldrich Contemporary Art Museum, Ridgefield, US
Fisch und Fleisch. Photographie aus Österreich, Kunsthalle Krems, Krems an der Donau, A

1994   *Trivial Circuit*, Kunstverein Kärnten, Künstlerhaus, Klagenfurt, A
Triennale für zeitgenössische Graphik, Masaryk Akademie, Prag, CZ
HICETNUNC, San Vito al Tagliamento, I
suture - Phantasmen der Vollkommenheit, Salzburger Kunstverein, Salzburg, A

1993   *LICHT FLUT*, Kärntner Landesgalerie, Klagenfurt, A
Menschen ohne Maske, Schloss Ottenstein, Rastenfeld, A
WRO 93, internationales Festival für Kunst mit Neuen Technologien, Muzeum Narodowe we Wrocławiu, Breslau, PL
Home Gallery, Parkgasse 17/2/8, 1030 Wien, A
Wienminuten, Medienwerkstatt Wien, Wien, A

1992   *Neue Medien*, Kunstverein Horn, Horn, A
Speicher/Wirklichkeit/Vernetzung, Medienbiennale Leipzig, Museum der bildenden Künste Leipzig, Leipzig, D
Zeitschnitt, Messepalast, Wien, A
Computergraphic in the Fine Arts, Stredoslovenská galéria, Banska Bystrica | Galéria Medium, Bratislava, SK

1991   *FOCUS, 11 Bsp. intermedialer Fotografie*, Kunstverein Horn, Horn, A | Salle de Bal - Französisches Kulturinstitut Wien, A
TRANSFORMATOR, Hauptplatz, St. Veit an der Glan, A
3. Biennale Intergraf Alpe Adria, Centro Friulano Arti Plastiche, Udine, I

1990   *Computerkunst*, Hartje Gallery, Frankfurt am Main, D
        10. Römerquelle-Kunstwettbewerb, Galerie auf der Stubenbastei, Wien | Galerie im Traklhaus, Salzburg | Neue Galerie der Stadt Linz,
        Linz | Stadtgalerie Klagenfurt, Klagenfurt | Wiener Secession, Wien, A
        Viden – Praha, Wien – Prag, Emmauskloster Prag, CZ | Gasometer Wien, A
1987   *Logokultur – im Bauch des Biestes*, Hochschule für angewandte Kunst, Wien, A
1986   *Dreimal junges St.Veit*, Rathausgalerie St. Veit an der Glan, A (mit Gerhard Cerne und Elmar Pichorner)
1984   *George Orwell und die Gegenwart*, Klasse Peter Weibel, Museum des 20. Jahrhunderts, Wien, A

Vorträge (Auswahl) | **Lectures** (selection)

2015   *Tacit Knowledge Experiments*, Intuition Conference, Fakulta výtvarných umění, Vysoké učení technické v Brně, Brünn, CZ
        Herwig Turk – work between art, technology and science, Masarykova univerzita, Brünn, CZ
        How to fraternize with Scientists, Verein 08, Wien, A
2013   *Let's talk pidgin*, Abteilung Digitale Kunst, Universität für angewandte Kunst Wien, Wien A
2012   *The dog beneath the skin or the lost body of the scientist*, Paulo Pereira und Herwig Turk, Museu da Ciência da Universidade de
        Coimbra, Coimbra, P
        Art and Science, DIA EXTRA NO SÃO LUÍZ – A Arte de fazer Ciência, Teatro São Luiz, Lissabon, P
2011   *Präsentation von prototype #1*, IMM - Instituto da Medicina Molecular, Lissabon, P
        Corporalidade(s) em Artes Cénicas – Práticas e Teorias, Paulo Pereira und Herwig Turk, Casa-Lume em Évora - Universidade de Évora, Évora, P
2010   *One cannot say where the organ ends and the processing begins!*, IMM – Instituto da Medicina Molecular, Lissabon, P
        blindspot, nomadic 0910, constructions deviations visualizations, Internationale Konferenz, Universidade do Porto, Porto, P
2009   *Nature?, Paulo Pereira und Herwig Turk*, Museu da Ciência da Universidade de Coimbra, Coimbra, P
        Conversas de Arte & Ciência, Paulo Pereira und Herwig Turk, Museu da Ciência da Universidade de Coimbra, Coimbra, P
2007   *Blindspot – Vortrag Paulo Pereira und Herwig Turk*, Faculdade de Belas Artes da Universidade do Porto, Porto, P
        Herwig Turk/Paulo Pereira, Biomedicine and Aesthetics in a Museum Context, Workshop, Medicinsk Museion Københavns Universitet,
        Kopenhagen, DK
2006   *ART AND MEDICINE. INTERFACES OF THE BODY. BODY MEDIA – MEDIA BODY*, Kunstverein Medienturm, Graz, A
        Blinddate, Diskussion, TESLA Salon, TESLA media art laboratory, Berlin, D
        blindspot bei "Update Lisboa", Galerie Lisboa20 Arte Contemporânea, Lissabon P
        blindspot, Interdisziplinäre Arbeitsgruppe „Die Welt als Bild", Workshop Visual Cultures in Art und Science, Berlin-Brandenburgische
        Akademie der Wissenschaften, Berlin, D
2004   *Der Himmel ist nicht blau, er ist violett*, Medienwerkstatt Wien, Wien, A (mit Paulo Pereira)
2001   *the living archives meet forget/-ting*, at the "Ready to…." Konferenz, Národní galerie v Praze, Veletržní palác, Prag, CZ
2000   *Versuchsstation Kärnten*, Podiumsdiskussion, Kunsthalle Exnergasse, Wien, A,
1999   *Podium*, Konferenz zu Kunstsystemen und Neuen Technologien, Hartware MedienKunstVerein e.V., Dortmund, D
1996   *Kunst mit Neuen Technologien aus Österreich*, MirrorPage, IV. St. Petersburg Biennale, St. Petersburg, R (mit Gebhard Sengmüller)
        Zum Bedeutungswandel der Kunstmuseen im Zeitalter der „digitalen Revolution", Kunstmuseum Bonn, Bonn, D
        Immortality +….. , next5minutes – tactical media Konferenz, V2_Institute for the Unstable Media, Rotterdam, NL

Projekte mit HILUS (Auswahl) | **Projects with HILUS** (selection)

1999   *translocation (new) media/art*, Generali Foundation, Wien, A
1996   *HILUS intermediale Projektforschung*, Hochschule f. Gestaltung u. Kunst FHNW, Basel, CH (mit Gebhard Sengmüller)
        Künstlerpech, Junge Szene 96, Wiener Secession, Wien, A
        BENUeTZERFREUNDLICH, organisiert gemeinsam mit Literatur+Medien, Literaturhaus Wien, A
1995   *The Spring Project*, Gustinus-Ambrosi-Museum, Wien, A
        e-fahrschule, HILUS Wien, A
        „TV - VT" Marc Ries + Vrääth Öhner, organisiert gemeinsam mit Literatur+Medien, Literaturhaus Wien, Wien, A
1994   *exhibition, mediamoo*, HILUS internet, http://www.workworkwork.de/
        Datendandy, gemeinsam mit Literatur+Medien, Literaturhaus Wien, Wien, A
1993   *UNITn*, drei monatiger Projektraum für Kunst mit Neuen Technologien, Projektraum WUK Wien, A
1992   *Open Circuit – eine Konferenz zu Kunst und Mediensystemen*, organisiert von HILUS, Pöllauberg, A
        Kettenanimation, Computeranimationsprojekt mit 44 Künstlern, Wien, A
1991   Gründung von HILUS – Verein für intermediale Projektforschung Wien, A (Reinhard Braun, Max Kossatz,
        Christine Meierhofer, Christoph Nebel, HerwigTurk)

Projekte mit der Neigungsgruppe vergessen© (Auswahl) | Projects with the special interest group forgetting © (selection)

2000   *the 13th floor. A few strategies of forget/-ting*, Präsentation gemeinsam mit Rike Frank, IWK - Institut für Wissenschaft und Kunst, Wien, A

1999   *Reboot*, Präsentation im Rahmen von Kunst NRW.NL auf einem Schiff zwischen Köln und Rotterdam, Kunst NRW.NL, Arnheim, NL
       pantograf, Center for Contemporary Art, Plasy, CZ

1999   *Haltbar bis ... immer schneller/Design auf Zeit*, Kunsthalle Krems, Krems an der Donau, A

1998   *vergessen©Service*, comm-x-change.ch, Alte Börse, Basel, CH
       2 Wochen vergessen©Project, im öffentlichen Raum und im FUNDERwerk3, St. Veit an der Glan, A

1997   *Weihnachtsaktion am 21./22. Dezember*, vergessen©Shop, Grundsteingasse 12, 1160 Wien, A
       forget/ting©Kits, Galerie Schipper und Krome, Berlin, D
       vergessen©Litfaßsäule, Downtown Arts Festival New York, New York, US
       Eröffnung des vergessen©Shop, Grundsteingasse 12, 1160 Wien, A
       Juli – August, 800 vergessen©Posters, Wien, A
       Diagonal-forget/-ting, Radiosendung, Ö1, Wien, A

1996   *Start der vergessen©Website*: www.vergessen.com

Kuratierte Projekte (Auswahl) | Curated Projects (selection)

2003–10   *blindspot*, interdisziplinäres Forschungsprojekt in Zusammenarbeit mit Paulo Pereira, Beatriz Cantinho, Patricia Almeida, Günter Stöger u. a., IBILI – Institute for Biomedical Imaging and Life Sciences, Faculdade de Medicina, Universidade de Coimbra, Coimbra, P

2012   *Hidden Passage*, Hyunseon Kang, Motor Gallery, Lissabon, P
       Moments of Nomadic Journeys, Cheol-Woog Sim, Motor Gallery, Lissabon, P

2011   *HÁ ALGUMA COISA NA ÁGUA*, Alexandre A. R. Costa, Motor Gallery, Lissabon, P
       Trauma Fragment, Miriam Sampaio, Motor Gallery, Lissabon, P

2010   *Expanded Cinema*, Olivier Perriquet, Motor Gallery, Lissabon, P
       a.casa-lar, colectivo 3.14, Motor Gallery, Lissabon, P
       In civilizations without boats, dreams dry up, espionage takes the place of adventure and the police take the place of pirates, Ana Martinez Fernandez & Annette Madsen, Motor Gallery, Lissabon, P

2001   *Wohlfühlwelt, ein Projekt über die Poesie des Tourismus*, FUNDERwerk2, St. Veit an der Glan, A (mit Drehli Robnik, maschek, monochrom, magnetpnp)

1991   *TRANSFORMATOR, Computer und Video Festival in St. Veit an der Glan*, im öffentlichen Raum und in den FUNDERwerken 2 und 3, St. Veit an der Glan, A (mit Hemma Schmutz und Corinna Besold)

Bibliografie (Auswahl) | **Bibliography** (selection)

Herwig Turk. Landschaft = Labor. Eine Werkschau im Kontext, Christine Wetzlinger-Grundnig/Museum Moderner Kunst Kärnten (Hg.), Verlag für moderne Kunst, Wien 2016.

Herwig Turk, „Herwig Turk", in: *To draw a bow to bend a line,* Fotogalerie Wien - Verein zur Förderung künstlerischer Fotografie und neuer Medien (Hg.), Wien 2015 (Bilder Nr. 287), o. S.

Sabine Kampmann, „1 bis ∞. Zur Visualisierung von Lebenszeit in der Kunst am Beispiel Roman Opalkas", in: Max Bolze u. a. (Hg.), *Prozesse des Alterns. Konzepte - Narrative – Praktiken,* transcript, Bielefeld 2015, S. 89–108.

Morten Freidl, „Was den Menschen zur Maschine macht", in: *Frankfurter Allgemeine Zeitung,* 02. Juni 2015, online-Ausgabe, http.//www.faz.net/-gzg-82seh.

Gabriele Russwurm-Biró, „Kulturelle Identität – 'Kärnten Cannes …'.", in: *Die Brücke. Kärnten. Kunst. Kultur,* Klagenfurt 161/162, 2015, S.18–20.

Ingeborg Reichle, „The Art of making Science", in: *Wirklichkeit & Konstruktion. Zeitgenössische Fotografie aus Kärnten,* Stadtgalerie (Hg.), Klagenfurt 2014, o. S.

Ingeborg Reichle, „The Art of making Science", in: *Eikon – Internationale Zeitschrift für Photographie und Medienkunst,* Wien 86/2014, o. S.

Herwig Turk. Quasikristalle oder die Harmonie der Täuschung, Universität für angewandte Kunst Wien (Hg.), [Wien] 2014.

Herwig Turk, „The Bonneville Laboratory", in: *Sul Sol,* Cultivamos Cultura 2013 (Hg.), [Odemira], S. 58–61.

Mirror Systems, Herwig Turk (Hg.), mit Beiträgen von Doris Moser und Christina Schachtner, Eigenverlag, Klagenfurt 2013.

Magdalena Felice, „Herwig Turk", in: *fokus sammlung 03. LANDSCHAFT,* Christine Wetzlinger-Grundnig/Museum Moderner Kunst Kärnten (Hg.), Klagenfurt 2012, S. 94 f.

Paulo Pereira, Herwig Turk, „blinddate", in: Carsten Seiffarth, Detlev Schneider, Andreas Broeckmann (Hg.), *tesla berlin. Medien kunst labor,* Alexander Verlag, Berlin 2010, S. 86 f.

João Urbano im Interview mit P. Pereira und H. Turk, „O ponto de vista da cegueira", in: *NADA,* Hrsg. Joâo Urbano, UR Urbanidade-Real Lda., Lissabon 14/2010, S. 112–131.

Paulo Pereira, „Herwig Turk, uncertainty/referenceless", in: *K08 – Emanzipation und Konfrontation. In Situ,* Silvie Aigner (Hg.), Springer, Wien/New York 2009, S. 50–53.

Ingeborg Reichle, „Taube Bilder und sehende Hände. Strategien visueller Transgression im Werk von Herwig Turk", in: Ingeborg Reichle, Steffen Siegel (Hg.), *Maßlose Bilder, visuelle Ästhetik der Transgression,* Fink, München 2009, S. 165–189.

Luisa Lopes, „O Laboratório invisível", in: *Rua Larga – Magazin der Universität Coimbra,* Coimbra 26/2009, S. 7 und 19–21.

Hemma Schmutz, „How can you call it Heimat? Künstlerische Fotografie und Medien", in: *K08 – Emanzipation und Konfrontation. Kunst aus Kärnten von 1945 bis heute,* Silvie Aigner (Hg.), Springer, Wien/New York 2008, S. 218–237.

Peripheral vision I – Peripheral Vision II. Herwig Turk, Paulo Pereira (Hg.), [Wien] 2008.

Turn and Widen. 5th Seoul International Media Art Biennale, Seoul Museum of Art (Hg.), Seoul 2008.

Walter Eckermann, „Das Salz der Erde schafft dem Menschen einen Raum", in: *Strom des Vergessens,* Offenes Kulturhaus Linz (Hg.), Folio, Wien/Bozen 2008, S. 116–119 (Tiefenrausch Bd. 3).

Ingeborg Reichle, „Unter Beobachtung: Die Kunst schaut ins Labor", in: *Gegenworte. Zeitschrift für den Disput über Wissen,* Berlin, 20/2008, S. 63–66.

Herwig Turk, Paulo Pereira, „blindspot", in: Christa Sommerer, Laurent Mignonneau, Dorothée King (Hg.), *Interface cultures. artistic aspects of interaction,* transcript, Bielefeld, 2008, S. 325–32.

Ingeborg Reichle. „Setting04_0006", in: *UN SPACE. Paraflows 07, Festival für digitale Kunst,* Günter Friesinger (Hg.), edition mono/monochrom, Wien 2007, S. 74 f.

Fiona Liewehr, „This is Happening – attempting in ideational construction/Versuch einer ideellen Konstruktion", in: *This is Happening,* Linda Klösel, Georg Kargl Fine Arts (Hg.), Schlebrügge Editor, Wien 2007, S. 15 und 22.

Paulo Pereira, „blinddate" in: *This is Happening,* Linda Klösel, Georg Kargl Fine Arts (Hg.), Schlebrügge Editor, Wien 2007, S. 118.

Paulo Pereira, „setting04_0006/Was liegt in einer Geste?", in: *This is Happening,* Linda Klösel, Georg Kargl Fine Arts (Hg.), Schlebrügge Editor, Wien 2007, S. 119.

Fred Truniger, „paradise paradox", in: *This is Happening,* Linda Klösel, Georg Kargl Fine Arts (Hg.), Schlebrügge Editor, Wien 2007, S. 120.

Blindspot, Herwig Turk, Paulo Pereira (Hg.), Virose, [o. A.], 2007.

Ingeborg Reichle, „W LABORATORIUM SZTUKI", in: *Artluk Magazin,* Toruń, 4/2007, S. 76–80.

Ingeborg Reichle, „Gazing Hands and Blind Spots", in: *Say it isn't so. Wissenschaften im Visier der Kunst/Say it isn't so. Sciences Observed,* Peter Friese, Guido Boulboullé, Susanne Witzgall (Hg.), Kehrer, Heidelberg 2007, S. 234–237.

Paulo Pereira/Herwig Turk, „blindspot", in: *NADA,* Hrsg. Joâo Urbano, UR Urbanidade-Real Lda., Lissabon 06/2006, S. 78–89.

Paulo Pereira, „Referenceless Photography", in: *NADA,* Hrsg. Joâo Urbano, UR Urbanidade-Real Lda., Lissabon 03/2004, S. 82–91.

Reinhard Braun, „There is nothing to see", in: *NADA,* Hrsg. Joâo Urbano, UR Urbanidade-Real Lda., Lissabon 03/2004, S. 114 f.

Paulo Pereira, „AGLOMERAÇÕES – HUMANIZAÇAO, Patricia Almeida, Herwig Turk", in: *NADA,* Hrsg. Joâo Urbano, UR Urbanidade-Real Lda., Lissabon 03/2004, S. 104–112.

susedka/nachbar[i]n. Zeitgenössische Medienkunst aus Österreich, FLUSS/Heinz Cibulka (Hg.) Wolkersdorf, 2004.

Birgit Flos, Herwig Turk, „NEVER AGE, NEVER DIE, NEVER LIVE. Herwig Turk conversa com Birgit Flos", in: *NADA,* Hrsg. Joâo Urbano, UR Urbanidade-Real Lda., Lissabon 01/2003, S. 50–61.

Herwig Turk „Blinddate", in: *VideoLisboa 2003,* Joâo Chambel, Clube Português de Artes e Ideias (Hg.), Lissabon, 2003, S. 97.

Herwig Turk, Gebhard Sengmüller, monochrom, „thanatotronics", in: *duisburger filmwoche 26*, Stadt Duisburg (Hg.), Duisburg 2002, S. 88–90.

Herwig Turk, „Geld", in: *Sollbruchstellen*, Universitätskulturzentrum UNIKUM (Hg.), Klagenfurt 2001, o. S. (gebundene Postkartenedition).

Angelo Bertani, „Can you see it?", in: *Hicetnunc 2001*, Angelo Bertani/Commune di SanVito al Tagliamento (Hg.), San Vito al Tagliamento 2001, S. 64 f.

Sascha Stahl, *Die Bewältigung des Unbehagens* [phil. Diss.], Wien 2001.

Sabine Schaschl, „Körper II", in: *Körper II. Margret Eicher, Dieter Huber, Herwig Turk*, Fotogalerie Wien, [Wien] 2000, o. S. (Bilder Nr. 162).

„Wann ist ein Ohr ein Ohr? Mit den Exponaten in der Galerie Sechzig fragt Herwig Turk nach unserer Denkweise", in: *Vorarlberger Nachrichten*, 29. 3. 2000, o. S.

Der anagrammatische Körper. Der Körper und seine fotografische Konstruktion, Kunsthaus Mürzzuschlag (Hg.), Walther König, Köln 1999.

Zeit/Los, Zur Kunstgeschichte der Zeit, Carl Aigner (Hg.), Dumont, Köln 1999, S. 446 f.

Nathalie Houtermans, „Blood is 95 % Emotion", in: *INTRACORP*, CELL (Hg.), Rotterdamm 1999, o. S. (multiples und Karten).

HILUS-Materialien 92–96. Konzepte Texte Videos zu Kunst und Neue Technologien, CD-Rom & VHS-Videokassette, Wien 1999.

Herwig Turk, „Vergessen", in: Harald Krämer, Hartmut John (Hg.), *Zum Bedeutungswandel der Kunstmuseen. Positionen und Visionen zu Inszenierung, Dokumentation, Vermittlung*, Verlag für Moderne Kunst, Nürnberg, 1998, S. 184 ff.

Herwig Turk. Never age – never live – never die, mit Auszügen aus einem Gespräch von Birgit Floss mit Herwig Turk sowie Beiträgen von Reinhard Braun und Matthias Michalka, Eigenverlag, Wien [1998].

Lutz Jahre, „Collaboration between artists and librarians in a German magazine", in: *Art Libraries Journal*, London 1/1998, S. 3 f.

Herwig Turk, *paradoxon*, http://www.vergessen.com/about/paradox.html (1997).

Herwig Turk. medien, apparate, kunst projektionsräume, mit einem Beitrag von Reinhard Braun und einem Gespräch von Birgit Floss mit Herwig Turk, MAK-Galerie (Hg.), Wien 1996.

Eva S. Sturm, *Im Engpass der Worte. Sprechen über moderne und zeitgenössische Kunst*, Reimer, Berlin 1996.

Marie Luise Syring, „Happy End – oder die Warnschilder des Schreckens", in: *Happy End – Zukunfts- und Endzeitvisionen der 90er Jahre*, Kunsthalle Düsseldorf (Hg.), Düsseldorf 1996, S. 11 und 44 f.

Angelo Bertani, „Deep freeze island. Superorgans", in: *Hicetnunc 96*, Angelo Bertani/Commune di SanVito al Tagliamento (Hg.), San Vito al Tagliamento 1996, o. S. (Blattsammlung in Box).

Justin Hoffman „Suture - Phantasmen der Vollkommenheit", in: *Kunstforum International*, Köln 6/1996, o. S.

Birgit Flos, „Welcome to the MediaMOO++++Type", in: *Du. Kulturmagazin*, Zürich 1/1995, o. S.

Suzanne Enser-Ryan, „Transmission from Austria", in: Transmission from Austria, The Aldrich Museum of Contemporary Art (Hg.), Greenwich, 1995, S. 2 f.

Reinhard Braun, „Herwig Turks Navigationen durchs Universum der technischen Bilder", in: *THE THING Vienna* 1994 (Bulletin-Board-System).

Matthias Michalka, „Superorgane", in: *Eikon – Internationale Zeitschrift für Photographie und Medienkunst*, Wien 10/11, 1994, S. 24–28.

Christian Kravagna, „SUTURE", in: *Artforum International*, New York City, Vol. 33, November 1994, S. 96 f.

Silvia Eiblmayr, „Suture – Phantasmen der Vollkommenheit", in: *Suture – Phantasmen der Vollkommenheit*, Silvia Eiblmayr, Kaja Silverman, Parveen Adams (Hg.), Salzburg 1994, S. 12 und 39.

Reinhard Braun, „Die Grenzen des Bildes", in: *Medienbiennale Leipzig 92*, Benedikt Forster (Hg.), Leipzig 1994, S. 112–115.

Doris Krumpl, „Trivial Circuit – eine kreisförmige Ausstellungsidee", in: *Trivial Circuit. Iris Andraschek, Christine Gloggengiesser, Hubert Lobnig, Wolfgang Reichmann, Herwig Turk featuring Max Frazee and Maciej Walczak*, Kunstverein für Kärnten (Hg.), Klagenfurt 1994, S. 29–33.

Monika Pessler, „Herwig Turk – ...oder ich blas dir das Licht aus!", in: *Lichtflut*. Mit Beiträgen von Arnulf Rohsmann, Monika Pessler, Reinhard Braun, u. a., Arnulf Rohsmann/Kärntner Landesgalerie (Hg.), Klagenfurt, 1993, S. 34–37.

Joachim Diederichs, „Künstler in Selbstverständnis und Kommunikation", in: *Menschen ohne Maske – Selbstporträt, Porträt, Menschenbild*, Joachim Diederichs (Hg.), Ottensheim 1993, S. 13 f.

Herwig Turk „Privates Panorama", in *Home Gallery*, Erwin K. Bauer, Ulrike Tschabitzer (Hg.), Wien 1993, S. 33 f.

Alois Pluschkowitz, „Wienminuten – 37 Minutenstücke", in: *Reflexionen zu Kunst und Neuen Medien*, Eikon/Medien.Kunst.Passagen (Hg.), Triton, Wien 1993, S. 124.

Andreas Spiegel, Barbara Steiner, „Differenzen, Affinitäten und Brüche", in: *Zeitschnitt92. Aktuelle Kunst aus Österreich*, Bundesministerium für Unterricht und Kunst (Hg.), Wien 1992, S. 196–199.

Matthias Michalka, „Reversibilität versus Irreversibilität", in: *Audivisionen Österreich*, Christoph Nebel (Hg.), Basel 1992, S. 42 f.

Erwin Fiala, „Herwig Turk", in: *Neue Medien*, Kulturvermittlung Steiermark (Hg.), Graz 1991, S. 38 f.

Barbara Steiner, „Herwig Turk", in: *FOCUS. 11 Beispiele intermedialer Photographie*, Barbara Steiner, Andreas Spiegel (Hg.), Horn 1991, S. 32 f.

Arnulf Rohsmann, „Herwig Turk", in: *III. Biennale Intergraf Alpe-Adria*, Centro Friulano Arti Plastiche (Hg.), Udine 1991, o. S.

Arnulf Rohsmann, „Drei Kärntner in Udine. Uwe Bressnik, Peter Putz und Herwig Turk nehmen an der 3. Biennale INTERGRAF teil", in: *Die Brücke. Kärntner Kulturzeitschrift*, Klagenfurt 1/1991, S. 48–50.

Herwig Turk, „Transformator = Raum ohne Ort", in: *montage AV. Zeitschrift für Theorie und Geschichte audiovisueller Kommunikation*, Wien 1/1991, S. 25–27.

Hansjörg Wachta, „Vom Abenteuer Kunst", in: Peter Baum u. a. (Hg.), *Das pluralistische Jahrzehnt 1980–1990 – Graphik und Photographie in Österreich am Beispiel der Römerquelle-Kunstwettbewerbe*, Römerquelle Ges.m.b.H., Wien 1991, S. 130 f.

Herwig Turk, „Video- und Computerfestival TransFORMATOR in St. Veit", in: *Die Brücke. Kärntner Kulturzeitschrift*, Klagenfurt 1/1991, S. 44–47.

Herwig Turk, Eigenverlag, St. Veit 1991.

Herwig Turk, „das Ende der Mechanik", in: *Viden – Praha, Wien – Prag*, Österreichische Hochschülerschaft der Hochschule für angewandte Kunst (Hg.), Wien 1990, S. 76 f.

10. Römerquelle-Kunstwettbewerb, Römerquelle Ges.m.b.H. (Hg.), Wien 1990.

Beteiligte KünstlerInnen

Herbert Boeckl

1894   geboren in Klagenfurt, A
1912   Inskription der Architektur an der Technischen Hochschule, Wien, A
1918   Abbruch des Architekturstudiums, Atelier in Klagenfurt, A, Mitglied des Kunstvereins für Kärnten, auch Präsident
1935   Bestellung zum Professor für Malerei an der Akademie der bildenden Künste, Wien, A
1945–46 Ernennung zum provisorischen Rektor der Akademie der bildenden Künste, Wien, A
1954   Berufung in den Kunstsenat
1962–65 Rektor der Akademie der bildenden Künste, Wien, A
1966   gestorben in Wien, A

www.herbert-boeckl.at

Thomas Feuerstein

1968   geboren in Innsbruck, A
1987–95 Studium der Kunstgeschichte und Philosophie an der Universität Innsbruck, Innsbruck, A
lebt in Wien, A

www.thomasfeuerstein.net

Cornelius Kolig

1942   geboren in Vorderberg an der Gail, A
1960-65 Studium an der Akademie der bildenden Künste, Wien, A
1979   Baubeginn am PARADIES in Vorderberg (Garten- und Gebäudekomplex zur Benützung
der darin versammelten, zwischen 1962 und heute entstandenen Arbeiten des Künstlers)
lebt und arbeitet in Vorderberg und Villach, A

www.kolig.at

Gerhard Lang

geboren in Seeheim-Jugenheim an der Bergstraße, D
Studium an der Kunsthochschule Kassel, D
Studium und Masterabschluss an der Slade School of Fine Art, London, GB
Arbeiten am Staatstheater Darmstadt in den Bereichen Bühnenbild, Maske und Bildhauerei, Darmstadt, D
lebt und arbeitet in Schloss-Nauses (Otzberg), D und London, GB

www.gerhardlang.com

Sonia Leimer

1977   geboren in Meran, I
2000–04 Studium an der Akademie der bildenden Künste Wien, Wien, A
seit 2012 Lehrtätigkeit an der Akademie der bildenden Künste Wien, Wien, A
lebt in Wien, A

www.sonialeimer.net

Kira O'Reilly & Jennifer Willett

seit 2008 Zusammenarbeit der beiden Künstlerinnen

http://trustmeiamanartist.eu/artists/kira-jennifer/

Kira O'Reilly

1998   Studienabschluss an der University of Wales Institute Cardiff, Cardiff, GB
1999–2012 Lehrbeauftragte für bildende und darstellende Kunst sowie Tanz an verschiedenen
Universitäten in Großbritannien, Australien und den USA

www.kiraoreilly.com

Jennifer Willet

1992–97	Studium an der University of Calgary, Calgary, CAN
1997	Bachelor of Fine Arts; Visual Arts (Painting/Printmaking)
1997–99	Studium an der University of Guelph, Guelph, CAN
1999	Masterdegree in the Fine Arts; Visual Arts (Printmaking/New Media)
2000–09	Studium an der Concordia University, Montreal, CAN
2009	PhD in Interdisciplinary Studies (Humanities)
seit 2008	Associate Professor, School for Arts and Creative Innovation, University of Windsor, Windsor, CAN

www.jenniferwillet.com

Hannes Rickli

1959	geboren in Bern, CH
1984–88	Fachklasse für Fotografie an der SKDZ - Schule für Kunst und Design Zürich, Zürich, CH
seit 1988	freischaffender Fotograf
seit 1991	freie künstlerische Arbeit
seit 1996	Dozent an der Hochschule für Gestaltung und Kunst Zürich (HGKZ), Zürich, CH
1998	Aufbausemester Medienkunst an der Staatlichen Hochschule für Gestaltung Karlsruhe, Karlsruhe, D
1999–2002	Studium der Theorie der Gestaltung und Kunst an der Hochschule f. Gestaltung und Kunst Zürich (HGKZ), Zürich, CH
seit 2007	Professor FH an der Zürcher Hochschule der Künste (ZHdK), Zürich, CH
	lebt und arbeitet in Zürich, CH

www.ifcar.ch
computersignale.zhdk.ch

Meina Schellander

1946	geboren in Klagenfurt, A
1966–70	Studium an der Akademie der bildenden Künste, Wien, A
Seit 1968	Ausstellungen, Ausstellungsbeteiligungen und Projektrealisationen im In- und Ausland
	lebt und arbeitet in Wien und in Kärnten, A

www.meische.at
www.basis-wien.at

Nicole Six & Paul Petritsch

seit 1997	Zusammenarbeit der beiden KünstlerInnen

www.six-petritsch.com

Nicole Six

1971	geboren in Vöcklabruck, A
	lebt und arbeitet in Wien, A

Paul Petritsch

1968	geboren in Friesach, A
	lebt und arbeitet in Wien, A

The Center for Land Use Interpretation

1994	Gründung des Center for Land Use Interpretation, Los Angeles, US
	Das Center for Land Use Interpretation ist eine Forschungs- und Bildungseinrichtung, die sich mit der Bedeutung und den Auswirkungen der Interventionen des Menschen in Natur und Landschaft befasst.

www.clui.org

Gerhard Treml & Leo Calice
Gerhard Treml
1963   geboren in Salzburg, A
          Studium der freien Grafik an der Universität für angewandte Kunst Wien, Wien, A
          lebt in Wien, A

          http://www.sixpackfilm.com/de/catalogue/filmmakers/T

Leo Calice
1980   geboren in St. Gotthard, A
1996–2005 Ausbildung als Koch und Tätigkeit in verschiedenen Restaurants in der Schweiz, Portugal, Spanien und
          Österreich
2005–11   Studium an der Universität für angewandte Kunst Wien, Wien, A, Landschaftsdesign bei Mario Terzic
2012–14   Teil des Art-based Research Projekts *Eden´s Edge*
          lebt und arbeitet in Wien, A

          http://www.sixpackfilm.com/de/catalogue/filmmakers/C

Participating artists

Herbert Boeckl
1894   born in Klagenfurt, A
1912   enrolled in the architecture department of the Technische Hochschule, Vienna, A
1918   abandoned architectural studies, studio in Klagenfurt, A
          member of the Kunstverein für Kärnten, also president
1935   appointed professor of painting at the Academy of Fine Arts, Vienna, A
1945–46   appointed temporary director of the Academy of Fine Arts, Vienna, A
1954   elected member of the Austrian Art Senate
1962–65   director of the Academy of Fine Arts, Vienna, A
1966   died in Vienna, A

          www.herbert-boeckl.at

Thomas Feuerstein
1968   born in Innsbruck, A
1987–95   studied art history and philosophy at the University of Innsbruck, A
          lives in Vienna, A

          www.thomasfeuerstein.net

Cornelius Kolig
1942   born in Vorderberg an der Gail, A
1960-65   studied at the Academy of Fine Arts, Vienna, A
1979   began construction of PARADIES in Vorderberg (garden and building complex for the production, storage
          and exhibition and ritual use for his artistic œuvre from 1962 to date)
          lives and works in Vorderberg an Villach, A

          www.kolig.at

Gerhard Lang
          born in Seeheim-Jugenheim an der Bergstraße, D
          studied at the Kunsthochschule Kassel, D
          studied at the Slade School of Fine Art, London, GB and graduated with a master's degree
          worked at the Staatstheater Darmstadt in the departments of stage set, mask and sculpture, Darmstadt, D
          lives and works in Schloss-Nauses (Otzberg), D and London, GB

          www.gerhardlang.com

Sonia Leimer

1977   born in Merano, I
2000–04   studied at the Academy of Fine Arts, Vienna, A
since 2012 lecturer at the Academy of Fine Arts, Vienna, A
            lives in Vienna, A

            www.sonialeimer.net

Kira O'Reilly & Jennifer Willett

since 2008 the two artists have been collaborating

            http://trustmeiamanartist.eu/artists/kira-jennifer/

Kira O'Reilly

1998   graduated from the University of Wales Institute, Cardiff, UK
1999–2012   lecturer for fine and performing arts as well as dance at various Universities in the UK, Australia and the USA

            www.kiraoreilly.com

Jennifer Willet

1992–97   studied at the University of, Calgary, CAN
1997   bachelor of Fine Arts; Visual Arts (Painting/Printmaking)
1997–99   studied at the University of Guelph, Guelph, CAN
1999   Master's degree in the Fine Arts; Visual Arts (Printmaking/New Media)
2000–09   studied at Concordia University, Montreal, CAN
2009   PhD in Interdisciplinary Studies (Humanities)
since 2008 Associate Professor, School for Arts and Creative Innovation, University of Windsor, Windsor, CAN

            www.jenniferwillet.com

Hannes Rickli

1959   born in Bern, CH
1984–88   photography class at the SKDZ - Schule für Kunst und Design, Zurich, CH
since 1988 freelance photographer
since 1991 free artistic activity
since 1996 lecturer at the Hochschule für Gestaltung und Kunst Zürich (HGKZ), Zurich, CH
1998   Aufbausemester Medienkunst an der Staatlichen Hochschule für Gestaltung Karlsruhe, Karlsruhe, D
1999–2002   studied theory of design and art at the Hochschule für Gestaltung und Kunst Zürich (HGKZ), Zurich, CH
since 2007 Professor at the Zürcher Hochschule der Künste (ZHdK), Zurich, CH
            lives and works in Zurich, CH

            www.ifcar.ch | computersignale.zhdk.ch

Meina Schellander

1946   born in Klagenfurt, A
1966–70   studied at the Academy of Fine Arts, Vienna, A
since 1968 solo exhibitions, exhibition participations and projects realised both in and outside Austria
            lives and works in Vienna and in Carinthia, A

            www.meische.at
            www.basis-wien.at

Nicole Six & Paul Petritsch

since 1997 the two artists have been collaborating

            www.six-petritsch.com

Nicole Six

1971   born in Vöcklabruck, A
            lives and works in Vienna, A

Paul Petritsch

1968   born in Friesach, A
            lives and works in Vienna, A

The Center for Land Use Interpretation

1994   founding of The Center for Land Use Interpretation, Los Angeles, US
            The Center for Land Use Interpretation is a research and education organisation interested
            in understanding the nature and extent of human interaction with the surface of the earth.

            www.clui.org

Gerhard Treml & Leo Calice
Gerhard Treml

1963   born in Salzburg, A
            studied free graphics at the University of Applied Arts Vienna, Vienna, A
            lives in Vienna, A

            http://www.sixpackfilm.com/de/catalogue/filmmakers/T

Leo Calice

1980   born in St. Gotthard, A
1996–2005   trained as a chef and worked in various restaurants in Switzerland, Portugal, Spain and Austria
2005–11   studied at the University of Applied Arts Vienna, Vienna, A, landscape design with Mario Terzic
2012–14   participated in the art-based research project *Eden's Edge*
            lives and works in Vienna, A

            http://www.sixpackfilm.com/de/catalogue/filmmakers/C

Dank an | Acknowledgements:

Marta Agostinho
Patricia Almeida
Carlos Almeida
Michaela Amort
Andreas Broeckmann
Bärbel Buck
Beatriz Cantinho
Aida Castro
Heribert Corn
Jennifer De Felice
Simão Dias
Edmundo Diaz
Manfred Drosg
Alfred Egger
Markus Fink
Brigitte Felderer
Samuel Gessner
David-Alexandre Guéniot
Doris Guth

Susanne Haiden
Kurt Hentschläger
Johannes Hoffmann
Christian Höller
Georg Kargl
Andreas Krištof
Emil Krištof
Max Kossatz
Fiona Liewehr
Brigitte Loacker
Marta de Menzes
Matthias Michalka
Doris Moser
Lúcio Moura
Harald Müller
Margit Pacher-Zavišin
Gerhard Pilgram
Sabine Pawlik
Paulo Pereira

Barbara Putz-Plecko
Peter Putz
Felix Radinger
Christina Schachtner
Emely Eliza Scott,
Ingeborg Reichle
Michael Schuster
Renate Seidler
Gebhard Sengmüller
Carlota Simões
Cornelia Strauss
Emil Turk
Gertraud Turk
Hans Turk
João Urbano
Mariann Unterluggauer
Christine Wetzlinger-Grundnig
Nebojsa Zavišin

Besonderer Dank an die beteiligten WissenschaftlerInnen:
Special thanks to the participating scientists:

Marta Caridade
Steve Catarino
Jérémie Decalf
Alexandre Fernandes
Rosa Christina Fernandes
João Ferreira,
Luis Graça
Houda Hallay
Federico Herrera
António Jacinto
Robert Martin
Ana Osório Oliveira

Teresa Pais
Silvia Portugal
Soren Prag
Miguel Prudêncio
José Ramalho,
Sérgio Ribeiro
José Rino
Carina Santos
Leonor Saúde
Bruno Silva-Santos
Margarida Trindade
Henrique Veiga-Fernandes

Impressum | Imprint

Dieser Katalog erscheint anlässlich der Ausstellung | This catalogue is published on occasion of the exhibition:
Herwig Turk. Landschaft = Labor. Eine Werkschau im Kontext
Herwig Turk. Landscape = Laboratory. An exhibition in context

Herwig Turk im Dialog mit | Herwig Turk in dialogue with:
Herbert Boeckl (A) | Thomas Feuerstein (A) | Cornelius Kolig (A) | Gerhard Lang (D) | Sonia Leimer (I) | Kira
O'Reilly (GB) & Jennifer Willet (CAN) | Hannes Rickli (CH) | Meina Schellander (A) | Nicole Six & Paul Petritsch (A)
The Center for Land Use Interpretation (US) | Gerhard Treml & Leo Calice (A)

Museum Moderner Kunst Kärnten | Museum of Modern Art Carinthia
29. September 2016 bis 08. Jänner 2017 | September 29, 2016 to January 08, 2017

www.herwigturk.net

Herausgegeben von | issued by
Christine Wetzlinger-Grundnig/Museum Moderner Kunst Kärnten

KuratorInnen | curators
Andreas Krištof (section.a), Christine Wetzlinger-Grundnig

Konzept | concept
Andreas Krištof (section.a), Herwig Turk, Christine Wetzlinger-Grundnig

Texte | texts
Christian Höller, Andreas Krištof, Ingeborg Reichle, Christine Wetzlinger-Grundnig

Redaktion | editing
Susanne Haiden

Lektorat | copy editing
Wolbert Ebner

Übersetzungen | translation
Fiona Claire Mered

Kataloggestaltung und Bildbearbeitung | graphic design and image processing
Peter Putz · www.ewigesarchiv.at

Fotos | photo credits
Gisela Erlacher: S. | p. 126 oben
Thomas Feuerstein: S. | p. 119
Hugo Glendinning: S. | p. 122
Sonia Leimer: S. | p. 120
Ferdinand Neumüller: S. | p. 123, 124
Peter Paulhart: S. | p. 52/53
Manfred Reiff: S. | p. 121
Hannes Rickli: S. | p. 128/129
Meina Schellander: S. | p. 126
Gebhard Sengmüller: S. | p. 10/11, 22/23, 26–29, 32/33, 50/51, 58/59,
68–71, 73–75, 78/79, 81, 84/85, 90/91, 99, 104/105, 108/109, 130/131
Nicole Six & Paul Petritsch: S. | p. 127
Gerhard Treml & Leo Calice: S. | p. 125
alle anderen | all others: Herwig Turk

Leihgeber | lenders
Artothek des Bundes, Wien: S. | p. 4/5
Galerie Elisabeth & Klaus Thoman Innsbruck/Wien: S. | p. 119
Galerie Georg Kargl Fine Arts, Wien: S. | p. 50–55, 57–59
Galerie nächst St. Stefan, Rosemarie Schwarzwälder, Wien: S. | p. 120
Kunstsammlung des Landes Kärnten/MMKK, Klagenfurt: S. | p. 123, 124
Gerhard Lang: S. | p. 121
Kira O'Reilly & Jennifer Willet: S. | p. 122
Hannes Rickli: S. | p. 128/129
Meina Schellander: S. | p. 126
Nicole Six & Paul Petritsch: S. | p. 127
The Center for Land Use Interpretation: S. | p. 118
Gerhard Treml & Leo Calice: S. | p. 125
alle anderen | all others: Herwig Turk

Umschlag | cover
lucin cutoff, 2014, C-Print auf | C-print on Dibond , 92,5 x 170 cm, Foto | photo: Herwig Turk

Druckproduktion | print production
johannes lackner free agent dba klagenfurt am wörthersee

Druck | printer
Christian Theiss GmbH, 9431 St. Stefan im Lavanttal

Gedruckt auf FSC-zertifiziertem Papier | printed on FSC paper

VfmK Verlag für moderne Kunst GmbH
Salmgasse 4a, 1030 Wien, Österreich
www.vfmk.org

ISBN 978-3-903131-58-3

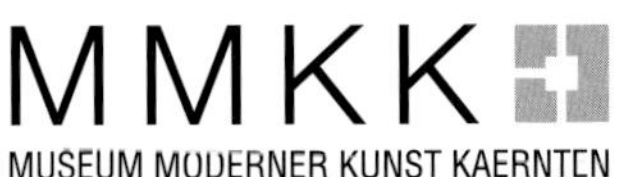

Museum Moderner Kunst Kärnten | Museum of Modern Art Carinthia
Burggasse 8
9021 Klagenfurt am Wörthersee, Austria
T: +43(0)50.536.16252
F: +43(0)50.536.16250
E: office.museum@ktn.gv.at
www.mmkk.at

Leitung | director
Christine Wetzlinger-Grundnig

Verwaltung, Sekretariat | administration, secretary
Gabriele Meschnark

Sammlung, Personal | collection, staff
Brigitte Kogler

Ausstellungsmanagement | exhibition management
Martina Gabriel

Kunstvermittlung, Ausstellungsmanagement | exhibition management, art education
Magdalena Felice

Kunstvermittlung | art education
Christine Huber

Bibliothek/Archiv, Publikationen | library/archive, publications
Susanne Haiden

Marketing, Öffentlichkeitsarbeit, Veranstaltungsorganisation
marketing, public relations, events
Ines Hinteregger

Marketing | marketing
Brigitte Obweger

Haustechnik | house technic
Reinhard Hafner

Besucherservice, Shop | visitor services, shop
Clarissa Zimmermann, Anneliese Kreiseder